Polish

A ROUGH GUIDE
PHRASEBOOK

Compiled
by Lexus

D1488068

Credits

Compiled by Lexus with Anna Plank

Lexus Series Editor:	Sally Davies
Rough Guides Phrasebook Editor:	Jonathan Buckley
Rough Guides Series Editor:	Mark Ellingham

This first edition published in 1996 by Rough Guides Ltd, 1 Mercer Street, London WC2H 9QJ.

Distributed by the Penguin Group.

Penguin Books Ltd, 27 Wrights Lane, London W8 5TZ
Penguin Books USA Inc., 375 Hudson Street, New York 10014, USA
Penguin Books Australia Ltd, 487 Maroondah Highway, PO Box 257,
   Ringwood, Victoria 3134, Australia
Penguin Books Canada Ltd, Alcorn Avenue, Toronto, Ontario, Canada
   M4V 1E4
Penguin Book (NZ) Ltd, 182-190 Wairau Road, Auckland 10, New Zealand

Typeset in Rough Serif and Rough Sans to an original design by Henry Iles.
Printed by Cox & Wyman Ltd, Reading.

No part of this book may be reproduced in any form without permission from the publisher except for the quotation of brief passages in reviews.

© Lexus Ltd 1996
272pp.

British Library Cataloguing in Publication Data
A catalogue for this book is available from the British Library.

ISBN 1-85828-176-8

CONTENTS

INTRODUCTION

The Rough Guide Polish phrasebook is a highly practical introduction to the contemporary language. Laid out in clear A-Z style, it uses key-word referencing to lead you straight to the words and phrases you want – so if you need to book a room, just look up 'room'. The Rough Guide gets straight to the point in every situation, in bars and shops, on trains and buses, and in hotels and banks.

The main part of the Rough Guide is a double dictionary: English-Polish then Polish-English. Before that, there's a section called **The Basics**, which sets out the fundamental rules of the language, with plenty of practical examples. You'll also find here other essentials like numbers, dates, telling the time and basic phrases.

Forming the heart of the guide, the **English-Polish** section gives easy-to-use transliterations of the Polish words wherever pronunciation might be a problem, and to get you involved quickly in two-way communication, the Rough Guide includes dialogues featuring typical responses on key topics – such as renting a car and asking directions. Feature boxes fill you in on cultural pitfalls as well as the simple mechanics of how to make a phone call, what to do in an emergency, where to change money, and more. Throughout this section, cross-references enable you to pinpoint key facts and phrases, while asterisked words indicate where further information can be found in The Basics.

In the **Polish-English** dictionary, we've given not just the phrases you're likely to hear (starting with a selection of slang and colloquialisms), but also all the signs, labels, instructions and other basic words you might come across in print or in public places.

Finally the Rough Guide rounds off with an extensive **Menu Reader**. Consisting of food and drink sections (each starting with a list of essential terms), it's indispensable whether you're eating out, stopping for a quick drink, or browsing through a local food market.

szczęśliwej podróży!
have a good trip!

The Basics

PRONUNCIATION

In this phrasebook, the Polish has been written in a system of imitated pronunciation so that it can be read as though it were English, bearing in mind the notes on pronunciation given below:

ay	as in m**ay**
ch	as in **ch**urch
ds	as in woo**ds**
g	always hard as in **g**oat
H	a hard 'ch' as in the Scottish way of pronouncing lo**ch**
i	as in p**i**t
ī	as the 'i' sound in m**igh**t
J	as the 's' sound in mea**s**ure
o	as in n**o**t
ON	as in l**o**ng but more nasal, as in the French sound **on**
oo	as in b**oo**k
ow	as in n**ow**
ts	as in ha**ts**
wuh	'w' as in **w**onder, but only lightly pronounced
y	as in **y**es
yuh	'y' as in **y**es, but a slight sound much less pronounced than 'y' above

Polish Pronunciation

aj	'i' as in m**igh**t
au	'ow' as in n**ow**
ą	**on** in the middle of a word; more nasal, as in the French **on**, at the end of a word .
c	'ts' as in ha**ts**
ch	'ch' as in the Scottish way of pronouncing lo**ch**
ci/cz/ć	'ch' as in **ch**urch
dz	'ds' as in woo**ds**; or 'dj', similar to the 'j' in **j**am; 'ts' as in ha**ts** at the end of a word
dzi/dź/dż	'dj', similar to the 'j' in **j**am; 'ch' as in **ch**urch at the end of a word

ej	'ay' as in m**ay**
ę	'en' as in **en**gaged in the middle of a word; 'e' as in g**e**t at the end of a word; 'em' as in th**em** if followed by 'b' or 'p'
h	'ch' as in the Scottish way of pronouncing lo**ch**
i	'ee' as in s**ee**d; sometimes 'i' as in p**i**t
j	'y' as in **y**et
ł	'w' as in **w**onder
ni/ń	a slight 'n-y' sound as in **nu**ance
ó	'oo' as in b**oo**k
rz	's' as in mea**s**ure; 'sh' as in **sh**op at the end of a word
si/sz/ś	'sh' as in **sh**op
u	'oo' as in b**oo**k
w	'v' as in **v**ote
y	'i' as in r**i**ch
zi/ź/ż	's' as in mea**s**ure; 'sh' as in **sh**op as the end of a word

The Polish consonants b, d, g, w and z are generally pronounced b, d, g, v and z, but at the end of a word or when preceding certain letters, the pronunciation changes to: p, t, k, f and s respectively.

In Polish, the stress is always on the penultimate syllable of a word. In the English-Polish section, when pronunciation is omitted, the stressed part of the word is shown in bold type.

When e (or ę) occurs at the end of a Polish word, it is always pronounced, for example: inne (another) is pronounced 'een-neh' and dziękuję (thank you) is pronounced 'djenkoo-yeh'.

ABBREVIATIONS

acc	accusative	m pers	masculine
adj	adjective		personal
dat	dative	n	neuter
f	feminine	nom	nominative
fam	familiar	pl	plural
gen	genitive	pol	polite
instr	instrumental	sing	singular
loc	locative	voc	vocative
m	masculine		

THE POLISH ALPHABET

The Polish-English section and Menu Reader are in Polish
alphabetical order which is as follows:

a, ą, b, c, ć, d, e, ę, f, g, h, i, j, k, l, ł, m, n, ń, o, ó, p, q, r, s, ś, t, u, w, x,
y, z, ź, ż

NOTES

In the English-Polish section, when two forms of the verb are
given in phrases such as 'I'd like to ...' chciałbym/chciałabym ...,
the first form is used by male speakers and the second by
female.

When two alternatives are shown in a phrase such as 'do you
have any ...?' czy ma pan/pani ...?, pan and pani are the polite
forms of address; the first is used when speaking to a man and
the second when speaking to a woman (see The Basics
page 20).

NOUNS, ARTICLES AND CASES

There are no articles (a, an, the) in Polish:

okno
window/a window/the window

ręcznik
renchneek
towel/a towel/the towel

Context clarifies the equivalent English article:

czy mogę otworzyć okno?
chi mogeh otfoJich okno
may I open the window?

czy mogę prosić o ręcznik?
chi mogeh prosheech o renchneek
can I have a towel?

Polish nouns have one of three genders — masculine, feminine and neuter. Most masculine nouns end in a consonant:

wagon	**ojciec**	**przyjaciel**
vagon	oychets	pshi-yachel
carriage	father	friend (male)

but there are some exceptions, often relating to an occupation:

mężczyzna	**kierowca**
mensh-chizna	k-yerovtsa
man	driver

Most feminine nouns end in -a:

matka	**cukiernia**
matka	tsook-yern-ya
mother	cake shop

tłumaczka
twoomachka
translator (woman)

but some common exceptions are:

noc	**sól**	**pani**
nots	sool	panee
night	salt	lady; Mrs

Neuter nouns usually end in -o or -e and occasionally in -ę:

łóżko	**wejście**	**imię**
wooshko	vaysh-cheh	eem-yeh
bed	entrance	first name

Words denoting occupations usually have both a masculine and feminine form:

student	**studentka**
stoodent	stoodentka
student (male)	student (female)

nauczyciel	**nauczycielka**
na-oochichel	na-oochichelka
teacher (man)	teacher (woman)

Exceptions to the above rules on gender are shown in the English-Polish and Polish-English sections.

Cases

Polish has seven cases: nominative, accusative, genitive, dative, instrumental, locative and vocative. Usually, words following prepositions change their form according to which case they are in.

Noun endings change depending on the case. The ending used depends basically on two factors:

whether the noun is masculine, feminine or neuter

whether the noun is singular or plural

But in addition to these, there are other factors that affect the case endings (see the tables on pages 11-13).

Nominative Case

The nominative is the case of the subject of a sentence. In the following examples, **sklep** and **Tomasz** are in the nominative:

sklep jest już zamknięty
sklep yest yoosh zamk-nyenti
the shop is already closed

Tomasz wraca jutro
tomash vratsa yootro
Tomasz is coming back tomorrow

Accusative Case

The object of most verbs takes the accusative. In the following examples the object is in the accusative:

chcielibyśmy zwiedzić Zamek Królewski
Hcheleebishmi z-vyedjeech zamek kroolefskee
we would like to visit the Royal Castle

idę kupić gazetę
eedeh koopeech gazeteh
I'm going out to buy a newspaper

czy mogę zamknąć drzwi?
chi mogeh zamk-nonch dJvee
may I close the door?

sprzedałem mieszkanie
spshedawem m-yeshkan-yeh
I have sold my flat

Some prepositions indicating motion or direction towards something are followed by the accusative:

jedziemy na wakacje
yedjemi na vakats-yeh
we are going on holiday

pójdę przez park
poo[yuh]deh pshes park
I'll walk through the park

poszła na pocztę
poshwa na pochteh
she has gone to the post
  office

czekam na nią
chekam na n-yON
I'm waiting for her

Genitive Case

The genitive has five
functions in Polish.

It is used to indicate
possession:

pies Adama
p-yes adama
Adam's dog

There is no word for 'of' in
Polish. The genitive is used to
translate 'of':

kieliszek wina
k-yeleeshek veena
a glass of wine

pudełko zapałek
poodeh^{wuh}ko zapawek
a box of matches

It replaces the accusative as
the direct object whenever the
verb is preceded by nie
(not):

mam samochód (acc)
mam samoHoot
I have a car

nie mam samochodu (gen)
n-yeh mam samoHodoo
I haven't got a car

It follows certain verbs, such
as szukać (to look for) and
słuchać (to listen to):

szukam klucza
shookam kloocha
I'm looking for a key

słucham muzyki
swooHam moozikee
I'm listening to music

It is used after expressions of
quantity:

dużo ludzi   kilka godzin
dooJo loodjee   keelka godjeen
many people   a few hours

It is used after many
prepositions such as od
(from; since); do (to; into);
dla (for); koło (near; by);
z/ze (out of; from):

od czerwca
ot cherftsa
since July

z Londynu do Warszawy
z londinoo do varshavi
from London to Warsaw

Dative Case

The dative is used for the
indirect object of a sentence
and is used with verbs like
pomagać (to help), dawać (to
give), pozwalać (to allow) and

pożyczać (to lend). It often corresponds to 'to' (as in 'to me') in English:

> **dałem to Marysi**
> dawem to marishee
> I gave it to Mary

> **pozwoliłem jej tam pójść**
> pozvoleewem yay tam poo^(vuh)sh-ch
> I let her go there

Instrumental Case

The instrumental is used to show by whom or by what means an action is carried out. It is used to translate 'by' when referring to means of transport:

> **podróżujemy samochodem**
> podrooJoo-yemi samoHodem
> we are travelling by car

> **przyjechałem pociągiem**
> pshi-yeHawem pochong-yem
> I came by train

> **list wysłany pocztą lotniczą**
> leest viswani pochtON lotneechON
> a letter sent by airmail

The instrumental is used with some prepositions, such as z/ze (with), and also after a group of prepositions denoting position (used in reply to the question 'where?', but not 'where to?'), for example, **przed** (in front of; before), **nad** (above), **pod**

(under; below) and **za** (behind):

> **herbata z mlekiem**
> herbata z mlek-yem
> tea with milk

> **przed obiadem**
> pshed ob-yadem
> before lunch

> **pod stołem**
> pot stowem
> under the table

> **przed hotelem**
> pshet hotelem
> in front of the hotel

Locative Case

The locative is used with prepositions denoting location, such as na (on; at), w/we* (in), przy (by; at); it is also used with po (after) and o (about; of):

> **na ulicy**
> na ooleetsi
> on the street

> **w samolocie**
> f samolocheh
> on the plane

> **w pokoju**
> f pokoyoo
> in the room

> **po obiedzie**
> po ob-yedjeh
> after lunch

> **rozmawiali o dzieciach**
> rozmav-yalee o djechaH
> they were talking about the children

* We is used before words
beginning with a consonant
cluster, to make the
pronunciation easier:

we Francji   **we wtorek**
veh frants-yee   veh ſtorek
in France   on Tuesday

we łzach
veh wzaH
in tears

Vocative Case

The vocative is used when
addressing people directly:

panie i panowie
pan-yeh ee panov-yeh
ladies and gentlemen

Ewo!/Aniu!   **Janku!/Adamie!**
evo/an-yoo   yankoo/adam-yeh
Eva!/Anna!   Janek!/Adam!

Numbers and Cases

Numbers in Polish also
determine the case of the
noun. 1 takes the nominative
singular; 2, 3, 4 and all
numbers ending in 2, 3 or 4
(except 12, 13 and 14) take
the nominative plural and all
other numbers take the
genitive plural:

jeden dom   **trzy dni**
yeden dom   tshi dni
1 house   3 days

dwanaście talerzy
dvanash-cheh taleɹi
12 plates

czterdzieści osiem godzin
chterdjesh-chee oshem godjeen
48 hours

Jeden (one) has three genders:

jeden tydzień   **jedna książka**
yeden tidjen^yuh   yedna kshonshka
one week   one book

jedno jabłko
yedno yapko
one apple

The number 'two' in Polish
has four different forms: **dwa**
is the general impersonal
form used with masculine and
neuter nouns; **dwaj** is the
masculine, personal form,
used to refer to male people;
dwie is used for feminine
nouns; and **dwoje** is the
neuter form, which is only
used to refer to children and
young animals:

dwa koty   **dwaj chłopcy**
dva koti   dvī Hwoptsi
two cats   two boys

dwie kobiety   **dwoje dzieci**
d-vyeh kob-yeti   dvoyeh djechee
two women   two children

Cases of Masculine Nouns

Masculine nouns usually end in a consonant, apart from a group of nouns (mostly occupations) which end in -a, for example, kierowca (driver) and dentysta (dentist). There are two ways of declining masculine nouns depending on whether they are animate (people, animals) or inanimate (objects, abstract nouns):

	ojciec father		pociąg train	
	singular		plural	
	animate	inanimate	animate	inanimate
nom	ojciec	pociąg	ojcowie	pociągi
	oychets	pochonk	oytsov-yeh	pochongee
acc	ojca	pociąg	ojców	pociągów
	oytsa	pochonk	oytsoof	pochongoof
gen	ojca	pociągu	ojców	pociągów
	oytsa	pochongoo	oytsoof	pochongoof
dat	ojcu	pociągowi	ojcom	pociągom
	oytsoo	pochongovee	oytsom	pochongom
instr	ojcem	pociągiem	ojcami	pociągami
	oytsem	pochong-yem	oytsamee	pochongamee
loc	ojcu	pociągu	ojcach	pociągach
	oytsoo	pochongoo	oytsaH	pochongaH
voc	ojcze!			
	oycheh			

Cases of Feminine Nouns

Most feminine nouns end in -a, but there are a number that end in a consonant, and a few that end in -i.

	pani	torebka	noc
	lady; Mrs	handbag	night
		singular	
nom	pani	torebka	noc
	panee	torepka	nots
acc	panią	torebkę	noc
	pan-yON	torepkeh	nots

		singular	
gen	**pani**	**torebki**	**nocy**
	panee	torepkee	notsi
dat	**pani**	**torebce**	**noc**
	panee	toreptseh	nots
instr	**panią**	**torebką**	**nocą**
	pan-yON	torepkON	notsON
loc	**pani**	**torebce**	**nocy**
	panee	toreptseh	notsi
voc	**pani!**		
	panee		
		plural	
nom	**panie**	**torebki**	**noce**
	pan-yeh	torepkee	notseh
acc	**panie**	**torebki**	**noce**
	pan-yeh	torepkee	notseh
gen	**pań**	**torebek**	**nocy**
	pan^yuh	torebek	notsi
dat	**paniom**	**torebkom**	**nocom**
	pan-yom	torepkom	notsom
instr	**paniami**	**torebkami**	**nocami**
	pan-yamee	torepkamee	notsamee
loc	**paniach**	**torebkach**	**nocach**
	pan-yaH	torepkaH	notsaH

Cases of Neuter Nouns

Neuter nouns end in -o or -e and occasionally in -ę:

	jajko	**słowo**	**pole**
	egg	word	field
		singular	
nom	**jajko**	**słowo**	**pole**
	yīko	swovo	poleh
acc	**jajko**	**słowo**	**pole**
	yīko	swovo	poleh
gen	**jajka**	**słowa**	**pola**
	yīka	swova	pola

		singular	
dat	jajku	słowu	polu
	yīkoo	swovoo	poloo
instr	jajkiem	słowem	polem
	yī-kyem	swovem	polem
loc	jajku	słowie	polu
	yīkoo	swov-yeh	poloo

		plural	
nom	jajka	słowa	pola
	yīka	swova	pola
acc	jajka	słowa	pola
	yīka	swova	pola
gen	jajek	słów	pól
	yī-ek	swoov	pool
dat	jajkom	słowom	polom
	yīkom	swovom	polom
instr	jajkami	słowami	polami
	yīkamee	swovamee	polamee
loc	jajkach	słowach	polach
	yīkaн	swovaн	polaн

PREPOSITIONS

Some common prepositions and the cases they take (see also Cases pages 7-10):

bez [bes] (+ gen) without
dla (+ gen) for
do (+ gen) to; into
koło [kowo] (+ gen) near; by
między [m-yendzi] (+ instr) among; between
na (+ acc) on; to; for
na (+ loc) on; at
nad [nat] (+ instr) above
naprzeciwko [napshecheefko] (+ gen) opposite
o (+ loc) about; of

obok (+ gen) beside, next to
od [ot] (+ gen) from; off; of; for; since
po (+ loc) after
pod [pot] (+ instr) below; under
poza (+ instr) beyond
przeciw [pshechif] (+ dat) against
przed [pshet] (+ instr) before; in front of
przez [pshes] (+ acc) through
przy [pshi] (+ loc) by; at
w/we [v/veh] (+ loc) on
z/ze [zeh] (+ gen) out of; from
z/ze (+ instr) with
za (+ instr) behind

ADJECTIVES AND ADVERBS

Adjectives

There are two categories of adjectives in Polish – those that express basic qualities:

dobry	**nowy**
dobri	novi
good	new
czysty	**czerwony**
chisti	chervoni
clean	red

and those which are derived from nouns or verbs:

wełna	**wełniany**
veh^wuh na	veh^wuh n-yani
wool	woollen
widzieć	**widzialny**
veedjech	veedjalni
to see	visible

Adjectives agree in case, gender and number with the nouns to which they refer.

dobry good

		singular	
	masculine	feminine	neuter
nom	**dobry**	**dobra**	**dobre**
	dobri	dobra	dobreh
acc	**dobrego/dobry***	**dobrą**	**dobre**
	dobrego/dobri	dobroN	dobreh
gen	**dobrego**	**dobrej**	**dobrego**
	dobrego	dobray	dobrego
dat	**dobremu**	**dobrej**	**dobremu**
	dobremoo	dobray	dobremoo
instr	**dobrym**	**dobrą**	**dobrym**
	dobrim	dobroN	dobrim
loc	**dobrym**	**dobrej**	**dobrym**
	dobrim	dobray	dobrim

* The accusative case of masculine adjectives has two forms: the first form is used with animate nouns (people, animals) and the second form is used with inanimate nouns (objects, abstract nouns).

	plural		masculine	feminine	neuter
	m pers	general			singular
nom	**dobrzy** dobJi	**dobre** dobreh	**-szy** -shi	**-sza** -sha	**-sze** -sheh
acc	**dobrych** dobriH	**dobre** dobreh			plural
gen	**dobrych** dobriH	**dobrych** dobriH	**-si** -shee	**-sze** -sheh	**-sze** -sheh
dat	**dobrym** dobrim	**dobrym** dobrim			
instr	**dobrymi** dobrimee	**dobrymi** dobrimee			
loc	**dobrych** dobriH	**dobrych** dobriH			

There may be some vowel or consonant changes as well:

młody mwodi young	**młodszy** mwotshi younger
ciepły chepwi warm	**cieplejszy** cheplayshi warmer
szybki shipkee fast	**szybszy** shipshi faster
ciemny chemni dark	**ciemniejszy** chem-nyayshi darker
biały b-yawi white	**bielszy** b-yelshi whiter
długi dwoogee long	**dłuższy** dwoosh-shi longer
tani tanee cheap	**tańszy** tanshi cheaper

The plural forms of the adjective given in the lefthand column above (which we call masculine personal) are used to describe men only. The general forms are used to describe women, children, animals, objects or abstract nouns. Similarly, there are also two categories of plural for both demonstratives and possessives, see pages 17 and 18.

As in English, adjectives usually precede the noun.

Comparatives

To form the comparative, remove the final letter of the adjective and add one of the following endings:

GRAMMAR

Some common irregular forms:

duży	**większy**
dooJi	v-yenkshi
large	larger
mały	**mniejszy**
mawi	m-nyayshi
small	smaller
dobry	**lepszy**
dobri	lepshi
good	better
zły	**gorszy**
zwi	gorshi
bad	worse
lekki	**lżejszy**
lek-kee	lJayshi
light	lighter

Superlatives

To form the superlative, add the prefix **naj-** to the comparative:

młodszy	**najmłodszy**
mwotshi	nīmwotshi
younger	youngest
cieplejszy	**najcieplejszy**
cheplayshi	nīcheplayshi
warmer	warmest
bliższy	**najbliższy**
bleesh-shi	nībleesh-shi
nearer	nearest
twardszy	**najtwardszy**
tfartshi	nītfartshi
harder	hardest

Some adjectives cannot be changed in the way described above; in such cases, the comparative and superlative are formed using the adverbs **bardziej** (more) and **najbardziej** (the most):

zmęczony
zmenchoni
tired

bardziej zmęczony
bardjay zmenchoni
more tired

najbardziej zmęczony
nībardjay zmenchoni
the most tired

Adverbs

To form the adverb, remove the final letter of the adjective and replace it with **-o** or **-ie** (there may be some vowel or consonant changes as well):

zimny	**zimno**
Jeemni	Jeemno
cold	coldly
piękny	**piękanie**
p-yenkni	p-yenk-nyeh
beautiful	beautifully
drogi	**drogo**
drogee	drogo
expensive	expensively
śmieszny	**śmiesznie**
sh-myeshni	sh-myesh-nyeh
funny	funnily

szybki	szybko	uprzejmy	uprzejmie
shipkee	shipko	oopshaymi	oopshay-myeh
quick	quickly	polite	politely

DEMONSTRATIVES

The Polish demonstrative adjectives and pronouns are:
ten/ta/to. These both mean 'this (one)' and 'that (one)'.

The forms change according to gender and case:

	masculine	feminine	neuter
nom	**ten**	**ta**	**to**
	ten	ta	to
acc	**tego/to***	**tą**	**to**
	tego/to	tON	to
gen	**tego**	**tej**	**tego**
	tego	tay	tego
dat	**temu**	**tej**	**temu**
	temoo	tay	temoo
instr	**tym**	**tą**	**tym**
	tim	tON	tim
loc	**tym**	**tej**	**tym**
	tim	tay	tim

* The accusative case of masculine demonstratives has two
forms: the first form is used with animate nouns (people,
animals) and the second form is used with inanimate nouns
(objects, abstract nouns).

The plural demonstratives 'these' and 'those' are:

ci/te

m pers	general		m pers	general	
nom	**ci**	**te**	dat	**tym**	**tym**
	chee	teh		tim	tim
acc	**tych**	**te**	instr	**tymi**	**tymi**
	tiH	teh		timee	timee
gen	**tych**	**tych**	loc	**tych**	**tych**
	tiH	tiH		tiH	tiH

There is another demonstrative: tamten/tamta/tamto 'that (one)' and tamci/tamte 'those', used when referring to something further away. These decline like ten/ta/to/ci/te above.

czy to w tym kierunku?	**nie wiedziałem o tym**
chi to ftim k-yeroonkoo	v-yedjawem o tim
is it in this/that direction?	I didn't know that

tamten peron
that platform (over there)

POSSESSIVES

Possessive pronouns (mine, yours, hers etc) and possessive adjectives (my, your, her etc) have the same form in Polish:

to jest mój parasol	ten parasol yest moo^{yuh}
to yest moo^{yuh} parasol	**this umbrella is mine**
this is my umbrella	**ten parasol jest mój**

Apart from the possessives jego (his), jej (her/hers), ich (their/theirs), which always have the same form, possessives change according to gender, case and number:

mój/moje/moja/moi/moje my/mine

	singular		plural	
	m/n	f	m pers	general
nom	**mój/moje**	**moja**	**moi**	**moje**
	moo^{yuh}/moyeh	moya	mo-ee	moyeh
acc	**moje**	**moją**	**moich**	**moje**
	moyeh	moyON	mo-eeH	moyeh
gen	**mojego**	**moje**	**moich**	**moich**
	moyego	moyay	mo-eeH	mo-eeH
dat	**mojemu**	**mojej**	**moim**	**moim**
	moyemoo	moyay	mo-eem	mo-eem
instr	**moim**	**moją**	**moimi**	**moimi**
	mo-eem	moyON	mo-eemee	mo-eemee
loc	**moim**	**mojej**	**moich**	**moich**
	mo-eem	moyay	mo-eeH	mo-eeH

twój/twoja/twoje/twoi/twoje (your/yours (sing, fam)) follow the
same pattern as mój/moje/moja/moi/moje above.
jego [yego] (his) – does not change.
jej [yay] (her/hers) – does not change.
nasz/nasze/nasza/nasi/nasze our/ours

	singular		plural	
	m/n	f	m pers	general
nom	nasz/nasze	nasza	nasi	nasze
	nash/nasheh	nasha	nashee	nasheh
acc	nasze	naszą	naszych	nasze
	nasheh	nashON	nashiH	nasheh
gen	naszego	naszej	naszych	naszych
	nashego	nashay	nashiH	nashiH
dat	naszemu	naszej	naszym	naszym
	nashemoo	nashay	nashim	nashim
instr	naszym	naszą	naszymi	naszymi
	nashim	nashON	nashimee	nashimee
loc	naszym	naszej	naszych	naszych
	nashim	nashay	nashiH	nashiH

wasz/wasze/wasza/wasi/wasze (your/yours (pl, fam)) follow the
same pattern as nasz/nasze/nasza/nasi/nasze above.
ich [eeH] (their/theirs) – does not change.

There is also a possessive pronoun and adjective swój which
follows the patterns of mój and twój. It is used when it refers to
something possessed by the subject of the sentence and when
the identity of the possessor is clear:

biorę swoje klucze   czy bierzesz swoje klucze?
b-yoreh sfoyeh kloocheh   chi b-yeJesh sfoyeh kloocheh
I'm taking my keys   are you taking your keys?

Anna bierze swoje klucze
an-na b-yeJeh sfoyeh kloocheh
Anna is taking her keys

PERSONAL PRONOUNS

Subject pronouns are as follows:

ja [ya]	I
ty [ti]	you (sing, fam)
on/ona/ono [on/ona/ono]	he/she/it
my [mi]	we
wy [vi]	you (pl, fam)
oni*/one [onee/oneh]	they (m pers/general)

* The masculine personal **oni** is used when referring to men; **one** is the general pronoun used to refer to women, children, animals, objects or abstract nouns of all three genders.
Subject pronouns are generally omitted in Polish when the subject of the sentence is obvious, but they can be retained for special emphasis or to avoid confusion:

kiedy przyjdziesz?
k-yedi pshee-djesh
when are you coming?

nie wiem
n-yeh v-yem
I don't know

on to zrobił
on to zrobee^wuh
he did it

on to lubi, a ona nie
on to loobee a ona n-yeh
he likes it, but she doesn't

The forms of personal pronouns change according to the case:

nom	ja	ty	on	ona	ono
	ya	ti	on	ona	ono
acc	mnie	ciebie	jego/go	ją/nią	je
	mnyeh	cheb-yeh	yego/go	yON/n-yON	yeh
gen	mnie	ciebie	jego/niego	jej/niej	niego/go
	mnyeh	cheb-yeh	yego/n-yego	yay/n-yay	n-yego/go
dat	mnie/mi	tobie/ci	jemu/mu	jej/niej	jemu/mu
	mnyeh/mee	tob-yeh/chee	yemoo/moo	yay/n-yay	yemoo/moo
instr	mną	tobą	nim	nią	nim
	mnON	tobON	neem	n-yON	neem
loc	mnie	tobie	nim	niej	nim
	mnyeh	tob-yeh	neem	n-yay	neem

nom	my	wy	oni*	one**
	mi	vi	onee	oneh
acc	nas	was	ich/nich	je/nie
	nas	vas	eeH/neeH	yeh/n-yeh
gen	nas	was	ich/nich	ich/nich
	nas	vas	eeH/neeH	eeH/neeH
dat	nam	wam	im/nim	im/nim
	nam	vam	eem/neem	eem/neem
instr	nami	wami	nimi	nimi
	namee	vamee	neemee	neemee
loc	nas	was	nich	nich
	nas	vas	neeH	neeH

* Masculine personal form used when referring to men for example, brother, father etc.

** General form used to refer to women, children, animals and inanimate objects of all three genders.

In the above table, the alternative forms beginning with ŋ- are used after prepositions:

zaprosiłam ich na jutro
zaprosheewam eeH na yootro
I have invited them for tomorrow

czy to dla nich?
chi to dla neeH
is this is for them?

You

The personal pronouns **ty** and **wy** ('you' singular and plural) are only used when addressing family, friends and children. The polite forms for 'you', used to address all other people are:

pan [pan] to a man
pani [panee] to a woman
panowie [panov-yeh] to more than one man
panie [pan-yeh] to more than one woman
państwo [panstfo] to a man and woman or a group of men and women

The above forms are used with the third person of the verb (singular or plural as appropriate):

czy pan ma bilet?
chi pan ma beelet
have you got a ticket?
(to a man)

czy pani pije kawę z mlekiem?
chi panee pee-yeh kaveh z mlek-
yem
do you take milk in your
coffee? (to a woman)

co państwo zamówili?
tso panstfo zamooveelee
what have you ordered? (to a
man and a woman, or to a group of
men and women)

They decline like nouns (see
pages 11-13):

lubię pana/panią
pan-yON
I like you

VERBS

Aspects

The basic form of the verb
given in the English-Polish
and Polish-English sections is
the infinitive (to drive, to go
etc), which in Polish ends in
-ć (and sometimes in -c). Most
Polish verbs have two forms
known as the imperfective
and perfective aspects. (In
the English-Polish and Polish-
English sections, verbs are
given in the order
imperfective/perfective.) The
imperfective aspect is
generally used to refer to a
process or an action which is
either unfinished, habitual or
continuous. The perfective
aspect is used to describe a

completed action in the past
and also to form one of the
future tenses (see page 28).

**czy przeczytałaś już tą
książkę?** (perfective)
chi pshechitawash yoosh tON
kshonshkeh
have you finished reading
this book?

**wczoraj wieczorem czytałam
książkę** (imperfective)
fchorī v-yechorem chitawam
kshonshkeh
last night I was reading a
book

on nie zjadł śniadania
(perfective)
on n-yeh z-yadʷᵘʰ sh-nyadan-ya
he hasn't eaten his
breakfast

nigdy nie jadam ryb
(imperfective)
neegdi n-yeh yadam rip
I never eat fish

kupowali dom (imperfective)
koopovalee dom
they were buying a house

kupili dom (perfective)
koopeelee dom
they bought a house, they
have bought a house

Tenses

Basically, Polish verbs have
three tenses — present, past
and future.

GRAMMAR

Present Tense

The present tense corresponds to 'I read' and 'I am reading' in English. It is formed from the imperfective aspect and the main conjugation patterns are as follows:

jeść	[yesh-ch]	to eat
jem	[yem]	I eat, I am eating etc
jesz	[yesh]	you eat (sing, fam)
je	[yeh]	he/she/it eats, you eat (sing, pol)
jemy	[yemi]	we eat
jecie	[yecheh]	you eat (pl, fam)
jedzą	[yedsON]	they eat, you eat (pl, pol)
pić	[peech]	to drink
piję	[pee-yeh]	I drink, I am drinking etc
pijesz	[pee-yesh]	you drink (sing, fam)
pije	[pee-yeh]	he/she/it drinks, you drink (sing, pol)
pijemy	[pee-yemi]	we drink
pijecie	[pee-yecheh]	you drink (pl, fam)
piją	[pee-yON]	they drink, you drink (pl, pol)
płacić	[pwacheech]	to pay
płacę	[pwatseh]	I pay, I am paying etc
płacisz	[pwacheesh]	you pay (sing, fam)
płaci	[pwachee]	he/she pays, you pay (sing, pol)
płacimy	[pwacheemi]	we pay
płacicie	[pwacheecheh]	you pay (pl, fam)
płacą	[pwatsON]	they pay, you pay (pl, pol)
czytać	[chitach]	to read
czytam	[chitam]	I read, I am reading etc
czytasz	[chitash]	you read (sing, fam)
czyta	[chita]	he/she reads, you read (sing, pol)
czytamy	[chitami]	we read
czytacie	[chitacheh]	you read (pl, fam)
czytają	[chitī-ON]	they read, you read (pl, pol)
rozumieć	[rozoom-yech]	to understand
rozumiem	[rozoom-yem]	I understand
rozumiesz	[rozoom-yesh]	you understand (sing, fam)

GRAMMAR

rozumie	[rozoom-yeh]	he/she understands, you understand (sing, pol)
rozumiemy	[rozoom-yemi]	we understand
rozumiecie	[rozoom-yecheh]	you understand (pl, fam)
rozumieją	[rozoom-yayON]	they understand, you understand (pl, pol)

Some more useful examples:

być	[bich]	to be
jestem	[yestem]	I am
jesteś	[yestesh]	you are (sing, fam)
jest	[yest]	he/she/it is, you are (sing, pol)
jesteśmy	[yesteshmi]	we are
jesteście	[yestesh-cheh]	you are (pl, fam)
są	[SON]	they are, you are (pl, pol)

mieć	[m-yech]	to have
mam	[mam]	I have
masz	[mash]	you have (sing, fam)
ma	[ma]	he/she/it has, you have (sing, pol)
mamy	[mami]	we have
macie	[macheh]	you have (pl, fam)
mają	[mī-ON]	they have, you have (pl, pol)

iść	[eesh-ch]	to go
idę	[eedeh]	I go, I am going etc
idziesz	[eedjesh]	you go (sing, fam)
idzie	[eedjeh]	he/she/it goes, you go (sing, pol)
idziemy	[eedjemi]	we go
idziecie	[eedjecheh]	you go (pl, fam)
idą	[eedON]	they go, you go (pl, pol)

Past Tense

To form the past tense replace the infinitive ending -ć with the following endings:

	masculine	feminine	neuter
(ja)	-łem	-łam	
	-wem	-wam	
(ty)	-łeś	-łaś	
	-wesh	-wash	
(on/ona/ono)	-ł	-ła	-ło
	-_wuh_	-wa	-wo
(my)	-liśmy	-łyśmy	
	-leeshmi	-wishmi	
(wy)	-liście	-łyście	
	-leesh-cheh	-wish-cheh	
(oni/one)	-li*/-ły**	-ły**	-ły**
	-lee/-wi	-wi	-wi

* The masculine personal ending -li is used when referring to men only.

** -ły is the general ending, used when referring to other masculine nouns, women, children, animals, objects or abstract nouns of all three genders.

Note that there are different endings for male, female and neuter subjects:

mój brat mieszkał w Poznaniu
moo[yuh] brat m-yeshka[wuh] f poznan-yoo
my brother lived in Poznań

moja siostra mieszkała w Londynie
moya shostra m-yeshkawa v londin-yeh
my sister lived in London

moje najstarsze dziecko mieszkało ze mną
moyeh nīstarsheh djetsko m-yeshkawo zeh mnON
my eldest child lived with me

Some useful conjugations in the past tense:

być [bich] to be

masculine	feminine	neuter	
byłem	**byłam**		I was
biwem	biwam		
byłeś	**byłaś**		you were (sing, fam)
biwesh	biwash		
był	**była**		he/she/it was,
bi^{wuh}	biwa		you were (sing, pol)
		było	it was
		biwo	
byliśmy	**byłyśmy**		we were
bileeshmi	biwishmi		
byliście	**byłyście**		you were (pl, fam)
bileesh-cheh	biwish-cheh		
byli*/**były***	**były***	**były***	they were (m pers/
bilee/biwi	biwi	biwi	general), you were (pl, pol)

robić [robeech] to do

masculine	feminine	neuter	
robiłem	**robiłam**		I was doing
robeewem	robeewam		
robiłeś	**robiłaś**		you were doing
robeewesh	robeewash		(sing, fam)
robił	**robiła**		he/she/it was doing,
robee^{wuh}	robeewa		you were doing (sing, pol)
		robiło	it was doing
		robeewo	
robiliśmy	**robiłyśmy**		we were doing
robeeleeshmi	robeewishmi		
robiliście	**robiłyście**		you were doing
robeeleesh-cheh	robeewish-cheh		(pl, fam)
robili*/**robiły***	**robiły***	**robiły***	they were doing (m
robeelee/robeewi	robeewi	robeewi	pers/general), you were doing (pl, pol)

* The masculine personal ending -li is used when referring to men only.
** -ły is the general ending, used when referring to other masculine nouns, women, children, animals, objects or abstract nouns of all three genders.

Past Tense: Use of the Imperfective and Perfective

The imperfective aspect is generally used to refer to a process or an action which is either unfinished, habitual or continuous. The perfective aspect is used to describe a completed action in the past and also to form one of the future tenses (see page 28). The perfective form of a verb is often formed by adding a prefix, such as z-, prze-, na-, u-, wy-, po-, za-:

imperfective		perfective	
jadłam yadwam	I was eating	**zjadłam** z-yadwam	I ate, I have eaten
czytałem chitawem	I was reading	**przeczytałem** pshechitawem	I read, I have read
pisał peesa[wuh]	he was writing	**napisał** napeesa[wuh]	he wrote, he has written
myliśmy mileeshmi	we were washing	**umyliśmy** oomileeshmi	they washed, they have washed
szli shlee	they were going	**poszli** poshlee	they went, they have gone
liczyłeś leechiwesh	you were counting	**policzyłeś** poleechiwesh	you counted, you have counted
czekała chekawa	she was waiting	**zaczekała** zachekawa	she waited, she has waited

Perfective forms can sometimes be identified because they look like a simpler form of the imperfective spelling:

zdejmować/zdjąć
zdaymovach/z-dyonch
to take off, to remove

kupiła
koopeewa
she bought, she has bought

kupowała
koopovawa
she was buying

The Future Tense

There are two ways of translating the future in Polish using either the imperfective or perfective aspect of the verb. The imperfective aspect denotes a continuous action in the future:

będę na ciebie czekać przed kinem
bendeh na cheb-yeh chekach pshet keenem
I'll be waiting for you outside the cinema

The perfective denotes a firm intention or promise:

zrobię to
zrob-yeh to
I'll do it

To form the future tense using the imperfective aspect, use the future tense of **być** 'to be', followed by the infinitive of the main verb:

być	[bich]	to be
będę	[bendeh]	I will be
będziesz	[bendjesh]	you will be (sing, fam)
będzie	[bendjeh]	he/she/it will be, you will be (sing, pol)
będziemy	[bendjemi]	we will be
będziecie	[bendjecheh]	you will be (pl, fam)
będą	[bendON]	they will be, you will be (pl, pol)

czy tu będziesz mieszkać?
chi too bendjesh m-yeshkach
will you be staying here?

będę tak długo do niej dzwonić aż się dodzwonię
bendeh tak dwoogo do n-yay dsvoneech ash sheh dods-von-yeh
I'll keep ringing her until I get through

To form the future tense using the perfective aspect, take the infinitive and follow the conjugation patterns as for the present tense on page 23:

imperfective	perfective
robić [robeech]	zrobić [zrobeech] to do, to make
robię [rob-yeh]	zrobię [zrob-yeh]
I do, I am doing	I will do
I make, I am making	I will make

Negatives

To form a negative sentence, place the negative particle **nie** in front of the verb (even if there are other negatives in the sentence):

> **tam nigdy nikogo nie ma**
> tam neegdi neekogo n-yeh ma
> there is never anybody there

> **on mi nic nie powiedział**
> on mee neets n-yeh pov-yedja^wuh
> he has told me nothing, he hasn't told me anything

> **jeszcze tego nie widziałam**
> yesh-cheh tego n-yeh veedjawam
> I haven't seen it yet

> **ona nigdy nie ma pieniędzy**
> ona neegdi n-yeh ma p-yen-yendsi
> she never has any money

> **nie mam czasu**
> n-yeh mam chasoo
> I have no time

Imperative

The imperative is used to express a command or suggestion as in 'come here!' or 'let's go for a walk'. Regular imperatives are formed by adding the appropriate ending to a stem taken from the third person singular of the imperfective verb; the polite imperative is also preceded by the word **niech** and the appropriate polite pronouns:

czytać [chitach] to read

third person singular: **czyta**

czytaj [chitī]	read (fam)
czytajmy [chitīmi]	let's read
czytajcie [chitīcheh]	read (pl, fam)
niech pan/pani czyta	read (pol: to man/woman)
n-yeH pan/panee chita	
niech państwo czytają	read (pol: to men and women)
n-yeH panstfo chitī-ON	

pisać [peesach] to write

third person singular: **pisze** (stem = **pisz-**)

pisz [peesh]	write (fam)
piszmy [peeshmi]	let's write
piszcie [peesh-cheh]	write (pl, fam)
niech pan/pani pisze	write (pol: to man/woman)
n-yeH pan/panee peesheh	
niech państwo piszą	write (pol: to men and women)
n-yeH panstfo peeshON	

With some verbs, the imperative is formed from the perfective of the verb:

infinitive
> **śpieszyć się/pośpieszyć się**
> sh-pyeshich sheh/posh-
> pyeshich sheh
> to hurry

imperative
> **pośpiesz się!**
> posh-pyesh sheh
> hurry!

infinitive
> **czekać/poczekać**
> chekach/pochekach
> to wait

imperative
> **poczekaj!**
> pochekī
> wait!

The following are some useful imperatives:

> **idź stąd!**
> eech stont
> go away!

> **chodź tu!**
> Hoch too
> come here!

> **chodźmy!**
> Hochmi
> let's go!

In some commands, the infinitive is used instead of the imperative:

> **proszę wejść!**
> prosheh waysh-ch
> come in!

QUESTIONS

To form a general question (for yes/no answers), add the particle **czy** at the beginning of the sentence. The word order does not change. For a specific question add an interrogative pronoun (why, when etc) at the beginning of the sentence:

czy kupiłeś bilety?
chi koopeewesh beeleti
have you bought the tickets?

czy jesteś głodna?
chi yestesh gwodna
are you hungry?

gdzie pani mieszka?
gjeh panee m-yeshka
where do you live?

kiedy on wraca?
k-yedi on vratsa
when is he coming back?

ile to kosztuje?
eeleh to koshtoo-yeh
how much does it cost?

DATES

Use the ordinal numbers on page 34 to express the date; the ordinal number is always in the genitive case and follows the declension patterns of adjectives (see page 14):

pierwszego kwietnia
p-yerfshego k-fyet-nya
the first of April

dwudziestego pierwszego czerwca
dvoodjestego p-yerfshego cherftsa
the twenty-first of June

DAYS

Sunday niedziela [n-yedjela]
Monday poniedziałek [pon-yedjawek]
Tuesday wtorek [ftorek]
Wednesday środa [shroda]
Thursday czwartek [chvartek]
Friday piątek [p-yontek]
Saturday sobota

MONTHS

January styczeń [stichen^yuh]
February luty [looti]
March marzec [maJets]
April kwiecień [k-fyechen^yuh]
May maj [mī]
June czerwiec [cherv-yets]
July lipiec [leep-yets]
August sierpień [sherp-yen^yuh]
September wrzesień [vJeshen^yuh]
October październik [paJdjerneek]
November listopad [leestopat]
December grudzień [groodjen^yuh]

TIME

what time is it? która godzina?
[ktoora godjeena]
1 o'clock pierwsza [p-yerfsha]
2 o'clock druga [drooga]
3 o'clock trzecia [tshecha]
4 o'clock czwarta [chfarta]
5 o'clock piąta [p-yonta]
6 o'clock szósta [shoosta]
7 o'clock siódma [shoodma]
8 o'clock ósma [oosma]
9 o'clock dziewiąta [djev-yonta]
10 o'clock dziesiąta [djeshonta]
11 o'clock jedenasta [yedenasta]
12 o'clock dwunasta [dvoonasta]
it's one o'clock jest pierwsza
[yest p-yerfsha]
**it's two/three/four o'clock jest
druga/trzecia/czwarta** [drooga/
tshecha/chfarta]
it's five o'clock jest piąta
[p-yonta]
five past one pięć po pierwszej
[p-yench po p-yerfshay]
**ten past two dziesięć po
drugiej** [djeshench po droog-yay]
**quarter past one kwadrans po
pierwszej** [kfadrans po
p-yerfshay], **piętnaście po
pierwszej** [p-yentnash-cheh]
**quarter past two kwadrans po
drugiej** [droog-yay], **piętnaście
po drugiej**
half past one wpół do drugiej*
[fpoo^wuh do droog-yay]
**half past ten wpół do
jedenastej*** [yedenastay]

**twenty to ten za dwadzieścia
dziesiąta** [dvadjesh-cha
djeshonta]
**quarter to two za kwadrans
druga** [kfadrans drooga], **za
piętnaście druga** [p-yentnash-
cheh]
**quarter to ten za kwadrans
dziesiąta** [djeshonta], **za
piętnaście dziesiąta**
at one o'clock o pierwszej
[p-yerfshay]
**at two/three/four o'clock o
drugiej/trzeciej/czwartej**
[droog-yay/tshechay/chfartay]
at five o'clock o piątej [p-yontay]
**at half past four o wpół do
piątej** [fpoo^wuh]

14.00 czternasta zero zero
[chternasta zeh-ro]
17.30 siedemnasta trzydzieści
[shedemnasta tshidjesh-chee]
noon południe [powood-nyeh]
midnight północ [poo^wuhnots]
a.m. rano [rano]
p.m. po południu [po powood-
nyoo]
hour godzina [godjeena]
minute minuta [meenoota]
second sekunda [sekoonda]
quarter of an hour kwadrans
[kfadrans]
half an hour pół godziny
[poo^wuh godjeeni]
**three quarters of an hour trzy
kwadranse** [tshi kfadranseh],
czterdzieści pięć minut
[chterdjesh-chee p-yench
meenoot]

* For 'half past' the hour, refer to the next hour: **wpół do drugiej** literally means 'half an hour until 2 o'clock'.

NUMBERS

0	zero [zeh-ro]	
1	jeden [yeden], jedna, jedno[1]	
2	dwa[1] [dva], dwaj [dvï], dwie [d-vyeh], dwoje [dvoyeh]	
3	trzy [tshi]	
4	cztery [chteri]	
5	pięć [p-yench]	
6	sześć [shesh-ch]	
7	siedem [shedem]	
8	osiem [oshem]	
9	dziewięć [djev-yench]	
10	dziesięć [djeshench]	
11	jedenaście [yedenash-cheh]	
12	dwanaście [dvanash-cheh]	
13	trzynaście [tshinash-cheh]	
14	czternaście [chternash-cheh]	
15	piętnaście [p-yentnash-cheh]	
16	szesnaście [shesnash-cheh]	
17	siedemnaście [shedemnash-cheh]	
18	osiemnaście [oshemnash-cheh]	
19	dziewiętnaście [djev-yentnash-cheh]	
20	dwadzieścia [dvadjesh-cha]	
21	dwadzieścia jeden [dvadjesh-cha yeden]	

22	dwadzieścia dwa [dvadjesh-cha dva]
23	dwadzieścia trzy [tshi]
30	trzydzieści [tshidjesh-chee]
31	trzydzieści jeden [tshidjesh-chee yeden]
32	trzydzieści dwa [tshidjesh-chee dva]
33	trzydzieści trzy [tshi]
40	czterdzieści [chterdjesh-chee]
50	pięćdziesiąt [p-yendjeshont]
60	sześćdziesiąt [sheshdjeshont]
70	siedemdziesiąt [shedemdjeshont]
80	osiemdziesiąt [oshemdjeshont]
90	dziewięćdziesiąt [djev-yendjeshont]
100	sto
101	sto jeden [yeden]
102	sto dwa [dva]
110	sto dziesięć [djeshench]
200	dwieście [d-vyesh-cheh]
300	trzysta [tshista]
400	czterysta [chterista]
500	pięćset [p-yenset]
600	sześćset [shayset]
700	siedemset [shedemset]
800	osiemset [oshemset]
900	dziewięćset [djev-yenchset]
1,000	tysiąc [tishonts]
2,000	dwa tysiące[2] [dva tishontseh]

3,000	trzy tysiące [tshi]
4,000	cztery tysiące [chteri]
5,000	pięć tysięcy[3] [p-yench tishentsi]
6,000	sześć tysięcy [shesh-ch]
7,000	siedem tysięcy [shedem]
8,000	osiem tysięcy [oshem]
9,000	dziewięć tysięcy [djev-yench]
10,000	dziesięć tysięcy [djeshench]
100,000	sto tysięcy
1,000,000	milion [meel-yon]

[1] for use of the different forms of **jeden** and **dwa**, see page 10

[2] **tysiące** is used with 2,000, 3,000 and 4,000

[3] for 5,000 or more use **tysięcy**

Ordinals

first	pierwszy [p-yerfshi]
second	drugi [droogee]
third	trzeci [tshechee]
fourth	czwarty [chfarti]
fifth	piąty [p-yonti]
sixth	szósty [shoosti]
seventh	siódmy [shoodmi]
eighth	ósmy [oosmi]
ninth	dziewiąty [djev-yonti]
tenth	dziesiąty [djeshonti]

BASIC PHRASES

yes
tak

no
nie
n-yeh

OK
dobrze
dobJeh

hello
dzień dobry
djen
(in the evening)
dobry wieczór
v-yechoor

good morning
dzień dobry
djen

good evening
dobry wieczór
v-yechoor

good night
dobranoc
dobranots

goodbye
do widzenia
veedzen-ya

hi!/cheerio!
cześć!
chesh-ch

see you!
do zobaczenia!
zobachen-ya

please
proszę

yes, please
tak, chętnie
Hent-nyeh

thank you, thanks
dziękuję
djenkoo-yeh

no thank you
dziękuję, nie
n-yeh

thank you very much
dziękuję bardzo
bards-o

don't mention it
proszę bardzo
prosheh

how do you do?
jak się pan/pani ma?
yak sheh pan/panee

how are you?
co słychać?
tso swiHach

fine, thanks
dziękuję, wszystko w
    porządku
djenkoo-yeh fshistko f poJontkoo

nice to meet you
miło mi pana/panią poznać
meewo mee pana/pan-yon
    poznach

excuse me przepraszam
psheprasham

excuse me? (didn't
    understand/hear)
słucham?
swooHam

(I'm) sorry
przepraszam
psheprasham

sorry?/pardon (me)?
słucham?
swooHam

what?
co takiego?
tso tak-yego

what did you say? (to a man) co
pan powiedział?
tso pan pov-yedja^wuh
(to a woman) co pani
powiedziała?
panee pov-yedjawa

I see/I understand
rozumiem
rozoom-yem

I don't understand
nie rozumiem
n-yeh

do you speak English?
czy pan/pani mówi po
    angielsku?
chi pan/panee moovee po ang-
    yelskoo

I don't speak Polish
nie mówię po polsku ...
n-yeh moov-yeh po polskoo

could you speak more slowly?
proszę wolniej!
prosheh vol-nyay

could you repeat that?
proszę to powtórzyć
poftooJich

please write it down
proszę to napisać
napeesach

I'd like a ...
proszę o ...
prosheh

I'd like to ...
chciałbym/chciałabym ...
Hcha^wuhbim/Hchawabim

can I have a ...?
czy mogę dostać ...?
chi mogeh dostach

do you have ...?
czy ma pan/pani ...?
panee

how much is it?
ile to kosztuje?
eeleh to koshtoo-yeh

cheers! (toast) na zdrowie!
zdrov-yeh

it is ...
to jest ...
yest

where is it?
gdzie to jest?
gJeh

where is/are ...?
gdzie jest/są ...?
son

is it far?
czy to jest daleko?
chi

what time is it?
która godzina?
ktoora godjeena

CONVERSION TABLES

1 centimetre = 0.39 inches   1 inch = 2.54 cm

1 metre = 39.37 inches =
  1.09 yards

                        1 foot = 30.48 cm

                        1 yard = 0.91 m

1 kilometre = 0.62 miles =
  5/8 mile

                        1 mile = 1.61 km

km	1	2	3	4	5	10	20	30	40	50	100
miles	0.6	1.2	1.9	2.5	3.1	6.2	12.4	18.6	24.8	31.0	62.1

miles	1	2	3	4	5	10	20	30	40	50	100
km	1.6	3.2	4.8	6.4	8.0	16.1	32.2	48.3	64.4	80.5	161

1 gram = 0.035 ounces   1 kilo = 1000 g = 2.2 pounds

g	100	250	500
oz	3.5	8.75	17.5

1 oz = 28.35 g

1 lb = 0.45 kg

kg	0.5	1	2	3	4	5	6	7	8	9	10
lb	1.1	2.2	4.4	6.6	8.8	11.0	13.2	15.4	17.6	19.8	22.0

kg	20	30	40	50	60	70	80	90	100
lb	44	66	88	110	132	154	176	198	220

lb	0.5	1	2	3	4	5	6	7	8	9	10	20
kg	0.2	0.5	0.9	1.4	1.8	2.3	2.7	3.2	3.6	4.1	4.5	9.0

1 litre = 1.75 UK pints / 2.13 US pints

1 UK pint = 0.57 l   1 UK gallon = 4.55 l
1 US pint = 0.47 l   1 US gallon = 3.79 l

centigrade / Celsius $C = (F - 32) \times 5/9$

C	-5	0	5	10	15	18	20	25	30	36.8	38
F	23	32	41	50	59	65	68	77	86	98.4	100.4

Fahrenheit $F = (C \times 9/5) + 32$

F	23	32	40	50	60	65	70	80	85	98.4	101
C	-5	0	4	10	16	18	21	27	29	36.8	38.3

English-Polish

A

a, an*

about: about 20 około
dwudziestu [okowo]
  it's about 5 o'clock jest około
  piątej [yest]
  a film about Poland film o
  Polsce

above* nad

abroad za granicą [granitsON]

absolutely absolutnie [absoloot-
nyeh]

absorbent cotton wata [vata]

accelerator pedał gazu [peda^wuh
gazoo]

accept przyjmować [pshi-
movach]/przyjąć [pshi-yonch]

accident wypadek [vipadek]
  there's been an accident
  zdarzył się wypadek [zdaJi^wuh
  sheh]

accommodation nocleg [notslek]
  see room and hotel

accurate dokładny [dokwadni]

ache ból [bool]
  my back aches boli mnie
  krzyż [bolee mnyeh kshish]

across: across the road po
  drugiej stronie ulicy [droog-yay
  stron-yeh ooleetsi]

adapter (for voltage) przełącznik
  napięcia [psheh-wonchnik nap-
  yencha]
  (plug) rozgałęziacz
  [rozgawenJach]

address adres
  what's your address? pana/
  pani adres? [panee]

In Poland, the street name
is always written before the
number. The word for street
(ulica, abbreviated to ul.) or avenue (aleja, abbreviated to al.)
is often missed out – for
example ulica Senatorska is
simply known as Senatorska.
The other frequent abbreviation
is pl., short for plac (square).
In addresses, WPan is 'Mr' and
WPani 'Mrs'; both are often
abbreviated to WP. Addresses
are written as follows:

WPan Adam Podlaski
ul. Malinowa 13a m 7
34-600 Rabka

address book notatnik
  adresowy [adresovi]

admission charge opłata za
  wstęp [opwata za fstemp]

adult (adj) dorosły [doroswi]

advance: in advance zawczasu
  [zafchasoo]

aeroplane samolot

after* po
  after you (pol: to man) pan
  pierwszy [p-yerfshi]
  (to woman) pani pierwsza
  [panee p-yerfsha]

afternoon popołudnie
  [popowood-nyeh]
  in the afternoon po południu
  [powood-nyoo]
  this afternoon dzisiaj
  po południu [djeeshī]

aftershave płyn po goleniu

[pwin po golen-yoo]

aftersun cream krem po opalaniu [opalan-yoo]

afterwards potem

again znowu [znovoo]

against* przeciw [pshechif]

age wiek [v-yek]

ago: a week ago tydzień temu [temoo]

an hour ago godzinę temu

agree: I agree zgadzam się [zgads-am sheh]

AIDS 'AIDS'

air powietrze [pov-yetsheh]

by air samolotem

air-conditioning klimatyzacja [kleematizats-ya]

airmail: by airmail pocztą lotniczą [pochtoN lotnichoN]

airmail envelope koperta lotnicza [lotneecha]

airplane samolot

airport lotnisko [lotneesko]

to the airport, please proszę na lotnisko [prosheh]

airport bus autobus na lotnisko [owtoboos]

aisle seat miejsce przy przejściu [m-yaystseh pshi pshaysh-choo]

alarm clock budzik [boodjik]

alcohol alkohol

alcoholic (adj) alkoholowy [alkoholovi]

all wszystko [fshistko]

all the boys wszyscy chłopcy [fshistsi]

all the girls wszystkie dziewczyny [fshist-kyeh]

all of it wszystko [fshistko], co tu jest [tso too yest]

all of them wszyscy [fshistsi]

that's all, thanks dziękuję, to wszystko [djenkoo-yeh]

not at all wcale nie [vtsaleh n-yeh]

allergic: I'm allergic to ... mam uczulenie na ... [oochoolen-yeh]

allowed dozwolone [dozvoloneh]

are we allowed to ...? czy tu wolno ...? [chi too volno]

all right w porządku [fpoJondkoo]

I'm all right (I feel all right) nic mi nie jest [nits mee n-yeh yest] (nothing for me) nic mi nie brakuje [brakoo-yeh]

are you all right? czy nic się panu/pani nie stało? [chi nits sheh panoo/panee n-yeh stawo]

almond migdał [meegdow]

almost prawie [prav-yeh]

alone sam (m), sama (f)

alphabet alfabet

a	[a]	j	[yot]	s	[ess]
ą	[ON]	k	[ka]	ś	[esh]
b	[beh]	l	[el]	t	[teh]
c	[tseh]	ł	[el^wuh]	u	[oo]
ć	[chuh]	m	[em]	v	[fow]
d	[deh]	n	[en]	w	[voo]
e	[eh]	ń	[en^yuh]	x	[eeks]
ę	[un]	o	[o]	y	[eegrek]
f	[ef]	ó	[oo]	z	[zet]
g	[g-yeh]	p	[peh]	ź	[Jet]
h	[ha]	q	[koo]	ż	[Jet]
i	[ee]	r	[er]		

already już [yoosh]

also też [tesh]

although chociaż [Hochash]

altogether ogółem [ogoowem]

always zawsze [zafsheh]

am*: I am jestem [yestem]

a.m.: at seven a.m. o siódmej rano

amazing zdumiewający [zdoom-yevī-ontsi]

ambulance pogotowie [pogotov-yeh]

call an ambulance! proszę wezwać pogotowie! [prosheh vezvach]

Dial 999 for an ambulance.

America Ameryka [amerika]

American (adj) amerykański [amerikanskee]

I'm American (man/woman) jestem Amerykaninem/Amerykanką [yestem amerikaneenem/amerikankON]

among* między [m-yendzi]

amount ilość [eelosh-ch] (money) suma [sooma]

amp: a 13-amp fuse bezpiecznik trzynastoamperowy [besp-yechnik tshinasto-amperovi]

and i [ee]

angry zły [zwi]

animal zwierzę [z-vyeJeh]

ankle kostka

anniversary (wedding) rocznica ślubu [rochneetsa shlooboo]

annoy: this man's annoying me ten mężczyzna mnie prześladuje [mensh-chizna mnyeh psheshladoo-yeh]

annoying irytujący [eeritoo-yontsi]

another (different) inny [een-ni], inna [een-na], inne [een-neh]

another beer, please proszę jeszcze jedno piwo [prosheh yesh-cheh yedno]

antibiotics antybiotyk [antib-yotik]

antifreeze płyn przeciw zamarzaniu [pwin pshechif zamarzan-yoo]

antihistamines antyhistamina [antiheestameena]

antique: is it an antique? czy to antyk? [chi to antik]

antique shop sklep z antykami [sklep z antikamee]

antiseptic antyseptyczny [antiseptichni]

any: have you got any bread? czy jest chleb? [chi yest]

have you got any tomatoes? czy są pomidory? [SON]

anybody ktoś [ktosh], każdy [kaJdi] (with negation) nikt

does anybody speak English? czy ktoś tu mówi po angielsku? [chi ktosh too moovee po ang-yelskoo]

there wasn't anybody there nikogo tam nie było [n-yeh biwo]

anything coś [tsosh], cokolwiek [tsokol-vyek]

(with negation) nic [nits]
hardly anything prawie nic
[prav-yeh]

•••••• DIALOGUES ••••••

anything else? **czy coś jeszcze?**
[chi tsosh yesh-cheh]

nothing else, thanks **dziękuję, to
wszystko** [djenkoo-yeh to fshistko]

would you like anything to drink?
**czy chce pan/pani czegoś się
napić?** [Htseh pan/panee chegosh
sheh napeech]

I don't want anything, thanks
dziękuję, nic mi nie potrzeba
[mee n-yeh potsheba]

apart from oprócz [oprooch], **za
wyjątkiem** [vi-yont-kyem]
apartment mieszkanie [m-
yeshkan-yeh]
**apartment block blok
mieszkaniowy** [m-yeshkan-
yovi]
aperitif aperitif
apology przeprosiny
[psheprosheeni]
**appendicitis zapalenie
wyrostka** [zapalen-yeh virostka]
appetizer zakąska [zakonska]
apple jabłko [yapko]
appointment wizyta [veezita]
to make an appointment
zamówić wizytę [zamooveech
veezyteh]

•••••• DIALOGUE ••••••

good morning, how can I help you?
dzień dobry, czym mogę służyć?
[djen dobri chim mogeh swooJich]

I'd like to make an appointment
**chciałbym/chciałabym zamówić
wizytę** [Hchowbim/Hchawabim
zamooveech veezyteh]

what time would you like? **na
którą godzinę?** [ktooroN godjeeneh]

three o'clock **na trzecią**
[ktooroN godjeeneh]

I'm afraid that's not possible, is
four o'clock all right? **niestety, to
niemożliwe, czy może być
czwarta?** [n-yesteti to n-yemoJleeveh
chi moJeh bich]

yes, that will be fine **tak, dziękuję**
[djenkoo-yeh]

the name was ...? **pana/pani
nazwisko ...?** [panee nazveesko]

apricot morela
April kwiecień [k-fyechen^{yuh}]
are*: we are jesteśmy
[yesteshmi]
you are (sing, fam) **jesteś**
[yestesh]
(pol) **pan/pani jest** [panee yest]
(to more than one person)
państwo są [panstfo soN]
they are **oni są**
area okolica [okoleetsa]
area code numer kierunkowy
[noomer k-yeroonkovi]
arm ręka [renka]
arrange załatwić [zawatfeech]
(transport etc) **zorganizować**
[zorganizovach]
will you arrange it for us? **czy
może to pan/pani nam
załatwić?** [chi moJeh – panee]
arrival przylot [pshilot]
arrive (by transport) **przyjechać**
[pshi-yeHach]

(by plane) **przylecieć**
[pshilechech]

(on foot) **przybyć** [pshibich]

**when do we arrive? o której
jesteśmy na miejscu?**
[oktooray yesteshmi na m-
yaystsoo]

**has my fax arrived yet? czy
mój fax już przyszedł?** [chi
moo^{yuh} faks yoosh pshishet]

we arrived today (by plane)
przyjechaliśmy dzisiaj [pshi-
yeHaleeshmi djeeshī]

art sztuka [shtooka]

art gallery galeria sztuki [galer-
ya shtookee]

artist artysta m [artista], **artystka**
f [artistka]

as: as big as taki duży jak [takee
dooJi yak]

**as soon as possible możliwie
jak najszybciej** [moJleev-yeh
yak nīshipchay]

ashtray popielniczka [pop-
yelnichka]

ask (question) **pytać** [pitach]/
zapytać

(for something) **prosić**
[prosheech]/**poprosić**

**I didn't ask for this nie
prosiłem/prosiłam o to**
[n-yeh proshee-wem/proshee-
wam]

**could you ask him to ...? czy
może go pan/pani poprosić,
żeby ...?** [chi moJeh – panee –
Jebi]

asleep: she's asleep ona śpi
[shpee]

aspirin aspiryna [aspeerina]

asthma astma

astonishing zdumiewający
[zdoom-yevī-ontsi]

at*: at the hotel w hotelu [f]

at the station na dworcu

**at six o'clock o szóstej
godzinie** [godjeen-yeh]

at Tomek's u Tomka [oo]

at Ewa's u Ewy

athletics lekkoatletyka [lek-ko-
atletika]

attractive atrakcyjny [atraktsee-
ni]

August sierpień [sherp-yen^{yuh}]

aunt ciotka [chotka]

Auschwitz Oświęcim [osh-
fencheem]

Australia Australia [owstral-ya]

Australian (adj) **australijski**
[owstralee-skee]

I'm Australian (man/woman)
**jestem Australijczykiem/
Australijką** [yestem owstralee-
chik-yem/owstralee-kon]

Austria Austria [owstr-ya]

automatic (adj) **automatyczny**
[owtomatichni]

automatic teller bankomat

autumn jesień f [yeshen^{yuh}]

in the autumn jesienią
[yeshen-yON]

avenue aleja [alaya]

average przeciętny
[pshechentni]

on average przeciętnie
[pshechent-nyeh]

**awake: is he awake? czy on nie
śpi?** [chi on n-yeh shpee]

away: go away! proszę odejść!
[prosheh odaysh-ch]
is it far away? czy to daleko?
[chi]
awful okropny [okropni]
it's awful! to okropne!
[okropneh]
axle oś f [osh]

B

baby niemowlę [n-yemovleh]
baby food jedzenie dla
niemowląt [yeds-en-yeh dla n-
yemovlont]
baby-sitter osoba do
pilnowania dzieci f
[peelnovan-ya djechee]
back (of body) plecy [pletsi]
(back part) tył [ti^wuh]
at the back z tyłu [stiwoo]
can I have my money back?
czy mogę prosić o zwrot
pieniędzy? [chi mogeh
prosheech o zvrot p-yen-yendsi]
to come/go back wracać
[vratsach]/**wrócić** [vroocheech]
backache ból krzyża [bool
kshiJa]
bacon boczek [bochek]
bad zły [zwi]
a bad headache silny ból
głowy [sheelni bool gvovi]
it's not so bad nieźle [n-
yeJleh]
badly źle [Jleh]
bag torba, worek [vorek]
(handbag) torebka [torepka]
(suitcase) walizka [valeeska]
baggage bagaż [bagash]

baggage check kontrola
bagażowa [bagaJova]
(US: left luggage) przechowalnia
bagażu [psheHoval-nya bagaJoo]
baggage claim odbiór bagażu
[od-byoor]
bakery sklep z pieczywem
[sklep s p-yechivem]
balcony balkon
a room with a balcony
poproszę pokój z balkonem
[poprosheh pokoo^yuh]
bald łysy [wisi]
ball piłka [pee^wuhka]
ballet balet
balloon balon
ballpoint pen długopis
[dwoogopees]
Baltic (Sea) Bałtyk [bowtik]
banana banan
band (musical) grupa [groopa]
bandage bandaż [bandash]
Bandaid® plaster
bank (money) bank

As a rule the most competitive
exchange rates are offered by
the banks (usually open Monday to Friday from 7.30 a.m. to
5 p.m., and Saturdays to
2 p.m.). A flat commission is
normally deducted.
Orbis hotels also have exchange
desks, which are usually open
round the clock; they tend to
offer poor rates and charge hefty
commissions. The main Orbis
office in each town is supposed
to offer a full currency service;→

this is usually quick and efficient, with a better rate than you'll get in their hotels. However, most offices are prepared to change cash only.

A host of private banks, designated by the names **kantor** or **wymiana walut**, have sprung up in all the cities; many run in tandem with another retail business and often open till late at night, but they only change cash.

bank account konto bankowe [bankoveh]
bar bar
  a bar of chocolate tabliczka czekolady [tableechka chekoladi]

Drinking habits are changing. Poles for years drank mainly at home, while visitors stuck to the hotels, with such other bars as existed being alcoholic-frequented dives. Over the last few years, though, something of a bar culture has been emerging in the cities, supplementing the largely non-alcohol-serving cafés. Elsewhere, drinking is still best done at the local hotel or restaurant. In smaller towns or villages restaurants are often the only outlets selling alcohol. In the cities and larger towns, you'll come upon hotel bars (frequented mainly by Western-→

ers or wealthier Poles) and a growing number of privately run bars which mimic Western models, and are very different from traditional bars. The latter, basic and functional, are almost exclusively male terrain and generally best avoided.

barber's fryzjer męski [friz-yer menskee]
basket koszyk [koshik]
bath kąpiel f [komp-yel]
  can I have a bath? czy mogę wziąć kąpiel? [chi mogeh vJonch]
bathroom łazienka [waJenka]
  with a private bathroom z własną łazienką [vwasnON waJenkON]
bath towel ręcznik kąpielowy [renchnik komp-yelovi]
bathtub wanna [van-na]
battery bateria [bater-ya]
  (for car) akumulator [akoomoolator]
bay zatoka
be* być [bich]
beach plaża [plaJa]
  on the beach na plaży [plaJi]

You have to pay to use beaches with the signs **płatne** (literally: paid) or **strzeżone** (guarded). These beaches have attendants, toilets and other facilities. Charges are usually very low and paid per day. Beaches that are →

48

free of charge and don't have special facilities are called **dzikie** (literally: wild). There are numerous naturist areas along the Baltic coast as well as inland, on lake shores.

beach mat mata
beach umbrella parasol
beans fasola
  French beans fasolka szparagowa [shparagova]
  broad beans bób [boop]
beard broda
beautiful piękny [p-yenkni]
because ponieważ [pon-yevash]
  because of ... z powodu ... [spovodoo]
bed łóżko [wooshko]
  I'm going to bed now idę spać [eedeh spach]
bed and breakfast (place) **hotel/ pensjonat ze śniadaniem** [Hotel/pens-yonat zeh sh-nyadan-yem]
  see **guesthouse**
bedroom sypialnia [sip-yal-nya]
beef wołowina [vowoveena]
beer piwo [peevo]
  two beers, please proszę dwa piwa [prosheh dva peeva]

There are a number of highly drinkable, and in a few cases really excellent, Polish brands of beer. The best and most famous bottled beers are all from the south of the country. **Żywiec**→

produces two varieties: the strong, tangy **Tatra Pils** and **Piwo Żywieckie**, a lighter smoother brew, ideal for mealtime drinking. The other nationally available beers are **Okocim** from the Katowice region, and **Leżajsk**, a strongish brew from the town of the same name near Rzeszów. There's also an assortment of regional beers you'll only find in the locality, **Gdańskie** and **Wrocławskie** being two of the most highly rated. Draught beer is increasingly common and is called **ciemne**.

before* przed [pshed]
begin zaczynać [zachinach]/**zacząć** [zachonch]
  when does it begin? o której jest początek? [oktooray yest pochontek]
beginner początkujący m [pochontkoo-yontsi]
beginning początek [pochontek]
  at the beginning na początku [pochontkoo]
behind* za
  behind me za mną [mnON]
beige beżowy [beJovi]
Belarus Białoruś [b-yaworoosh]
Belarussian (adj) **białoruski** [b-yaworooskee]
Belgium Belgia [belg-ya]
believe wierzyć [v-yeJich]/**uwierzyć** [oov-yeJich]
below* pod

ENGLISH ◆ POLISH | Be

belt **pasek**

bend (in road) **zakręt** [zakrent]

berth (on ship) **koja** [koya]

beside*: beside the ... **obok** ...

best **najlepszy** [nilepshi]

better **lepszy** [lepshi]

are you feeling better? **czy się już lepiej czujesz?** [chi sheh yoosh lep-yay choo-yesh]

between* **między** [m-yendsi]

beyond* **poza**

bicycle **rower** [rover]

big **duży** [dooJi]

this is too big **to jest za duże** [yest za dooJeh]

it's not big enough **to jest za małe** [maweh]

bike **rower** [rover]

(motorbike) **motocykl** [mototsikl]

bikini **bikini** n

bill **rachunek** [raHoonek]

(US: banknote) **banknot**

could I have the bill, please? **proszę o rachunek** [prosheh] see tip

bin **kubeł na śmieci** [koobeh^wuh na sh-myechee]

binding (ski) **wiązanie** [v-yonzan-yeh]

bin liners **torby do kubła na śmieci** [torbi do koobwa]

bird **ptak**

Birkenau **Brzezinka** [bJeJeenka]

birthday **urodziny** [oorodjeeni]

happy birthday! **wszystkiego najlepszego na urodziny!** [fshist-kyego nilepshego na oorodjeeni]

biscuit **herbatnik** [herbatneek]

bit: a little bit **odrobinkę** [odrobeenkeh]

a big bit **duży kawałek** [dooJi kavawek]

a bit of ... **trochę ...** [troHeh]

a bit expensive **trochę za drogie** [drog-yeh]

bite (by insect) **ukąszenie** [ookonshen-yeh]

bitter (taste etc) **gorzki** [goshki]

black **czarny** [charni]

blanket **koc** [kots]

bleach (for toilet) **środek dezynfekujący** [shrodek dezinfekoo-yontsi]

bless you! **na zdrowie!** [zdrov-yeh]

blind **niewidomy** [n-yevee-domi]

blinds **rolety** [roleti]

blister **pęcherz** [penHesh]

blocked (road, pipe) **zablokowany** [zablokovani]

blond (adj) 'blond'

blood **krew** [kref]

high blood pressure **wysokie ciśnienie** [visok-yeh cheesh-nyen-yeh]

blouse **bluzka** [blooska]

blow-dry **modelowanie na szczotkę** [modelovan-yeh na sh-chotkeh]

I'd like a cut and blow-dry **proszę obciąć i wymodelować na szczotkę** [prosheh opcHONch ee vimodelovach]

blue **niebieski** [n-yeb-yeskee]

blusher róż [roosh]
boarding house pensjonat [pensyonat]
boarding pass karta pokładowa [pokwadova]
boat łódź [wooch]
  (for passengers) statek
body ciało [chawo]
boiled egg (soft-boiled) jajko na miękko [yīko na m-yenk-ko]
  (hard-boiled) jajko na twardo [tfardo]
bone kość [kosh-ch]
  (in fish) ość [osh-ch]
bonnet (of car) maska
book książka [kshonshka]
  (verb) rezerwować [rezervovach]/zarezerwować
  can I book a seat? czy mogę zarezerwować miejsce? [chi mogeh – m-yaystseh]

•••••• DIALOGUE ••••••

I'd like to book a table for two chciałbym/chciałabym zarezerwować stolik dla dwóch osób [Hchowbim/Hchawabim – stoleek dla dvooH osoop]
what time would you like it booked for? na którą godzinę? [ktooron godjeeneh]
half past seven na w pół do ósmej [fpoo^wuh]
that's fine proszę bardzo [prosheh bards-o]
and your name? nazwisko pana/pani? [nazveesko pana/panee]

bookshop, bookstore księgarnia [kshengarn-ya]

boot (footwear) but [boot]
  (of car) bagażnik [bagaJneek]
border (of country) granica [graneetsa]
bored znudzony [znoods-oni]
  I'm bored nudzi mi się [noodjee mee sheh]
boring nudny [noodni]
born: I was born in London urodziłem/urodziłam się w Londynie [oorodjeewem/oorodjeewam sheh v londin-yeh]
  I was born in 1960 urodziłem/urodziłam się w roku tysiąc dziewięćset sześćdziesiątym [vrokoo]
borrow: may I borrow ...? czy mogę pożyczyć ...? [chi mogeh poJichich]
both obaj [obī]
bother: sorry to bother you przepraszam, że sprawiam kłopot [psheprasham Jeh spravyam kwopot]
bottle butelka [bootelka]
  a bottle of red wine butelkę czerwonego wina [bootelkeh]
bottle-opener klucz do otwierania butelek [klooch do ot-fyeran-ya bootelek]
bottom (of person) pośladki pl [poshlatkee]
  at the bottom of the street na końcu ulicy [kontsoo]
box pudełko [poodeh^wuhko]
  box of chocolates pudełko czekoladek [chekoladek]
box office kasa teatralna
boy chłopiec [Hwop-yets]

boyfriend chłopiec
bra biustonosz [b-yoostonosh]
bracelet bransoletka
brake hamulec [Hamoolets]
brandy koniak [kon-yak]
(Polish) winiak [veen-yak]
bread chleb [Hlep]
white bread bułka [boo^{wuh}ka]
brown bread chleb
wholemeal bread chleb
razowy [razovi]
rye bread chleb żytni [Jitni]
break (verb) złamać [zwamach]
I've broken the ... złamałem/
złamałam ... [zwamawem/
zwamawam]
I think I've broken my wrist
chyba złamałem/złamałam
rękę w nadgarstku [Hiba –
renkeh vnadgarstkoo]
break down zepsuć się [zepsooch
sheh]
I've broken down (car) zepsuł
mi się samochód [zepsoo^{wuh}
mee sheh samoHoot]
breakdown (mechanical) awaria
[avar-ya]

The Polish motoring association
PZMot, runs a 24-hour breakdown service. The national HQ,
in Warsaw, can provide some
English-language pamphlets on
their services. Anywhere else
dial 954 on the nearest phone
and wait for assistance. For
peace of mind it might be worth
taking out an insurance policy,
which will pay for on-the-spot →

repairs and, in case of emergen-
cies, ship you and all your passengers back home free of
charge.

breakdown service pogotowie
techniczne [pogotov-yeh
teHneechneh]
breakfast śniadanie [sh-nyadan-
yeh]
break-in włamanie [vwaman-yeh]
I've had a break-in włamano
mi się do domu [mee sheh do
domoo]
breast pierś f [p-yersh]
breathe oddychać [od-diHach]
breeze lekki wiatr [lek-kee v-
yatr]
bridge (over river) most [mosst]
brief zwięzły [z-vyenzwi]
briefcase teczka [techka]
bright (light etc) jasny [yasni],
jaskrawy [yaskravi]
bright red jaskrawoczerwony
[yaskravochervoni]
brilliant (idea, person) genialny
[gen-yalni]
bring przynosić [pshinosich]/
przynieść [pshin-yesh-ch]
I'll bring it back later odniosę
to później [od-nyoseh to pooJ-
nyay]
Britain Wielka Brytania [v-yelka
britan-ya]
British brytyjski [britee-skee]
brochure broszura [broshoora]
broken złamany [zwamani]
bronchitis zapalenie oskrzeli
[zapalen-yeh oskshelee]

brooch broszka [broshka]

brother brat

brother-in-law szwagier [shvag-yer]

brown brązowy [bronzovi]

bruise siniak [sheen-yak]

brush (for cleaning) szczotka [sh-chotka]

(for hair) szczotka do włosów [vwosoof]

(artist's) pędzel [pends-el]

bucket wiadro [v-yadro]

buffet car wagon restauracyjny [vagon restowratsee-ni]

buggy (for child) wózek [voozek]

building budynek [boodinek]

bulb (light bulb) żarówka [Jaroofka]

bumper zderzak [zdeJak]

bunk koja [koya]

bunk-bed (for children) łóżko piętrowe [wooJko p-yentroveh]

bureau de change kantor wymiany walut [vim-yani valoot]

see bank

burglary włamanie [vwaman-yeh]

burn oparzenie [opaJen-yeh]

(verb: something) spalić [spaleech]

(food) przypalić [pshipaleech]

to burn oneself oparzyć się [opaJich sheh]

burnt: this is burnt to jest przypalone [pshipaloneh]

burst: a burst pipe pęknięta rura [penk-nyenta roora]

bus autobus [owtoboos]

what number bus is it to ...?

jakim autobusem dojadę do ...? [yakeem – doy-adeh]

when is the next bus to ...? kiedy jest następny autobus do ...? [k-yedi yest nastempni]

what time is the last bus? o której odchodzi ostatni autobus? [oktooray odHodjee ostatnee]

•••••• DIALOGUE ••••••

does this bus go to ...? czy ten autobus jedzie do ...? [chi ten – yedjeh]

no, the number ... bus goes there nie, tam jedzie autobus numer ... [n-yeh – noomer]

There are very few long-haul bus routes and no overnight journeys. However, in rural areas, notably the mountain regions, buses are usually the best means of getting around, scoring in the choice and greater convenience of pick-up points and frequency of service.

In towns and cities, the main bus station is usually next to the train station. **PKS** is the main national bus company. Tickets can be bought in the terminal building; however, the lack of computerized systems means that many stations can't allocate seats for services starting out from another town. In such cases, you have to wait until the bus arrives and buy a →

ticket – which may be for standing room only – from the driver. In cities, the same tickets as those used on trams are valid on the municipal buses and the same system of validating the tickets applies – but note that night services require two tickets. In Warsaw the same ticket can be used in the metro. A flat rate is charged for all continuous journeys.

business sprawy służbowe [spravi swooJboveh]
bus station dworzec autobusowy [dvoJets owtoboosovi]
bus stop przystanek autobusowy [pshistanek]
bust (chest) **biust** [b-yoost]
busy (town, street etc) **ruchliwy** [rooHleevi]
  I'm busy tomorrow jutro jestem zajęty/zajęta [yootro yestem zī-enti/zī-enta]
but ale [aleh]
butcher's sklep mięsny [sklep m-yensni]
butter masło [maswo]
button guzik [gooJik]
buy kupić [koopeech]
  where can I buy ...? gdzie mogę kupić ...? [gjeh mogeh koopeech]
by: **by bus/car** autobusem/samochodem
  written by ... autor: [owtor]

by the window przy oknie [pshi]
by the sea nad morzem
by Thursday do czwartku
bye do widzenia [veeds-en-ya]

C

cabbage kapusta [kapoosta]
cabin (on ship) **kabina** [kabeena]
cable car kolejka linowa [kolayka leenova]
café kawiarnia [kav-yarn-ya]
  see **coffee** and **snack**
cagoule cienka kurtka ortalionowa [chenka koortka ortal-yonova]
cake ciasto [chasto]
cake shop cukiernia [tsook-yern-ya]
calendar kalendarz [kalendash]
call (verb) **wołać** [vowach]/zawołać
  (to phone) zadzvonić [zadzvoniech], telefonować [telefonovach]/zatelefonować
  what's it called? jak to się nazywa? [yak to sheh naziva]
  he/she is called ... on/ona nazywa się ...
  please call the doctor proszę wezwać lekarza [prosheh vezvach lekaJa]
  please give me a call at 7.30 a.m. tomorrow proszę mnie jutro obudzić o w pół do ósmej rano [prosheh mnyeh yootro aboodjeech]
  please ask him to call me

proszę poprosić go, żeby do mnie zadzwonił [prosheh poprosheech go Jebi do mnyeh zads-voni[wuh]]

call back: I'll call back later zadzwonię później [zadzvon-yeh pooJ-nyay]

call round: I'll call round tomorrow przyjdę jutro [psheedeh yootro]

camcorder kamera

camera aparat fotograficzny [fotografeechni]

camera shop sklep fotograficzny

camp: can we camp here? czy można tu rozbić namiot? [chi moJna too rozbeech nam-yot]

camping gas gaz w butli [gas vbootlee]

Camping gas can be bought in hardware stores or sports shops. Canisters can also be refilled at some petrol stations.

---

campsite camping [kampeenk]

There are some 400 campsites throughout the country. For a complete list, get hold of the **Campingi w Polsce** map, available from bookshops, some travel bureaux or the motoring organization **PZMot**. Apart from the predictably dense concentration in the main holiday areas, they can also be found in most cities: the ones on→

---

the outskirts are almost always linked by bus to the centre and often have the benefit of a peaceful location and swimming pool.

You don't necessarily have to bring a tent to stay at many campsites, as there are often chalets for hire, generally complete with toilet and shower. In summer, however, they are invariably booked long in advance. Camping rough outside National Parks is acceptable as long as you're reasonably discreet.

---

can puszka [pooshka]
a can of beer piwo w puszce [peevo fpooshtseh]

can*: can you ...? czy może pan/pani ...? [chi moJeh pan/panee]
can I have ...? czy mogę prosić ...? [mogeh prosheech]
I can't ... nie mogę ... [n-yeh mogeh]

Canada Kanada

Canadian (adj) kanadyjski [kanadee-skee]
I'm Canadian jestem Kanadyjczykiem/Kanadyjką [yestem kanadeechik-yem/kanadee-kON]

canal kanał [kana[wuh]]

cancel odwołać [odvowach]

candle świeczka [sh-fyechka]

candy cukierki [tsook-yerkee]

canoe kajak [kī-ak]

canoeing kajakarstwo

[kĭ-akarstfo]

can-opener otwieracz do puszek [ot-fyerach do pooshek]

cap (hat) **czapka** [chapka] (of bottle) **kapsel**

car samochód [samoHoot] **by car samochodem** [samoHodem]

carafe karafka **a carafe of house white, please proszę karafkę białego wina** [prosheh karafkeh bialego wina]

caravan przyczepa [pshichepa]

caravan site camping dla przyczep turystycznych [kampeenk dla pshichep tooristichniH]

carburettor gaźnik [gaJnik]

card (birthday etc) **karta** **here's my (business) card oto moja wizytówka** [moya veezitoofka]

cardigan sweter [sfeter]

cardphone telefon na karty magnetyczne [karti magnetichneh]

careful uważny [oovaJni] **be careful! ostrożnie!** [ostroJ-nyeh]

caretaker dozorca m [dozortsa], **dozorczyni f** [dozorchinee]

car ferry prom samochodowy [samoHodovi]

carnation goździk [goJdjik]

carnival karnawał [karnava^wuh]

car park parking [parkeenk]

carpet dywan [divan]

car rental wynajem

samochodów [vinĭ-em samoHodoof]

Car rental in Poland is pretty pricey. Prices are often quoted in Deutschmarks. Cars can be booked through the usual agents in the West or in Poland itself. Alternatively you can rent through the main Orbis offices. see **rent**

carriage (of train) **wagon** [vagon]

carrier bag torba

carrot marchewka [marHefka]

carry nieść [n-yesh-ch]

carry-cot łóżeczko-torba [wooJechko torba]

carton karton

carwash myjnia samochodowa [mee-nya samoHodova]

case (suitcase) **walizka** [valeeska]

cash pieniądze [p-yen-yondseh], **gotówka** [gotoofka] (verb) **zrealizować czek** [zreh-aleezovach chek] **to pay cash płacić gotówką** [pwatseech gotoofkON] **will you cash this for me? czy może mi pan/pani zrealizować ten czek?** [chi moJeh mee pan/panee]

Poland's desperate need for foreign currency is reflected in the ease with which it's possible to change money. In general, Poles tend to use the US dollar as their →

yardstick and this is the currency they're keenest to acquire; the Deutschmark is also in strong demand, the pound less so, though it should still be accepted quite readily.

As a result of currency reform in 1995, the złoty will effectively be two parallel currencies until 1998. The new złoty is worth 10,000 old złotys. Both currencies are in circulation and prices in shops are usually given in both. Conversion tables are available from banks.

cash desk **kasa**
cash dispenser **bankomat**
cassette **kaseta**
cassette recorder **magnetofon kasetowy** [kasetovi]
castle **zamek**
casualty department **ostry dyżur** [ostri diJoor], **pogotowie** [pogotov-yeh]
cat **kot**
catch (verb) **łapać** [wapach]/ **złapać**
  where do we catch the bus to ...? **gdzie jest przystanek autobusu do ...?** [gjeh yest pshistanek owtoboosoo]
cathedral **katedra**
Catholic (adj) **katolicki** [katoleetskee]
cauliflower **kalafior** [kalaf-yor]
cave **jaskinia** [yaskeen-ya]
ceiling **sufit** [soofeet]
celery **seler**

cellar **piwnica** [pivnitsa]
cellular phone **telefon komórkowy** [komoorkovi]
cemetery **cmentarz** [tsmentash]
centigrade* **stopień w skali Celsjusza** [stop-yen^{yuh} fskalee tsels-yoosha]
centimetre* **centymetr** [tsentimetr]
central **centralny** [tsentralni]
central heating **centralne ogrzewanie** [tsentralneh ogJevan-yeh]
centre **ośrodek** [oshrodek] (town) **centrum** [tsentroom]
  how do we get to the city centre? **jak mam jechać do centrum?** [yak mam yeHach]
cereal **płatki śniadaniowe** [pwatkee sh-nyadan-yoveh], **kornfleksy** [kornfleksi]
certainly **oczywiście** [ochiveesh-cheh]
  certainly not **skądże** [skon-djeh]
chair **krzesło** [ksheswo]
champagne **szampan** [shampan]
change (money) **drobne** [drobneh], **reszta** [reshta] (verb: money) **wymienić** [vim-yen-yeech]
  can I change this for ...? **czy mogę to wymienić na ...?** [chi mogeh]
  I don't have any change **nie mam drobnych** [n-yeh mam drobniH], **nie mam reszty** [reshti]
  can you give me change for a

20-zloty note? czy może mi
pan/pani rozmienić banknot
dwudziestozłotowy? [chi
moJeh mee pan/panee roz-
myenich]

•••••• DIALOGUE ••••••

do we have to change (trains)? czy
musimy się przesiadać?
[mooseemi sheh psheshadach]
yes, change at Olsztyn/no, it's a
direct train tak, przesiadka w
Olsztynie/nie, to bezpośrednie
połączenie [psheshatka volshtin-yeh/
n-yeh to bezposhred-nyeh powonchen-
yeh]

changed: to get changed
przebierać się [psheb-yerach
sheh]
chapel kaplica [kapleetsa]
charge opłata [opwata]
   (verb) pobierać opłatę [pob-
   yerach opwateh]
cheap tani [tan-yee]
   cheaply tanio [tan-yo]
   do you have anything cheaper?
   czy jest coś tańszego? [chee
   yest tsosh tanshego]
check (verb) sprawdzać [spravds-
ach]/sprawdzić [spravdjeech]
   could you check the ..., please?
   czy może pan/pani
   sprawdzić ...? [chi moJeh pan/
   panee]
check (US: noun) czek [chek]
   (bill) rachunek [raHoonek]
   see cheque
checkbook książeczka czekowa
[kshonJechka chekova]

check-in odprawa bagażowa
   [otprava bagaJova]
check in: to check luggage in
   zdać bagaż [zdach bagash]
cheek (on face) policzek
   [poleechek]
cheerio! cześć! [chesh-ch]
cheers! (toast) na zdrowie!
   [zdrov-yeh]
cheese ser
chemist's apteka
   see pharmacy
cheque czek [chek]
   do you take cheques? czy
   można zapłacić czekiem?
   [chi moJna zapwacheech chek-
   yem]

Travellers' cheques are the easi-
est and safest way of carrying
your money. The snags are that
in Poland only main banks,
Orbis offices and hotels will
accept them, that the number of
places taking them is decreas-
ing and that the transaction can
sometimes be so lengthy that in
rural areas you really do need a
supply of cash as a backup.
Euroczeki (Eurocheques) are
only accepted in banks and
major hotels.

cheque book książeczka
   czekowa [kshonJechka chekova]
cheque card karta czekowa
cherry czereśnia [cheresh-nya]
   (sour) wiśnia [veesh-nya]
chess szachy [shaHi]

ENGLISH ✦ POLISH | Ch

chest klatka piersiowa [p-yershova]

chewing gum guma do żucia [gooma do Joocha]

chicken kurczę [koorcheh]

chickenpox ospa wietrzna [v-yechna]

child dziecko [djetsko]
　children dzieci [djechee]

child minder opiekunka do dzieci [op-yekoonka do djechee]

children's pool brodzik [brodjeek]

children's portion porcja dziecinna [ports-ya djecheen-na]

chin podbródek [podbroodek]

china porcelana [portselana]

Chinese (adj) chiński [Heenskee]

chips frytki [fritkee]
　(US) chipsy [cheepsi]

chocolate czekolada [chekolada]
　milk chocolate czekolada mleczna [mlechna]
　plain chocolate czekolada zwyczajna [zvichīna]
　a hot chocolate czekolada pitna na gorąco [peetna na gorontso]

choose wybierać [vib-yerach]/ wybrać [vibrach]

Christian name imię [eem-yeh]

Christmas Boże Narodzenie [boJeh narods-en-yeh]
　Christmas Eve Wigilia Bożego Narodzenia [veegeel-ya boJego narods-en-ya]
　merry Christmas! Wesołych Świąt! [vesowiH sh-fyont]

church kościół [kosh-choo^wuh]

cider jabłecznik [yabwechnik]

cigar cygaro [tsigaro]

cigarette papieros [pap-yeros]

Cigarettes, both international and local brands, can be bought from supermarkets, grocery stores, tobacconists, newspaper kiosks and market stalls. Smoking is still very popular in Poland, but more and more places are becoming non-smoking.

---

cigarette lighter zapalniczka [zapalnichka]

cinema kino [keeno]

Cinemas are cheap and can be found in almost every town in Poland, showing major international films (especially anything American) as well as the home-produced ones. Many foreign films are dubbed into Polish, though a welcome trend towards subtitles has begun to develop. Titles are always translated into Polish, so you'll need to have your wits about you to identify films. (The country of origin is usually shown – WB means British, USA American, N German.)

---

circle koło [kowo]
　(in theatre) galeria [galer-ya]

CIS WNP [voo en peh]

city miasto [m-yasto]

city centre centrum miasta
[tsentroom m-yasta]

clean (adj) czysty [chisti]

  can you clean these for me?
czy może to pan/pani
oczyścić? [chi moJeh to pan/
panee ochish-cheech]

cleaning solution (for contact
lenses) płyn do szkieł
kontaktowych [pwin do sh-
kyeh^wuh kontaktoviн]

cleansing lotion mleczko
kosmetyczne [mlechko
kosmetichneh]

clear klarowny [klarovni]
  (obvious) wyraźny [viraJni]

clever mądry [mondri]

cliff urwisko [oorveesko]

climbing wspinaczka
[fspeenachka]

cling film folia [fol-ya]

clinic klinika [klineeka]

cloakroom szatnia [shat-nya]

clock zegar

close (verb) zamykać
[zamikach]/zamknąć [zamk-
nonch]

•••••• DIALOGUE ••••••

  what time do you close? do której
godziny jest otwarte? [ktooray
godjeeni yest otfarteh]

  **we close at 8 p.m. on weekdays
and 6 p.m. on Saturdays** w dni
powszednie otwarte do
osiemnastej, a w soboty do
dwudziestej [vdni pofshed-nyeh
otfarteh – fsoboti]

  do you close for lunch? czy jest
zamknięte podczas przerwy

obiadowej? [chi yest zamk-nyenteh
potchas pshervi ob-yadovay]

  yes, between 1 and 3.30 p.m. tak,
od trzynastej do piętnastej
trzydzieści

closed zamknięty [zamk-nyenti]

cloth materiał [mater-ya^wuh]
  (for cleaning etc) ściereczka [sh-
cherechka]

clothes ubranie [oobran-yeh]

clothes line linka do bielizny
[leenka do b-yeleezni]

clothes peg kołek do bielizny
[kowek]

cloud chmura [нmoora]

cloudy pochmurny [poнmoorni]

clutch sprzęgło [spshengwo]

coach (bus) autocar [owtokar]
  (on train) wagon [vagon]

coach station dworzec
autobusowy [dvoJets
owtoboosovi]

coach trip (excursion) wycieczka
autokarowa [vichechka
owtokarova]

coast wybrzeże [vib-JeJeh]
  on the coast na wybrzeżu [vib-
JeJoo]

coat (long coat) palto
  (jacket) żakiet [Jak-yet], kurtka
[koortka]

coathanger wieszak [v-yeshak]

cockroach karaluch [karalooн]

cocoa kakao [kaka-o]

coconut orzech kokosowy [oJeн
kokosovi]

code (for phoning) numer
kierunkowy [noomer
k-yeroonkovi]

what's the code for Rabka?
jaki jest numer kierunkowy
do Rabki? [yakee yest]

coffee kawa [kava]

two coffees, please proszę
dwie kawy [prosheh – kavi]

> Coffee is served black unless
> you ask otherwise, in which case
> specify with milk (z mlekiem)
> or with cream (ze śmietanką).
> Most cafés (kawarnia) offer
> only **kawa naturalna**, which is
> a strong brew made by simply
> putting the coffee grounds in a
> cup or glass and pouring water
> over them. Espresso and cap-
> puccino, usually passable imi-
> tations of the Italian originals,
> are confined to the better cafés
> and restaurants. In cafés and
> bars alike, a shot or two of vodka
> or **winiak** (brandy) with the
> morning cup of coffee is still
> frequent practice.

coin moneta

Coke® Coca Cola

cold (adj) zimny [Jeemni]

I'm cold jest mi zimno [yest
mee Jeemno]

I have a cold jestem
przeziębiony [yestem
psheJemb-yoni]

collapse: he's collapsed zemdlał
[zemdla^wuh]

collar kołnierz [ko^wuhnyesh]

collect odebrać [odebrach]

I've come to collect ...

przyszedłem/przyszłam
odebrać ... [pshishedwem/
pshishwam]

collect call rozmowa R [rozmova
er]

college szkoła pomaturalna
[shkowa pomatooralna], koledż
[kolech]

colour kolor

**do you have this in other
colours?** czy jest jeszcze w
innych kolorach? [chi yest
yesh-cheh veen-niH koloraH]

colour film film kolorowy [feelm
kolorovi]

comb (noun) grzebień [gJeb-
yen^yuh]

come przychodzić [pshiHodjich]/
przyjść [pshee-sh-ch]

•••••• DIALOGUE ••••••

where do you come from? skąd
pan/pani pochodzi? [skont pan/
panee poHodjee]

I come from Edinburgh jestem z
Edynburga [yestem]

come back wrócić [vroocheech]

I'll come back tomorrow
przyjdę jutro [pshee-deh
yootro]

come in! proszę! [prosheh]

comfortable wygodny [vigodni]

communism komunizm
[komooneezm]

communist (adj)
komunistyczny
[komooneestichni]

compact disc płyta
kompaktowa [pwita

kompaktova]

company (business)
przedsiębiorstwo
[pshetshemb-yorstfo], **firma**
[feerma]

compartment (on train) **przedział**
[pshedja{ʷᵘʰ}]

compass kompas

complain złożyć zażalenie
[zwoJich zaJalen-yeh]

complaint zażalenie
I have a complaint mam
zażalenie

completely całkowicie
[tsa{ʷᵘʰ}koveecheh]

computer komputer [kompooter]

concentration camp obóz
koncentracyjny [oboos
kontsentratsee-ni]

concert koncert [kontsert]

concussion wstrząs mózgu
[fstshons moozgoo]

conditioner (for hair) **odżywka**
[odJifka]

condom prezerwatywa
[prezervativa]

conference konferencja
[konferents-ya]

confirm potwierdzić [pot-
fyerdjeech]

congratulations! gratulacje!
[gratoolats-yeh]

connecting flight lot z
przesiadką [spsheshatkON]

connection połączenie
[powoNchen-yeh]

conscious przytomny
[pshitomni]

constipation zatwardzenie

[zatfardsen-yeh]

consulate konsulat [konsoolat]

contact (verb) **skontaktować się**
[skontaktovach sheh]

contact lenses szkła
kontaktowe [shkwa
kontaktoveh]

contraceptive środek
antykoncepcyjny [shrodek
antikontseptsee-ni]

convenient dogodny [dogodni]
that's not convenient to mi nie
odpowiada [mee n-yeh otpov-
yada]

cook (verb) **gotować** [gotovach]/
ugotować
not cooked niedogotowane
[niedo-gotovaneh]

cooker kuchenka [kooHenka]

cookie herbatnik [herbatneek]

cooking utensils naczynia i
przybory kuchenne [nachin-ya
ee pshibori kooHen-neh]

cool chłodny [Hwodni]

cork korek

corkscrew korkociąg
[korkochonk]

corner (of street) **róg** [rook]
(of room) **kąt** [kont]
on the corner na rogu [rogoo]
in the corner w kącie
[koncheh]
round the corner za rogiem
[rog-yem]

cornflakes kornfleksy
[kornfleksi]

correct (right) **poprawny**
[popravni]

corridor korytarz [koritash]

cosmetics kosmetyki
[kosmetikee]

cost (verb) kosztować
[koshtovach]

how much does it cost? ile to
kosztuje? [eeleh to koshtoo-yeh]

cot łóżeczko [wooJechko]

cotton bawełna [baveh^{wuh}na]

cotton thread nici [neechee]

cotton wool wata [vata]

couch (sofa) tapczan [tapchan],
sofa

couchette kuszetka [kooshetka]

cough (noun) kaszel [kashel]

cough medicine lekarstwo na
kaszel [lekarstfo]

could: could you ...? (to man) czy
mógłby pan ...? [chi moog^{wuh}bi
(to woman) czy mogłaby
pani ...? [mogwabi panee]

could I have ...? czy mogę
prosić o ...? [mogeh prosheech]

I couldn't ... nie mogłem/
mogłam ... [n-yeh mogwem/
mogwam]

country (nation) kraj [krī]
(countryside) wieś [v-yesh]

countryside okolica wiejska

couple (two people) para
a couple of ... kilka ... [keelka]

courier (man/woman) kurier [koor-
yer]

course (main course etc) danie
[dan-yeh]

of course oczywiście
[ochiveesh-cheh]

of course not skądże
[skondjeh]

cousin (male/female) kuzyn

[koozin], kuzynka [koozinka]

cow krowa [krova]

crab krab [krap]

crackers (biscuits) krakersy
[krakersi]

Cracow Kraków [krakoof]

crafts rzemiosło [Jem-yoswo]

craft shop sklep z wyrobami
rzemieślniczymi [zvirobamee
Jem-yeshlneechimee]

crash (noun) katastrofa
I've had a crash miałem
wypadek [m-yawem vipadek]

crazy zwariowany [zvar-yovani]

cream (in cake, lotion) krem
(colour) kremowy [kremovi]

creche żłobek [Jwobek]

credit card karta kredytowa
[kreditova]
do you take credit cards? czy
można zapłacić kartą
kredytową? [chi moJna
zapwacheech kartON kreditovON]

•••••• DIALOGUE ••••••

can I pay by credit card? czy mogę
zapłacić kartą kredytową?
[mogeh]

which card do you want to use?
jaką kartą chce pan/pani
zapłacić? [yakON – Htseh pan/panee]

Access/Visa

yes, sir tak, proszę pana [prosheh]

what's the number? jaki numer?
[yakee noomer]

and the expiry date? data
ważności? [vaJnosh-chee]

Access/Mastercard, American Express, Diners Club and Visa are accepted by Orbis in payment for accommodation, meals, phone and telex bills, tickets, car rental and tourist services; you can also arrange a cash advance on most of these cards at their hotels and main offices. An increasing number of shops will also take your plastic.

The export of items made before 1945 is forbidden, unless special permission and a certificate are obtained beforehand. It is important to remember that the value of imported currency and travellers' cheques must be declared.

crisps chipsy [cheepsi]
crockery naczynia [nachin-ya]
crossing (by sea) podróż morska [podroosh]
crossroads skrzyżowanie [skshiJovan-yeh]
crowd tłum [twoom]
crowded zatłoczony [zatwochoni]
crown (on tooth) koronka
cruise rejs [rays]
crutches kule [kooleh]
cry (verb) płakać [pwakach]
cucumber ogórek [ogoorek]
cup filiżanka [feeleeJanka]
   a cup of ..., please proszę filiżankę ... [prosheh feeleeJankeh]
cupboard szafa [shafa]
cure (verb) wyleczyć [vilechich]
curly kręcone [krentsoneh]
current (noun) prąd [pront]
curtains zasłony [zaswoni]
cushion poduszka [podooshka]
Customs cło [tswo]

cut (noun) skaleczenie [skalechen-yeh]
   (verb: bread etc) kroić [kro-ich]
   I've cut myself skaleczyłem/skaleczyłam się [skalechiwem – sheh]
cutlery sztućce pl [shtooch-tseh]
cycling jazda na rowerze [yazda na roveJeh]
cyclist (man/woman) rowerzysta m [roveJista]
Czech (adj, language) czeski [cheskee]
Czech Republic Czechy [cheHi]

D

dad tatuś [tatoosh]
damage (verb) uszkodzić [ooshkodjeech]
   damaged uszkodzony [ooshkods-oni]
damn! cholera! [Holera]
damp (adj) wilgotny [veelgotni]
dance taniec [tan-yets]
   (verb) tańczyć [tanchich]/zatańczyć
   would you like to dance? czy mogę prosić do tańca? [chi mogeh prosheech do tantsa]

dangerous niebezpieczny [n-yebesp-yechni]

Danish duński [doonskee]

dark (adj) ciemny [chemni]
  it's getting dark robi się ciemno [robe sheh chemno]

date data
  what's the date today? jaka jest dziś data? [yaka yest djeesh]
  let's make a date for next Monday umówmy się na przyszły poniedziałek [oomoofmi sheh]

dates (fruit) daktyle [daktileh]

daughter córka [tsoorka]

daughter-in-law synowa [sinova]

dawn: at dawn o świcie [shfeecheh]

day dzień [djen^{yuh}]
  the day after następnego dnia [nastempnego dnya]
  the day after tomorrow pojutrze [po-yootsheh]
  the day before poprzedniego dnia [popshed-nyego]
  the day before yesterday przedwczoraj [pshetfchori]
  every day codziennie [tsodjen-nyeh]
  all day cały dzień [tsawi djen^{yuh}]
  in two days' time za dwa dni
  have a nice day życzę przyjemnego dnia [Jicheh pshi-yemnego]

day trip wycieczka jednodniowa [vichechka

dead (person) zmarły [zmarwi]
  (animal) zdechły [zdeHwi]

deaf głuchy [gwooHi]

deal (business) transakcja [transakts-ya], umowa [oomova]
  it's a deal! załatwione! [zawat-fyoneh]

death śmierć f [sh-myerch]

decaffeinated coffee kawa bezkafeinowa [kava beskafeh-eenova]

December grudzień [groodjen^{yuh}]

decide decydować [detsidovach]/zdecydować
  we haven't decided yet jeszcze się nie zdecydowaliśmy [yesh-cheh sheh n-yeh zdetsidovaleeshmi]

decision decyzja [detsiz-ya]

deck (on ship) pokład [pokwat]

deckchair leżak [leJak]

deep głęboki [gwembokee]

definitely definitywnie [defeenitiv-nyeh]
  definitely not stanowczo nie [stanofcho n-yeh]

degree (qualification) stopień naukowy [stop-yen^{yuh} na-ookovi]

delay (noun) opóźnienie [opooJ-nyen-yeh]

deliberately umyślnie [oomishl-nyeh]

delicatessen delikatesy [deleekatesi]

delicious wyśmienity [vish-myeneeti]

delivery dostawa [dostava]

(of mail) **poczta** [pochta]

Denmark Dania [dan-ya]

dental floss 'dental floss'

dentist dentysta m [dentista], **dentystka** f

•••••• DIALOGUE ••••••

it's this one here **to ten**
this one? **ten tutaj?** [tooti]
no, that one **nie, tamten** [n-yeh]
here? **tu?** [too]
yes **tak**

dentures proteza zębowa [zembova]

deodorant dezodorant

department store dom towarowy [tovarovi]

departure odlot

departure lounge sala odlotowa [odlotova]

depend: it depends to zależy [zaleJi]
it depends on ... **to zależy od ...** [ot]

deposit (as security) **depozyt** [depozit]
(as part payment) **przedwpłata** [pshet-fpwata]

description opis [opees]

dessert deser

destination cel podróży [tsel podrooJi]

develop wywołać [vivovach]

•••••• DIALOGUE ••••••

could you develop these films? **czy moke pan/pani wywogae te filmy?** [chi moJeh pan/panee – teh feelmi]

yes, certainly **tak, oczywiście** [ochiveesh-cheh]

when will they be ready? **kiedy będą gotowe?** [k-yedi bendON gotoveh]

tomorrow afternoon **jutro po południu** [yootro po powood-nyoo]

how much is the four-hour service? **ile kosztuje serwis ekspresowy?** [eeleh koshtoo-yeh servees ekspresovi]

diabetic (man/woman) **chory/ chora na cukrzycę** [Hori/Hora na tsookshitseh]

dial (verb) **nakręcać** [nakrentsach]/**nakręcić** [nakrencheech]

dialling code numer kierunkowy [noomer k-yeroonkovi]

Local calls, and dialling from one city to another, should present few problems. However, countrywide area codes are pretty patchy for all but the biggest towns and it's always better to ask at the post office before dialling.

Different codes can apply for the same place depending on where in Poland you are calling from. Some of the furthest flung places, especially in southwest Poland, do not even have codes and you will have to place your call through the operator.

For international calls, dial 00 then the following numbers: →

ENGLISH ❖ POLISH | **Di**

UK 44
Irish Republic 353
USA and Canada 1
Australia 61
New Zealand 64

Dialling codes for major Polish tourist cities are as follows:
Częstochowa 034
Gdańsk 058
Kraków 012
Lublin 081
Poznań 061
Toruń 056
Warsaw 022
Wrocław 071
see **operator**

diamond brylant [brilant]
diaper pieluszka [p-yelooshka]
diarrhoea biegunka [b-yegoonka]
  do you have something for diarrhoea? czy mogę prosić o środek przeciw biegunce? [chi mogeh proshich o shrodek pshecheef b-yegoontseh]
diary (business etc) notatnik (for personal experiences) dziennik [djen-neek]
dictionary słownik [swovneek]
didn't* see **not**
die umrzeć [oomjech]
diesel olej napędowy [olay napendovi]
diet dieta [d-yeta]
  I'm on a diet jestem na diecie [yestem na d-yecheh]
  I have to follow a special diet muszę przestrzegać

specjalnej diety [moosheh pshest-shegach spets-yalnay d-yeti]
difference różnica [rooJneetsa]
  what's the difference? jaka jest różnica? [yaka yest]
different inny [een-ni], inna [een-na], inne [een-neh]
  a different table inny stolik
difficult trudny [troodni]
difficulty trudność [troodnosh-ch], problem
dinghy łódka gumowa [woodka goomova]
dining room jadalnia [yadal-nya]
dinner (evening meal) kolacja [kolats-ya], obiad [ob-yat]
  to have dinner jeść obiad [yesh-ch]
direct (adj) bezpośredni [besposhredni]
  is there a direct train? czy jest bezpośredni pociąg? [chi yest]
direction kierunek [k-yeroonek]
  which direction is it? w jakim to jest kierunku? [v yakeem to yest k-yeroonkoo]
  is it in this direction? czy to w tym kierunku? [chi to ftim]
directory enquiries biuro numerów [b-yooro noomeroof]

The national number for directory enquiries is 911 and the number for Warsaw enquiries is 912.

dirt brud [broot]

dirty brudny [broodni]

disabled inwalida [eenvaleeda]
  is there access for the
  disabled? czy można tam
  wjechać wózkiem
  inwalidzkim? [chi moJna tam v-
  yeHach voosk-yem
  eenvaleedskeem]

disappear zniknąć [zniknonch]
  it's disappeared zginęło
  [zgeeneh-wo]

disappointed zawiedziony [zav-
  yedjoni]

disappointing kiepski
  [k-yepskee]

disaster katastrofa

disco dyskoteka [diskoteka]

discount zniżka [zneeshka]

disease choroba [Horoba]

disgusting obrzydliwy
  [obJidleevi]

dish (meal) potrawa [potrava]
  (bowl) miseczka [meesechka]

dishcloth ścierka do naczyń [sh-
  cherka do nachin^yuh]

disinfectant środek
  dezynfekujący [shrodek
  dezinfekoo-yontsi]

disk (for computer) dysk [disk]

disposable diapers/nappies
  pampersy [pampersi]

distance odległość [odlegwosh-
  ch]
  in the distance w oddali [vod-
  dalee]

distilled water woda
  destylowana [voda destilovana]

district dzielnica [djelneetsa]

disturb przeszkodzić
  [psheshkodjich]/przeszkadzać
  [psheshkads-ach]

diversion (detour) objazd [ob-
  yast]

diving board trampolina
  [trampoleena]

divorced rozwiedziony [roz-
  vyedjoni]

dizziness zawroty głowy [zavroti
  gwovi]

dizzy: I feel dizzy kręci mi się w
  głowie [krenchee mee sheh
  vgwov-yeh]

do (verb) robić [robeech]/zrobić
  what shall we do? co robimy?
  [tso robeemi]
  how do you do it? jak to się
  robi? [yak to sheh]
  will you do it for me? czy pan/
  pani może to dla mnie
  zrobić? [chi pan/panee moJeh to
  dla mnyeh zrobeech]

•••••• DIALOGUES ••••••

  how do you do? dzień dobry [djen-
  yuh dobri]

  nice to meet you bardzo mi miło
  [bards-o mee meewo]

  what do you do? (work) jaki jest
  pana/pani zawód? [yakee yest pana/
  panee zavoot]

  I'm a teacher, and you? jestem
  nauczycielem/nauczycielką, a
  pan/pani? [yestem]

  I'm a student jestem na studiach
  [yestem]

  what are you doing this evening?
  co pan/pani robi dzisiaj
  wieczorem? [djeeshī v-yechorem]

we're going out for a drink, do you want to join us? idziemy na drinka, może się pan/pani do nas przyłączy? [eedjemi – moJeh sheh – pshiwonchi]

do you want cream? czy życzy sobie pan/pani z kremem? [chi Jichi sob-yeh]

I do, but she doesn't ja tak, a ona nie [ya – n-yeh]

doctor (man) doktór [doktoor], lekarz [lekash]
(woman) lekarka
we need a doctor musimy wezwać lekarza [moosheemi vezvach lekaJa]
please call a doctor proszę wezwać lekarza [prosheh]

•••••• DIALOGUE ••••••

where does it hurt? gdzie boli? [gjeh bolee]
right here w tym miejscu [ftim m-yaystsoo]
does that hurt now? czy teraz boli? [chi teras bolee]
yes tak
take this to the pharmacy proszę to zanieść do apteki [prosheh to zan-yesh-ch do aptekee]

For more serious problems, or anything the pharmacist can't help with, you'll be directed to a hospital (**szpital**), where conditions will probably be pretty horrendous. There is a large network of private doctors and →

clinics: these can be expensive, but some of them are reasonably priced and provide good service. If you are required to pay for any medical treatment or medication, remember to keep the receipts for your insurance claim when you get back.

document dokument [dokooment]
dog pies [p-yes]
doll lalka
domestic flight lot krajowy [krī-ovi]
don't!*: don't do that! proszę tego nie robić! [prosheh tego n-yeh robeech]
see not
door pl drzwi [dJvee]
doorman portier [port-yer]
double podwójny [podvoo___ni]
double room pokój dwuosobowy [pokoo___ dvoo-osobovi]
doughnut pączek [ponchek]
down na dół [doo___]
it's down there on the right to tam na prawo [pravo]
it's further down the road to nieco dalej na tej ulicy [n-yetso dalay na tay ooleetsi]
downhill skiing narciarstwo zjazdowe [narcharstfo z-yazdoveh]
downmarket (restaurant etc) podrzędny [podJendni]
downstairs na dole [doleh]
dozen tuzin [tooJeen]

drain (in sink) spust [spoost]

(in road) przewód
kanalizacyjny [pshevoot
kanaleezatsee-ni]

draught przeciąg [pshechonk]

draught beer piwo beczkowe
[peevo bechkoveh], piwo
ciemne [chemneh]

draughty: it's draughty tu wieje
[too v-yayeh]

drawer szuflada [shooflada]

drawing rysunek [risoonek]

dreadful okropny [okropni]

dream (noun) sen

dress (noun) sukienka [sook-
yenka]

dressed: to get dressed ubierać
się [oob-yerach sheh]

dressing (for cut) opatrunek
[opatroonek]

(for salad) przyprawa do sałaty
[pshiprava do sawati]

dressing gown szlafrok
[shlafrok]

drink (alcoholic) trunek [troonek],
'drink'

(non-alcoholic) napój [napoo^{yuh}]

(verb) pić [peech]

can I get you a drink? czy się
pan/pani czegoś napije? [chi
sheh pan/panee chegosh napee-
yeh]

what would you like to drink?
czego się pan/pani napije?
[chego]

(fam) czego się napijesz?
[napee-yesh]

no thanks, I don't drink
dziękuję, nie piję [djenkoo-yeh

n-yeh pee-yeh]

I'll just have a drink of water
poproszę o szklankę wody
[poprosheh o shklankeh vodi]

see **bar**

drinking water woda do picia
[voda do peecha], woda pitna
[peetna]

Tap water is officially classified
as safe, but in the cities no-one
drinks it without boiling it first;
mineral water is readily available as an alternative.

---

drive: to drive a car prowadzić
samochód [provadjeech
samoHot]

we drove here
przyjechaliśmy
samochodem [pshi-
yeHaleeshmi samoHodem]

I'll drive you home odwiozę
pana/panią do domu [od-
vyozeh pana/pan-yon do domoo]

I don't drive nie prowadzę
samochodu [n-yeh provadseh
samoHodoo]

---

driving
If you're taking your own car,
you'll need to have your vehicle's registration document with
you. You'll also need your driver's licence (international driver's licences aren't officially
required) and possibly an international insurance green card.→

You're also required to carry a red warning triangle, a first-aid kit and a set of replacement bulbs, and display a national identification sticker.

The main rules of the road are: drive on the right; wear seat belts outside built-up areas; children under 12 must sit in the back; and right of way must be given to buses and trams.

Speed limits are 60kph in built-up areas (white signs with the place name mark the start of a built-up area, the same sign with a diagonal red line through it marks the end), 90kph on country roads, 110kph on motorways, 70kph if you're pulling a caravan or trailer. Fines are administered on the spot.

Drinking and driving is strictly prohibited – anyone with a foreign number plate driving around after 11 p.m., however innocently, has a strong chance of being stopped and breathalyzed.

driver (man/woman) **kierowca** m [k-yerovtsa]

driver's licence prawo jazdy [pravo yazdi]

drop kropla

just a drop, please (of drink) **dla mnie dosłownie kropelkę** [mnyeh doswov-nyeh kropelkeh]

drug lek

drugs (narcotics) **narkotyki** [narkotikee]

drunk (adj) **pijany** [pee-yani]

drunken driving jazda po pijanemu [yazda po pee-yanemoo]

dry (adj) **suchy** [sooHi]
  (wine) **wytrawne** [vitravneh]

dry-cleaner pralnia chemiczna [pral-nya Hemeechna]

duck kaczka [kachka]

due: he was due to arrive yesterday miał przyjechać wczoraj [m-ya{superscript wuh}pshi-yeHach fchorī]
  when is the train due? o której ten pociąg przyjeżdża? [oktooray ten pochonk pshi-yeJdja]

dull (pain) **tępy** [tempi]
  (weather) **pochmurny** [poHmoorni]

dummy (baby's) **smoczek** [smochek]

during* podczas [potchas]

dust kurz [koosh]

dustbin pojemnik na śmieci [po-yemnik na sh-myechee]

dusty zakurzony [zakooJoni]

duty-free (goods) wolnocłowy [volnotswovi]

duty-free shop sklep w strefie wolnocłowej [fstref-yeh volnotswovay]

duvet kołdra [ko{superscript wuh}dra]

E

each (every) każdy [kaJdi]
  **how much are they each? po
  ile za sztukę?** [eeleh za
  shtookeh]
ear ucho [ooHo]
earache ból ucha [bool
  ooHa]
  **I have earache boli mnie
  ucho** [mnyeh]
early wcześnie [fchesh-nyeh]
  **early in the morning
  wczesnym rankiem** [fchesnim
  rank-yem]
  **I called by earlier byłem/
  byłam tu już wcześniej**
  [biwem/biwam too yoosh fchesh-
  nyay]
earrings kolczyki [kolchikee]
earth ziemia [Jem-ya]
east wschód [fsHoot]
  in the east na wschodzie
  [fsHodjeh]
Easter Wielkanoc [v-yelkanots]
Eastern Europe Europa
  Wschodnia [eh-ooropa
  vsHod-nya]
easy łatwy [watfi]
eat jeść [yesh-ch]
  we've already eaten, thanks
  (lunch) **dziękuję, jesteśmy po
  obiedzie** [djenkoo-yeh yesteshmi
  po ob-yedjeh]
  **I don't eat meat nie jadam
  mięsa** [n-yeh yadam]

eating habits

Basically there are three meals
a day: **śniadanie** (breakfast)
consists of bread, rolls, cheese,
smoked meat, eggs and tea or
coffee. **Obiad**, eaten between
3 and 4 p.m., is the main meal
of the day. It usually consists
of a soup to start with, followed
by meat, potatoes or chips and a
side salad with fruit compote
to follow. A little later in
the afternoon, Poles tend to
have coffee or tea and cake.
Kolacja, eaten in the evening
and similar to breakfast, is
sometimes a hot meal, such as
boiled sausage, scrambled eggs
with seasonal mushrooms (e.g.
chanterelles) and salad.

eau de toilette woda kolońska
  [voda kolonska], **woda
  toaletowa** [to-aletova]
economy class klasa
  turystyczna [tooristichna]
egg jajko [yīko]
either: either ... or ... albo ...
  albo ...
  either of them którykolwiek
  [ktoorikolv-yek]
elastic (noun) gumka [goomka]
elastic band gumka
elbow łokieć [wok-yech]
electric elektryczny [elektrichni]
electrical appliances urządzenia
  elektryczne [ooJonds-en-ya
  elektrichneh]
electric fire piecyk elektryczny

[p-yetsik elektrichni], **grzejnik elektryczny** [gɹayneek]
electrician elektryk [elektrik]
electricity elektryczność [elektrichnosh-ch]
see **voltage**
elevator winda [veenda]
else: something else coś innego [tsosh een-nego]
somewhere else gdzie indziej [gjeh eendjay]

•••••• DIALOGUE ••••••

would you like anything else? **czy pan/pani jeszcze sobie czegoś życzy?** [chi pan/panee yesh-cheh sob-yeh chegosh ɹichi]

no, nothing else, thanks **nie, dziękuję** [n-yeh djenkoo-yeh]

embassy ambasada
emergency nagły wypadek [nagwi vipadek]
this is an emergency! to nagły wypadek!
emergency exit wyjście bezpieczeństwa [vee-sh-cheh besp-yechenstfa], **wyjście awaryjne** [avaree-neh]
empty pusty [poosti]
end (noun) **koniec** [kon-yets]
(verb) **kończyć** [konchich]/ **skończyć**
at the end of the street na końcu ulicy [kontsoo ooleetsi]
engaged (toilet, telephone) **zajęty** [zɪ-enti]
(to be married) **zaręczony** [zarenchoni]
engine (car) **silnik** [sheelneek]

England Anglia [ang-lya]
English angielski [ang-yelskee]
I'm English (man/woman) **jestem Anglikiem/Angielką** [yestem angleek-yem/ang-yelkoN]
do you speak English? czy pan/pani mówi po angielsku? [chi pan/panee moovee po ang-yelskoo]

enjoy: to enjoy oneself dobrze się bawić [dobɹeh sheh baveech]

•••••• DIALOGUE ••••••

how did you like the film? **czy podobał ci się film?** [chi podoba^wuh chee sheh feelm]

I enjoyed it very much, did you enjoy it? **tak, bardzo, a tobie?** [bards-o a tob-yeh]

enjoyable przyjemny [pshi-yemni]
enlargement (of photo) **powiększenie** [pov-yenkshen-yeh]
enormous ogromny [ogromni]
enough dosyć [dosich]
there's not enough nie wystarczy [n-yeh vistarchi]
it's not big enough to jest za małe [yest za maweh]
that's enough (sufficient) **to wystarczy**
entrance wejście [vaysh-cheh]
envelope koperta
epileptic (man/woman) **epileptyk** [epeeleptik], **epileptyczka** [epeeleptichka]
equipment sprzęt [spshent]

error błąd [bwont], omyłka [omi^{wuh}ka]

especially szczególnie [sh-chegool-nyeh]

essential niezbędny [n-yezbendni]

  it is essential that ... jest konieczne, aby ... [yest kon-yechneh abi]

EU Unia Europejska [oon-ya eh-ooropayska]

Eurocheque euroczek [eh-oorochek], Eurocheque [eh-oorochek]

Eurocheque card karta Eurocheque

Europe Europa [eh-ooropa]

European (adj) europejski [eh-ooropayskee]

even: even (the) ... nawet ... [navet]

  even if ... nawet jeśli ... [yeshlee]

  even then nawet wtedy [ftedi]

evening wieczór [v-yechoor]

  this evening dzisiaj wieczorem [djeeshī v-yechorem]

  in the evening wieczorem

evening meal kolacja [kolats-ya]

eventually w końcu [fkontsoo]

ever kiedyś [k-yedish]

  (with negation) nigdy [neegdi]

  hardly ever rzadko kiedy [Jatko k-yedi]

•••••• DIALOGUE ••••••

have you ever been to Zakopane? czy był pan/była pani kiedyś w Zakopanem? [chi bi^{wuh} pan/biwa panee k-yedish vzakopanem]

yes, I was there two years ago tak, byłem/byłam tam dwa lata temu [biwem]

every każdy [kaɹdi]

  every day codziennie [tsodjen-nyeh]

everyone wszyscy [fshistsi]

everything wszystko [fshistko]

everywhere wszędzie [fshendjeh]

exactly! dokładnie! [dokwad-nyeh]

exam egzamin [egzameen]

example przykład [pshikwat]

  for example na przykład

excellent doskonały [doskonawi]

  (food) wyśmienity [vish-myeneeti]

  excellent! wspaniale! [fspan-yaleh]

except oprócz [oprooch]

excess baggage nadwaga bagażu [nadvaga bagaɹoo]

exchange rate kurs walutowy [koors valootovi], kurs wymiany [vim-yani]

exciting pasjonujący [pas-yonoo-yontsi]

excuse me przepraszam [psheprasham]

  excuse me? (didn't understand/hear) słucham? [swooHam]

exhaust (pipe) rura wydechowa [roora videHova]

exhausted (tired) wyczerpany [vicherpani]

exhibition wystawa [vistava]

exit wyjście [vee-sh-cheh]

  where's the nearest exit? gdzie

jest najbliższe wyjście? [gjeh
yest nībleesh-sheh]

expect spodziewać się
[spodjevach sheh]

expensive drogi [drogee]

experienced doświadczony
[dosh-fyatchoni]

explain wyjaśnić [vi-yashneech]
can you explain that? czy
może to pan/pani wyjaśnić?
[chi moJeh to pan/panee]

express (mail) list **ekspres**
[leest]
(train) **pociąg ekspresowy**
[pochonk ekspresovi]

extension (telephone)
wewnętrzny [vevnentshni]
extension 221, please proszę
wewnętrzny dwieście
dwadzieścia jeden [prosheh]

extension lead przedłużacz
[pshedwooJach]

**extra: can we have an extra
one?** czy możemy prosić o
jeszcze jeden? [chi moJemi
prosheech o yesh-cheh yeden]
do you charge extra for that?
czy za to jest dodatkowa
opłata? [yest dodatkova opwata]

extraordinary (strange) niezwykły
[n-yezvikwi]

extremely nadzwyczajnie [nad-
zvichī-nyeh]

eye oko
**will you keep an eye on my
suitcase for me?** czy może mi
pan/pani popilnować
walizki? [chi moJeh mee pan/
panee popeelnovach]

eyebrow pencil ołówek do brwi
[owoovek do brvee]

eye drops krople do oczu
[kropleh do ochoo]

eyeglasses okulary [okoolari]

eyeliner kredka do powiek
[kretka do pov-yek]

eye make-up remover krem/
płyn do usuwania makijażu z
oczu [pwin do oosoovan-ya maki-
yaJoo zochoo]

eye shadow cień do powiek
[chen^{yuh} do pov-yek]

F

face twarz [tfash]

factory fabryka [fabrika]

Fahrenheit* skala Fahrenheita

faint (verb) zemdleć [zemdlech]
she's fainted zemdlała
[zemdlawa]
I feel faint jest mi słabo [yest
mee swabo]

fair (funfair) lunapark [loonapark]
(trade) targi [targee]
(adj: just) sprawiedliwy [sprav-
yedleevi]

fairly: fairly good dość dobry
[dosh-ch]

fake (adj) podrobiony
[podrob-yoni]

fall (noun: US) jesień f [yesh-
yen^{yuh}]
in the fall jesienią [yesh-yen-
yON]

fall (verb) upaść [oopash-ch]
she's had a fall przewróciła
się [pshevroocheewa sheh]

false fałszywy [faᵂᵘʰshivi]

family rodzina [rodjeena]

famous sławny [swavni]

fan (electrical) wentylator [ventila-tor]

(handheld) wachlarz [vaHlash]

(sports) kibic [keebits]

fan belt pasek klinowy [kleenovi]

fantastic fantastyczny [fantastichni]

far daleko

•••••• DIALOGUE ••••••

is it far from here? czy to daleko stąd? [chi – stont]

no, not very far nie, nie bardzo daleko [n-yeh bards-o]

well how far? a jak daleko? [yak]

it's about 20 kilometres około dwudziestu kilometrów [okowo – keelometroof]

fare taryfa [tarifa]

farm gospodarstwo rolne [gospodarstfo rolneh]

fashionable modny [modni]

fast szybki [shipkee]

fat (person) gruby [groobi]

(on meat) tłuszcz [twoosh-ch]

father ojciec [oychets]

father-in-law teść [tesh-ch]

faucet kran

fault (defect) usterka [oosterka], wada [vada]

sorry, it was my fault przepraszam, to moja wina [psheprasham to moya veena]

it's not my fault to nie moja wina [n-yeh]

faulty wadliwy [vadleevi]

favourite ulubiony [ooloob-yoni]

fax telefax, fax

(verb) faksować [faksovach]/ przefaksować [pshefaksovach]

February luty [looti]

feel czuć [chooch]

I feel hot gorąco mi [mee]

I feel unwell źle się czuję [Jleh sheh choo-yeh]

I feel like going for a walk mam ochotę na spacer [oHoteh]

how are you feeling? jak się czujesz? [yak sheh choo-yesh]

(polite) jak się pan/pani czuje? [panee choo-yeh]

I'm feeling better czuję się lepiej [sheh lep-yay]

felt-tip (pen) pisak [peesak]

fence płot [pwot]

fender zderzak [zdeJak]

ferry prom

festival festiwal [festeeval]

As you would expect in a country where Roman Catholics constitute an overwhelming majority, life is punctuated at regular intervals by festivals, for which the churches are filled to overflowing and a public holiday atmosphere takes hold. The major festivals are: Christmas **Boże Narodzenie**, starting from Christmas Eve **(Wigilia)**, Easter **(Wielkanoc)**, Whitsuntide **(Zielone Święta)** generally in →

May, Corpus Christi (**Boże Ciało**) in June, the Feast of the Assumption (**Święto Wniebowzięcia NMP**) on August 15th, and All Saints' Day (**Dzień Wszystkich Świętych**) on November 1st.

You'll find that museums and other attractions are often closed not just on the holiday itself but also for a couple of days before and after; and the same goes for secular holidays such as May 3rd (Constitution Day) and November 11th (Independence Day).

fetch (something) **przynosić** [pshinosheech]/**przynieść** [pshin-yesh-ch]
(someone) **pójść po** (+ acc) [poo^{yuh}sh-ch]
I'll fetch him ja po niego pójdę [ya po n-yego poo^{yuh}deh]
will you come and fetch me later? czy przyjdziesz po mnie później? [chi pshee-djesh po mnyeh pooJn-yay]
feverish: I feel feverish chyba mam gorączkę [Hiba mam goronchkeh]
few: a few kilku [keelkoo], **kilka, kilkoro**
a few days kilka dni
fiancé narzeczony [naJechoni]
fiancée narzeczona [naJechona]
field pole [poleh]
fight (noun) **bójka** [boo^{yuh}ka]
figs figi [feegee]

fill in wypełnić [vipeh^{wuh}neech]
do I have to fill this in? czy muszę to wypełnić? [chi moosheh]
fill up napełnić [napeh^{wuh}neech]
fill it up, please pełny bak proszę [peh^{wuh}ni bak prosheh]
filling (in cake, sandwich) **nadzienie** [nadjen-yeh]
(in tooth) **plomba**
film film

•••••• DIALOGUE ••••••

do you have this kind of film? czy ma pan/pani taki film? [chi ma pan/panee takee]
yes, how many exposures? tak, ile klatek? [eeleh]
36 trzydzieści sześć [tshidjesh-chee shesh-ch]

film processing wywoływanie filmów [vivowivan-yeh feelm-oof]
filthy brudny [broodni]
find (verb) **znaleźć** [znalesh-ch]
I can't find it nie mogę tego znaleźć [n-yeh mogeh]
I've found it znalazłem/ znalazłam to [znalazwem]
find out dowiedzieć się [dov-yedjech sheh]
could you find out for me? czy może się pan/pani dowiedzieć? [chi moJeh sheh pan/panee]
fine (weather) **ładny** [wadni]
(punishment) **mandat**

•••••• DIALOGUES ••••••

how are you? jak się pan/pani

ma? [yak sheh pan/panee]

I'm fine, thanks dziękuję, bardzo
dobrze [djenkoo-yeh bards-o dobJeh]

is that OK? czy to w porządku?
[chi to fpoJontkoo]

that's fine, thanks tak, dziękuję

finger palec [palets]

finish (verb) kończyć [konchich]/
skończyć

  I haven't finished yet jeszcze
nie skończyłem/skończyłam
[yesh-cheh n-yeh skonchiwem]

  when does it finish? kiedy to
się kończy? [k-yedi to sheh
konchi]

fire ogień [og-yen^yuh]

  (campfire) ognisko [ogneesko]

  fire! pożar! [poJar], pali się!
[palee sheh]

  can we light a fire here? czy
można tu zapalić ognisko?
[chi moJna too zapaleech]

  it's on fire pali się

fire alarm alarm
przeciwpożarowy [pshecheef-
poJarovi]

fire brigade straż pożarna [strash
poJarna]

Dial 998 for the fire brigade.

fire escape schodki
przeciwpożarowe [sHotkee
pshecheef-poJaroveh]

fire extinguisher gaśnica
przeciwpożarowa [gashneetsa
pshecheef-poJarova]

first pierwszy [p-yerfshi]

  I was first (said by man) ja
byłem pierwszy [ya biwem]
(said by woman) ja byłam
pierwsza

  the first time pierwszy raz
[ras]

  first on the left pierwsza na
lewo [levo]

first aid pierwsza pomoc
[pomots]

first-aid kit apteczka podręczna
[apteshka podrenchna]

first class (travel etc) pierwsza
klasa [p-yerfsha]

first floor pierwsze piętro
[p-yerfsheh p-yentro]
(US) parter

first name imię [eem-yeh]

fish (noun) ryba [riba]

fishmonger's sklep rybny [ribni]

fit (attack) napad [napat]

fit: it doesn't fit me to na mnie
nie pasuje [mnyeh n-yeh pasoo-
yeh]

fitting room przymierzalnia
[pshim-yeJal-nya]

fix (verb: arrange) załatwić
[zawatfeech]

  can you fix this? (repair) czy
może to pan/pani naprawić?
[chi moJeh to pan/panee
napraveech]

fizzy gazowany [gazovani]

flag chorągiew f [Horong-yef]

flash (for camera) flesz [flesh]

flat (noun: apartment) mieszkanie
[m-yeshkan-yeh]
(adj) płaski [pwaskee]

I've got a flat tyre mam
przebitą oponę [pshebeetON
oponeh], siadło mi koło
[sh-yadwo mee kowo]

flavour smak

flea pchła [p-Hwa]

flight lot

flight number numer lotu
[noomer lotoo]

flippers płetwy [pwetfi]

flood powódź [povooch]

flooded: the bathroom is
flooded łazienka jest zalana
wodą [waJenka yest – vodON]

floor (of room) podłoga
[podwoga]
(storey) piętro [p-yentro]
on the floor na podłodze
[podwods-eh]

florist kwiaciarnia [kfyach-
yarn-ya]

flour mąka [monka]

flower kwiat [kfyat]

flu grypa [gripa]

fluent: he speaks fluent Polish
mówi płynnie po polsku
[moovee pwin-nyeh po polskoo]

fly (noun) mucha [mooHa]
(verb) latać [latach]/polecieć
[polechech]

fly in przylecieć [pshilechech]

fly out odlecieć [odlechech]

fog mgła [mgwa]

foggy: it's foggy jest mgła [yest]

folk art sztuka ludowa [shtooka
loodova]

folk dancing tańce ludowe
[tantseh loodoveh]

folklore folklor

folklore festival festiwal folkloru
[festeeval folkloroo]

folk music muzyka ludowa
[moozika loodova]

follow iść [eesh-ch]/pójść
[poo^{yuh}sh-ch] za (+ instr)
follow me proszę iść za mną
[prosheh – mnON]

food jedzenie [yeds-en-yeh]

food poisoning zatrucie
pokarmowe [zatroocheh
pokarmoveh]

food shop/store sklep
spożywczy [spoJifchi]

foot* (of person, measurement)
stopa
on foot pieszo [p-yesho]

football (game) piłka nożna
[pee^{wuh}ka noJna]
(ball) piłka

football match mecz piłki
nożnej [mech pee^{wuh}kee noJnay]

for: do you have something
for ...? (headache, diarrhoea etc)
czy ma pan/pani coś na ...?
[chi ma pan/panee tsosh]

•••••• DIALOGUES ••••••

who's the bigos for? dla kogo
bigos?

that's for me to dla mnie [mnyeh]
and this one? a to?

that's for her to dla niej [n-yay]

where do I get the bus for
Wilanów? skąd odchodzi autobus
do Wilanowa? [skont otHodjee –
veelanova]

the bus for Wilanów leaves from
Sobieskiego Street autobus do
Wilanowa odchodzi z ulicy

Sobieskiego [otHodjee zooleetsi]

how long have you been here? jak długo już tu pan/pani jest? [yak dwoogo yoosh too pan/panee yest]

I've been here for two days, how about you? jestem tu od dwóch dni, a pan/pani? [yestem too ot dvooH dnee a pan/panee]

I've been here for a week jestem tu od tygodnia

forehead czoło [cho-wo]

foreign zagraniczny [zagraneechni]

foreigner (man/woman) cudzoziemiec [tsoods-oJem-yets], cudzoziemka

forest las

forget zapominać [zapomeenach]/zapomnieć [zapom-nyech]

I forget, I've forgotten zapomniałem/zapomniałam [zapom-nyawem]

fork widelec [veedelets] (in road) rozwidlenie [rozveedlen-yeh]

form (document) formularz [formoolash]

formal (dress) wizytowy [veezitovi]

fortnight dwa tygodnie [tigod-nyeh]

fortunately na szczęście [sh-chensh-cheh]

forward: could you forward my mail? czy mogę prosić, aby mi przesyłano korespondencję na nowy **a**dres? [chi mogeh prosheech

abi mee pshesiwano korespondents-yeh na novi]

forwarding address aktualny **a**dres [aktoo-alni]

foundation cream podkład [potkwat]

fountain (ornamental) fontanna [fontan-na] (for drinking) źródełko wody pitnej [Jroodeh[wuh]ko vodi peetnay]

foyer (of theatre) foyer [fwa-yer]

fracture (noun) złamanie [zwaman-yeh]

France Francja [frants-ya]

free wolny [volni] (no charge) bezpłatny [bespwatni]

is it free (of charge)? czy za to się płaci? [chi za to sheh pwachee]

freeway autostrada [owtostrada] see **driving**

freezer zamrażalka [zamraJalka]

French francuski [frantsooskee]

French fries frytki [fritkee]

frequent częsty [chensti]

how frequent is the bus to Żelazowa Wola? jak często kursuje au**to**bus do Żelazowej Woli? [yak chensto koorsoo-yeh – Jelazovay volee]

fresh (weather, breeze) chłodny [Hwodni] (fruit etc) świeży [sh-fyeJi]

fresh orange juice sok pomarańczowy [pomaranchovi]

Friday piątek [p-yontek]

fridge lodówka [lodoofka]

fried smażony [smaʒoni]

fried egg jajko sadzone [yīko sads-oneh]

friend (male/female) przyjaciel [pshi-yachel], przyjaciółka [pshi-yachoo^wuh ka]

friendly życzliwy [ʒichleevi]

from*: when does the next train from Kraków arrive? o której przyjeżdża pociąg z Krakowa? [oktooray pshi-yeʤdja – skrakova]

from Monday to Friday od poniedziałku do piątku [ot]

from next Thursday od przyszłego czwartku [pshishwego]

•••••• DIALOGUE ••••••

where are you from? gdzie pan/ pani mieszka? [gjeh pan/panee m-yeshka]

I'm from England and I come from Slough jestem z Anglii, mieszkam w mieście Slough [yestem zanglee-ee m-yesh-cheh]

front przód [pshoot], front [fronnt]

in front of* przed [pshed]

in front of the hotel przed hotelem

at the front na przodzie [pshodjeh]

frost mróz [mroos]

frozen (river) zamarznięty [zamar-znyenti]

frozen food mrożonki [mroʒonkee]

fruit owoce [ovotseh]

fruit juice sok owocowy [ovotsovi]

frying pan patelnia [patel-nya]

full pełny [peh^wuh ni]

it's full of … jest pełne … [yest peh^wuh neh]

I'm full najadłem/najadłam się [nī-adwem – sheh]

full board pełne utrzymanie [peh^wuh neh ootshiman-yeh]

fun: it was fun było bardzo przyjemnie [biwo bards-o pshi-yem-nyeh]

funeral pogrzeb [pogʒep]

funny (strange) dziwny [djeevni] (amusing) zabawny [zabavni]

furniture meble [mebleh]

further dalej [dalay]

it's further down the road to jest nieco dalej wzdłuż ulicy [yest n-yetso – vzdwoosh ooleetsi]

•••••• DIALOGUE ••••••

how much further is it to Łowicz? jak daleko jeszcze do Łowicza? [yak – yesh-cheh do woveecha]

about 5 kilometres około pięciu kilometrów [okowo – keelometroof]

fuse (noun) bezpiecznik [besp-yechneek]

the lights have fused korki się przepaliły [korkee sheh pshepaleewi]

fuse box skrzynka bezpiecznikowa [skshinka besp-yechneekova]

fuse wire drut bezpiecznikowy [droot besp-yechneekovi]

future przyszłość [pshish-
wosh-ch]
  in future w przyszłości
[f pshishwosh-chee]

G

gallon*
game (cards etc) **gra**
  (match) **mecz** [mech]
  (meat) **dziczyzna** [djeechizna]
garage (for fuel) **stacja
benzynowa** [stats-ya
benzinova]
  (for repairs) **warsztat
samochodowy** [varshtat
samoHodovi]
  (for parking) **garaż** [garash]

> An increasing number of small-
> scale operators and privatized
> state fuel depots have added
> substantially to the number of
> service stations. Many petrol
> stations in cities and along the
> main routes are open 24 hours
> a day, others from around 6 a.m.
> to 10 p.m.; almost all out-of-
> town stations close on Sunday.

garden ogród [ogroot]
garlic czosnek [chosnek]
gas gaz [gas]
  (US: petrol) **benzyna** [benzina]
  see **petrol**
gasoline benzyna
  see **petrol**
**gas permeable lenses szkła
kontaktowe przepuszczające**

powietrze [shkwa kontaktoveh
pshepoosh-chī-ontseh pov-
yetsheh]
gas station stacja benzynowa
[stats-ya benzinova]
gate przejście [pshaysh-cheh]
  (at airport) **wyjście** [vee-sh-cheh]
gay gej [gay]
gay bar bar dla gejów [gayoof]
gearbox skrzynia biegów
[skshin-ya b-yegoof]
**gear lever dźwignia zmiany
biegów** [djveeg-nya zmyani]
gears biegi [b-yegee]
general (adj) **ogólny** [ogoolni]
gents' toilet toaleta męska [to-
aleta menska]
genuine (antique etc) **autentyczny**
[owtentichni]
German (adj, language) **niemiecki**
[n-yem-yetskee]
German measles różyczka
[rooJichka]
Germany Niemcy [n-yemtsi]
get (fetch) **podać** [podach]
  (obtain) **dostać** [dostach]
  **could you get me another one,
please? czy może mi pan/
pani podać jeszcze jedno?**
[moJeh mee pan/panee podach
yesh-cheh yedno]
  **how do I get to ...? jak mam
jechać do ...?** [yak mam
yeHach]
  **do you know where I can get
them? czy pan/pani wie, gdzie
je mogę dostać?** [chi pan/panee
v-yeh gjeh yeh mogeh]

•••••• D I A L O G U E ••••••

can I get you a drink? czy mogę
zaproponować drinka?
[zaproponovach]

no, it's my round, what would you
like? dziękuję, to moja kolejka,
czego się pan/pani napije? [d-
yenkoo-yeh to moya kolayka chego sheh
pan/panee napee-yeh]

a glass of red wine kieliszek
czerwonego wina [k-yeleeshek]

get back (return) wrócić
[vroocheech]
get in (car) wsiąść do (+ gen)
[fshonsh-ch]
get off wysiąść [vishonsh-ch]
where do I get off? gdzie mam
wysiąść? [gjeh]
get on (to train etc) wsiąść do
(+ gen) [fshonsh-ch]
get out (of car etc) wysiadać
[vishadach]/wysiąść [vishonsh-
ch] z (+ gen)
get up (in the morning) wstać
[fstach]
gift prezent
gift shop sklep z upominkami
[zoopomeenkamee]
gin gin [djeen]
a gin and tonic, please proszę
gin z tonikiem [prosheh –
stoneek-yem]
girl dziewczyna [djefchina]
girlfriend dziewczyna
give dawać [davach]/dać [dach]
can you give me some
change? czy może mi pan/
pani dać drobne? [chi moJeh

mee pan/panee – drobneh]
I gave it to him dałem/dałam
mu to [dawem/dawam moo]
will you give this to ...? czy
może to pan/pani dać ...? [chi
moJeh]
give back oddać [od-dach]
glad zadowolony [zadovoloni]
glass (material) szkło [shkwo]
(tumbler) szklanka [shklanka]
(wine glass) kieliszek
[k-yeleeshek]
a glass of wine kieliszek wina
glasses (spectacles) okulary
[okoolari]
gloves rękawiczki
[renkaveechkee]
glue (noun) klej [klay]
go iść [eesh-ch]/pójść
[poo^(yuh)sh-ch]
we'd like to go to the National
Museum chcielibyśmy
zwiedzić Muzeum Narodowe·
[Hcheleebishmi z-vyedjeech]
where are you going? gdzie
pan/pani idzie? [gjeh pan/panee
eedjeh]
where does this bus go?
dokąd jedzie ten autobus?
[dokont yedjeh]
let's go! chodźmy! [Hoch-mi]
she's gone (left) już poszła
[yoosh poshwa]
(gone out) już wyszła [vishwa]
where has he gone? gdzie on
poszedł? [gjeh on poshed^(wuh)]
I went there last week byłem/
byłam tam w zeszłym
tygodniu [biwem]

hamburger to go hamburger na wynos [vinos]

go away jechać [yeHach]/wyjechać [vi-yeHach]

go away! proszę stąd odejść! [prosheh stont odaysh-ch]

go back (return) wracać [vratsach]/wrócić [vrocheech]

go down (the stairs etc) schodzić [sHodjich]/zejść [zaysh-ch]

go in wchodzić [fHodjich]/wejść [vaysh-ch]

go out (in the evening) wychodzić [viHodjich]/wyjść [vee-sh-ch]

do you want to go out tonight? może pójdziemy gdzieś dziś wieczorem? [moJeh poo'uh djemi gjesh]

go through przechodzić [psheHodjich]/przejść [pshaysh-ch]

go up (the stairs etc) wychodzić [viHodjich]/wejść [vaysh-ch]

goat koza

God Bóg [book]

goggles gogle [gogleh]

gold złoto [zwoto]

golf golf

golf course pole golfowe [poleh golfoveh]

good dobry [dobri]

good! świetnie! [sh-fyet-nyeh]

it's no good to na nic [neets]

goodbye do widzenia [veedzen-ya]

good evening dobry wieczór [dobri v-yechoor]

Good Friday Wielki Piątek [v-yelkee p-yontek]

good morning dzień dobry [djen dobri]

good night dobranoc [dobranots]

goose gęś [gensh]

got: we've got to leave musimy już iść [moosheemi yoosh eesh-ch]

have you got any ...? czy mają państwo ...? [chi mī-ON panstfo]

government rząd [Jont]

gradually stopniowo [stop-nyovo]

grammar gramatyka [gramatika]

gram(me) gram

granddaughter wnuczka [vnoochka]

grandfather dziadek [djadek]

grandmother babka [bapka]

grandson wnuk [vnook]

grapefruit grejpfrut [graypfroot]

grapefruit juice sok grejpfrutowy [graypfrootovi]

grapes winogrona [veenogrona]

grass trawa [trava]

grateful wdzięczny [vdjenchni]

grave grób [groop]

gravestone nagrobek

gravy sos

great (excellent) wspaniały [fspan-yawi]

that's great! ekstra!

a great success to wspaniały sukces [sookses]

Great Britain Wielka Brytania [v-yelka britan-ya]

Greece Grecja [grets-ya]

greedy (for money) **chciwy**
[Hcheevi]
(for food) **łakomy** [wakomi]
green zielony [jeloni]
green card (car insurance)
ubezpieczenie samochodowe
[oobesp-yechen-yeh
samoHodoveh]
greengrocer's sklep warzywny
[vaJivni], **warzywniczy** [vaJiv-
nyeechi]

greeting people

It is important to get to grips
with the social conventions
relating to modes of address.
Unless you're on very familiar
terms, **pan** (literally: the gentlemen) and **pani** (literally: the
lady), used by themselves, are
the standard forms of address.
(**Pan** and **pani** should never be
followed by the surname as this
would be considered impolite.)
If you're on more familiar terms,
then **pan** or **pani** should be
followed by the first name.
Poles are inveterate hand-
shakers, even the most casual
street encounter being prefaced
and ended by a short, firm hand-
shake. If you're invited to somebody's home, a bouquet of flow-
ers for your hostess is an indispensable item of traditional eti-
quette. Polish attitudes to tim-
ing are fairly relaxed: lateness
for social appointments is fairly
→

standard, at least within a half-
hour margin, but not turning up
at all definitely constitutes a sin
of the first order.
see **you**

grey szary [shari]
grill (noun) **ruszt** [roosht]
grilled pieczony na ruszcie
[p-yechoni na roosh-cheh]
grocer's sklep spożywczy
[spoJivchi]
ground ziemia [Jem-ya]
on the ground na ziemi
[Jemee]
ground floor parter
group grupa [groopa]
guarantee (noun) **gwarancja**
[gvarants-ya]
**is it guaranteed? czy to jest z
gwarancją?** [chi to yest
zgvarants-yON]
guest gość [gosh-ch]
guesthouse pensjonat [pens-
yonat], **zajazd** [zī-yast]

Some of Poland's best accommodation deals can be found in
the guesthouses situated in the
resort towns of major holiday
areas such as the Tatras, the
Karkonosze and the Kłodzko
region. These are a particularly
attractive option if you're
travelling in a group, as triple
and quadruple rooms offer
substantial savings over dou-
bles; singles are extremely
→

scarce. It's sometimes possible to get bed and breakfast only, but it would be a pity to miss out on the excellent regional cuisine that's usually provided.

guide (man/woman) **przewodnik** [pshevodneek], **przewodniczka** [pshevodneechka]

guidebook przewodnik

guided tour wycieczka z przewodnikiem [vichechka s pshevodneek-yem]

guitar gitara [geetara]

gum (in mouth) **dziąsło** [jonswo]

gun (pistol) **rewolwer** [revolver] (rifle) **karabin** [karabeen]

gym sala gimnastyczna [geemnastichna]

H

hair włosy [vwosi]

hairbrush szczotka do włosów [sh-chotka do vwosoof]

haircut strzyżenie [st-shiJen-yeh]

hairdresser's (men's) **fryzjer męski** [friz-yer menskee] (women's) **fryzjer damski** [damskee]

hairdryer suszarka do włosów [soosharka do vwosoof]

hair gel żel do włosów [Jel]

hairgrips spinki do włosów [speenkee]

hair spray lakier do włosów [lak-yer]

half* pół [poo^{wuh}]

half an hour pół godziny [godjeeni]

half a litre pół litra

about half that mniej więcej połowę tego [mnyay v-yentsay powoveh]

half board dwa posiłki dziennie [poshee^{wuh}kee jen-nyeh]

half-bottle pół butelki [poo^{wuh} bootelkee]

half fare bilet ulgowy [beelet oolgovi]

half price pół ceny [poo^{wuh} tseni]

ham szynka [shinka]

hamburger hamburger [hamboorger]

hammer (noun) **młotek** [mwotek]

hand ręka [renka]

handbag torebka [torepka]

handbrake hamulec ręczny [hamoolets renchni]

handkerchief chusteczka do nosa [Hoostechka]

handle (on door) **klamka** (on suitcase etc) **rączka** [ronchka]

hand luggage bagaż podręczny [bagash podrenchni]

hang-gliding lotnia [lot-nya]

hangover kac [kats] **I've got a hangover mam kaca** [katsa]

happen: what's happening? co tu się dzieje? [tso too sheh djay-yeh] **what has happened? co się stało?** [stawo]

happy szczęśliwy [sh-chensh-leevi]

I'm not happy about this nie
jestem z tego zadowolony/
zadowolona [n-yeh yestem
stego zadovoloni]

harbour 'port'

hard twardy [tfardi]
(difficult) trudny [troodni]

hard-boiled egg jajko na
twardo [yĭko na tfardo]

hard lenses szkła kontaktowe
twarde [shkwa kontaktoveh
tfardeh]

hardly zaledwie [zaled-vyeh]

hardly ever prawie nigdy
[prav-yeh neegdi]

hardware shop sklep z
towarami żelaznymi
[stovaramee Jelaznimee]

hat kapelusz [kapeloosh]

hate (verb) nienawidzieć
[n-yenaveedjech]

have* mieć [m-yech]
can I have a ...? czy mogę
dostać ...? [chi mogeh dostach]
do you have ...? czy ma pan/
pani ...? [panee]
can we have some ...? czy
możemy prosić o ...? [moJemi
prosheech]
what'll you have (to drink)?
czego się pan/pani napije?
[chego sheh – napee-yeh]
I have to leave now muszę
już iść [moosheh yoosh eesh-ch]
do I have to ...? czy
muszę ...?

hayfever katar sienny [shen-ni]

hazelnuts orzechy laskowe
[oJeHi laskoveh]

he* on

head głowa [gwova]

headache ból głowy [bool gvovi]

headlights światła przednie [sh-
vyatwa pshed-nyeh]

headphones słuchawki
[swooHafkee]

health food shop sklep
dietetyczny [d-yetetichni]

healthy zdrowy [zdrovi]

hear słyszeć [swishech]/usłyszeć
[ooswishech]

•••••• DIALOGUE ••••••

can you hear me? czy mnie pan/
pani słyszy? [chi mnyeh pan/panee
swishi]
I can't hear you, could you repeat
that? nie słyszę, czy może pan/
pani powtórzyć? [n-yeh swisheh chi
moJeh – poftooJich]

hearing aid aparat słuchowy
[swooHovi]

heart serce [sertseh]

heart attack atak serca [sertsa]

heat gorąco [gorontso]

heater grzejnik [gJayneek]

heating ogrzewanie [ogJevan-
yeh]

heavy ciężki [chenshkee]

heel (of foot) pięta [p-yenta]
(of shoe) obcas [optsas]
could you heel these? czy
może pan/pani je
podzelować? [chi moJeh pan/
panee yeh pod-zelovach]

heelbar drążek [dronJek]

height wysokość [visokosh-ch]

helicopter helikopter

hello dzień dobry [djen dobri]
  (in the evening) **dobry wieczór**
  [v-yechoor]
  (answer on phone) h**a**lo
helmet (motorbike) **kask**
help (noun) **pomoc** [pomots]
  (verb) **pomagać** [pomagach]/
  pomóc [pomoots]
  help! ratunku! [ratoonkoo]
  can you help me? proszę mi
  pomóc [prosheh mee]
  thank you very much for your
  help dziękuję bardzo za
  pańską pomoc [djenkoo-yeh
  bards-o za pansk**o**N]
helpful (person) **uczynny** [oochin-
  ni]
hepatitis zapalenie wątroby
  [zapalen-yeh vontrobi]
her*: I haven't seen her **nie**
  widziałem/widziałam jej
  [n-yeh veedjawem/veedjawam yay]
  with her z nią [n-y**o**N]
  for her dla niej [n-yay]
  that's her on**a**
  that's her towel to jej ręcznik
herbal tea herbata ziołowa
  [jowova]
herbs przyprawy ziołowe
  [pshipravi jowoveh]
here tu [too]
  here is/are … oto …
  here you are (offering) **proszę**
  [prosheh]
hers* jej [yay]
  that's hers to należy do niej
  [nale**J**i do n-yay]
hey! hej! [hay]
hi! (hello) **cześć!** [chesh-ch]

hide (verb) **chować** [Hovach]/
  schować
high wysoki [visokee]
highchair krzesełko dziecinne
  (wysokie) [ksheseh**wuh**ko
  djecheen-neh (visok-yeh)]
highway autostrada [owtostrada]
  see driving
hill wzgórze [vzgoo**J**eh]
him*: I haven't seen him nie
  widziałem go [n-yeh
  veedjawem]
  with him z nim [zneem]
  for him dla niego [n-yego]
  that's him to on
hip biodro [b-yodro]
hire (verb) **wynajmować**
  [vin**ī**movach]/**wynająć** [vin**ī**-
  onch]
  for hire do wynajęcia [vin**ī**-
  encha]
  where can I hire a bike? gdzie
  można wypożyczyć rower?
  [gjeh mo**J**na vipo**J**ichich]
  see rent
his*: it's his car to jego
  samochó**d**
  that's his to należy do niego
  [nale**J**i do n-yego]
hit (verb) **uderzyć** [oode**J**ich]
hitch-hike autostop [owtostop]
hobby 'hobby'
hold (verb) **trzymać** [tshimach]
hole dziura [djoora]
holiday wakacje pl [vakats-yeh],
  urlop [oorlop]
  on holiday na wakacjach
  [vakats-ya**H**], **na urlopie**
  [oorlop-yeh]

home dom
at home (in my house etc) **w domu** [vdomoo]
(in my country) **w moim kraju** [v mo-eem krï-oo]
we go home tomorrow jutro wracamy do domu [vratsami]
honest uczciwy [ooch-cheevi]
honey miód [m-yoot]
honeymoon miesiąc miodowy [m-yehonts m-yodovi]
hood (US: of car) **ma**ska
hope mieć nadzieję [m-yech nadjay-eh]
I hope so mam nadzieję
I hope not mam nadzieję, że nie [Jeh n-yeh]
hopefully: hopefully ... mam nadzieję, że ...
horn (of car) **klak**son
horrible okropny [okropni]
horse koń [kon^yuh]
horseriding jazda konna [yazda kon-na]
hospital szpital [shpeetal]
hospitality gościnność f [gosh-cheen-nosh-ch]
thank you for your hospitality dziękujemy za gościnność [djenkoo-yemi]
hot gorący [gorontsi]
(spicy) **pieprzny** [p-yepshni]
I'm hot gorąco mi [gorontso mee]
it's hot today dziś jest upał [djeesh yest oopa^wuh]
hotel hotel [Hotel]

Types of accommodation vary widely, both in price and quality. At the top end of the scale the hotels run by Orbis, and international chains such as Holiday Inn and Marriott are generally indistinguishable from what you'll find anywhere else in the world, though several of the Orbis places still have a bit of a way to go in the international quality stakes. Mid-priced places – still rarer than you'd want in many parts of the country – can be anything from smallish, comfy, privately-run hotels to drab, poorly maintained concrete bunkers vainly searching for an investor to bail them out. At this price level, your own bathroom, however basic, is pretty much standard. Move into the lower price bracket and shared bathrooms and toilets are the rule. Single rooms are not always available, though you can still turn up some surprisingly good-quality places at what remain knockdown prices by Western standards. To be sure of what you're letting yourself in for, ask to see the room first – not always a popular move. With rooms in private accommodation (**kwatery prywatne** or **noclegi**) you should always →

check the location before agreeing to take it – otherwise you may end up staying miles out of town.

hotel room pokój w hotelu [pokoo^{vuh} fHoteloo]
hour godzina [godjeena]
house dom
house wine wino firmowe [veeno feermoveh]
hovercraft poduszkowiec [podooshkov-yets]
how jak [yak]
  how many? ile? [eeleh]
  how do you do? jak się pan/pani ma? [yak sheh pan/panee ma]

•••••• DIALOGUES ••••••

  how are you? co słychać? [tso swiHach]
  fine, thanks dziękuję, wszystko w porządku [djenkoo-yeh fshistko fpoJontkoo]

  how much is it? ile to kosztuje? [koshtoo-yeh]
  15 zlotys piętnaście złotych [zwotiH]
  I'll take it biorę to [b-yoreh]

humid: it's very humid today dzisiaj jest bardzo duszno [djeeshI yest bards-o dooshno]
Hungarian (adj, language) węgierski [veng-yerskee]
Hungary Węgry [vengri]
hungry głodny [gwodni]
  are you hungry? czy jest pan/pani głodny/głodna? [chi yest pan/panee]
  (fam) czy jesteś głodny/głodna? [yestesh]
hurry (verb) śpieszyć się [shpyeshich sheh]
  I'm in a hurry śpieszy mi się [sh-pyeshi mee]
  there's no hurry nie ma pośpiechu [n-yeh ma posh-pyeHoo]
  hurry up! szybko! [shipko]
hurt (verb) boleć [bolech]
  it really hurts to bardzo boli [bards-o bolee]
husband mąż [monsh]
hydrofoil wodolot [vodolot]

I

I ja [ya]
ice lód [loot]
  with ice z lodem [zlodem]
  no ice, thanks proszę bez lodu [prosheh bez lodoo]
ice cream pl lody [lodi]

Years ago the best ice cream you could buy was sold in the Zielona Budka (Green Shack) in Warsaw, literally one small wooden kiosk. Now a major company, Zielona Budka sell delicious ice cream, flavoured with real fruit, all over Poland.

ice-cream cone lody w waflu [v vafloo]
iced coffee kawa mrożona [kava mroJona]

ice lolly lody sorbetowe [lodi sorbetoveh]

ice rink ślizgawka [shleezgafka]

ice skates łyżwy [wiJvi]

idea pomysł [pomis^{wuh}]

idiot idiota m [eed-yota], idiotka f

if jeśli [yeshlee]

ignition zapłon [zapwon]

ill chory [Hori]

I feel ill źle się czuję [Jleh sheh choo-yeh]

illness choroba [Horoba]

imitation imitacja [eemeetats-ya]

immediately natychmiast [natiH-myast]

important ważny [vaJni]

it's very important to bardzo ważne [bards-o vaJneh]

it's not important to nieważne [n-yevaJneh]

impossible niemożliwy [n-yemoJleevi]

impressive imponujący [eemponoo-yontsi]

improve ulepszyć [oolepshich]

I want to improve my Polish chcę nauczyć się polskiego [Htseh na-oochich sheh polsk-yego]

in*: it's in the centre to jest w centrum [yest f]

in my car w moim samochodzie [mo-eem]

in Poznan w Poznaniu [poznan-yoo]

in two days from now za dwa dni od dziś [djeesh]

in five minutes za pięć minut

in May w maju

in English po angielsku [ang-yelskoo]

in Polish po polsku [polskoo]

is he in? (at home) czy on jest w domu? [chi on yest vdomoo] (in the office) czy on jest w biurze? [b-yooJeh]

inch* cal [tsal]

include włączać [vwonchach]/ włączyć [vwonchich]

does that include meals? czy cena obejmuje posiłki? [chi tsena obaymoo-yeh poshee^{wuh}kee]

is that included? czy to jest wliczone w cenę? [yest vleechoneh f tseneh]

inconvenient niedogodny [n-yedogodni]

incredible nie do wiary [n-yeh do v-yari]

Indian (adj) hinduski [heendooskee]

indicator kierunkowskaz [k-yeroonkofskas]

indigestion niestrawność [n-yestravnosh-ch]

indoor pool kryty basen [kriti basen]

indoors w domu [vdomoo], pod dachem [daHem]

inexpensive niedrogi [n-yedrogee], tani [tan-yee]

infection zakażenie [zakaJen-yeh]

infectious: is it infectious? czy to zaraźliwe? [chi to zaraJleeveh]

inflammation zapalenie [zapalen-yeh]

informal nieformalny [n-yeformalni]

(occasion, meeting) towarzyski
[tovaЛiskee]
information informacja
[eenformats-ya]
  do you have any information
  about ...? czy ma pan/pani
  informacje na temat ...? [chi
  ma pan/panee eenformats-yeh]
information desk informacja
[eenformats-ya]
injection zastrzyk [zastshik]
injured ranny [ran-ni]
  she's been injured jest ranna
  [yest]
inner tube (for tyre) dętka
[dentka]
innocent niewinny [n-yeveen-ni]
insect owad [ovat]
insect bite użądlenie owada
[ooЛondlen-yeh ovada]
  do you have anything for
  insect bites? czy ma pan/pani
  coś na użądlenia? [chi ma pan/
  panee tsosh na
  ooЛondlen-ya]
insect repellent płyn przeciw
owadom [pwin pshecheef
ovadom]
inside: inside the hotel w
hotelu [f]
insist nalegać [nalegach]
  I insist domagam się [sheh]
  if you insist jeśli koniecznie
  chcesz [yeshlee kon-yech-nyeh
  Htsesh]
insomnia bezsenność [bes-sen-
nosh-ch]
instant coffee kawa neska
[kava]

instead: instead of ...
  zamiast ... [zam-yast]
  give me that one instead
  poproszę w takim razie to
  [proprosheh f takeem raЛeh]
insulin insulina [eensooleena]
insurance ubezpieczenie
[oobesp-yechen-yeh]
intelligent inteligentny
[eenteleegentni]
interested: I'm interested in ...
  interesuję się ... [eenteresoo-
  yeh sheh]
interesting interesujący
[eenteresoo-yontsi]
  that's very interesting to
  bardzo interesujące [bards-o
  eenteresoo-yontseh]
international międzynarodowy
[m-yends-inarodovi]
interpret tłumaczyć
[twoomachich]
interpreter (man/woman) tłumacz
[twoomach], tłumaczka
[twoomachka]
intersection skrzyżowanie
[skshiЛovan-yeh]
interval (at theatre) przerwa
[psherva]
into: I'm not into ... nie
  interesuje mnie ... [n-yeh
  eenteresoo-yeh mnyeh]
introduce przedstawić
[pshetstaveech]
  may I introduce ...? (man/
  woman) to jest pan/pani ...?
  [yest]
invitation zaproszenie
[zaproshen-yeh]

invite zaprosić [zaprosheech]

Ireland Irlandia [eerland-ya]

Irish irlandzki [eerlantskee]
I'm Irish (man/woman) jestem
Irlandczykiem/Irlandką
[yestem eerlantchik-yem/
eerlantkON]

iron (for ironing) żelazko [Jelasko]
can you iron these for me?
czy może to pan/pani
uprasować? [chi moJeh –
panee ooprasovach]

is* jest [yest]

island wyspa [vispa]

it to
it is ... to jest ... [yest]
is it ...? czy to jest ...? [chi]
where is it? gdzie to jest?
[gjeh]
it's him to on
it was ... to było... [biwo]

Italy Włochy pl [vwoHi]

itch: it itches swędzi [sfendjee]

J

jack (for car) podnośnik
[podnoshneek]

jacket kurtka [koortka]

jam dżem [djem]

jammed: it's jammed zacięło się
[zacheh-wo sheh]

January styczeń [stichen^{yuh}]

jar słoik [swo-eek]

jaw szczęka [sh-chenka]

jazz jazz [djez]

jealous zazdrosny [zazdrosni]

jeans dżinsy [djeensi]

jersey sweter [sfeter]

jetty pomost

Jew (man/woman) Żyd [Jit],
Żydówka [Jidoofka]

jeweller's jubiler [yoobeeler]

jewellery biżuteria [beeJooter
-ya]

Jewish żydowski [Jidofskee]

job praca [pratsa]

jogging: to go jogging biegać
dla zdrowia [b-yegach dla
zdrov-ya]

joke żart [Jart]

journey podróż [podroosh]
have a good journey!
szczęśliwej podróży!
[sh-chenshleevay podrooJi]

jug dzbanek [dsbanek]
a jug of water dzbanek wody
[vodi]

juice sok

July lipiec [leep-yets]

jump (verb) skakać [skakach]/
skoczyć [skochich]

jumper sweter [sfeter]

jump leads awaryjne kable do
akumulatora [avaree-neh
kableh do akoomoolatora]

junction skrzyżowanie
[skshiJovan-yeh]

June czerwiec [cherv-yets]

just (only) tylko [tilko]
just two tylko dwa
just for me tylko dla mnie
[mnyeh]
just here w tym miejscu [ftim
m-yaystsoo]
not just now nie w tej chwili
[n-yeh ftay Hveelee]
we've just arrived dopiero

przyjechaliśmy [dop-yero pshi-yeHaleeshmi]

K

keep (verb) trzymać [tshimach]/ zatrzymać
  keep the change dziękuję, reszty nie trzeba [djenkoo-yeh reshti n-yeh tsheba]
  can I keep it? czy mogę to zatrzymać? [chi mogeh to zatshimach]
  please keep it proszę to sobie zachować [prosheh to sob-yeh zaHovach]
ketchup keczup [kechoop]
kettle czajnik [chīneek]
key klucz [klooch]
  the key for room 201, please poproszę klucz do pokoju numer dwieście jeden [poprosheh – pokoyoo noomer]
keyring kółko do kluczy [koo^wuh ko do kloochi]
kidneys (in body) nerki
  (food) cynaderki [tsinaderkee]
kill (verb) zabić [zabeech]
kilo* kilo [keelo]
kilometre* kilometr [keelometr]
  how many kilometres is it to ...? ile kilometrów do ...? [eeleh keelometroof]
kind (generous) dobry [dobri]
  (type) rodzaj [rodsī]
  that's very kind to bardzo uprzejmie z pana/pani strony [bards-o oopshay-myeh s pana/ panee stroni]

••••• DIALOGUE •••••
  what kind do you want? jakiego rodzaju? [yak-yego rods-ī-oo]
  I want that kind tego rodzaju

king król [krool]
kiosk kiosk [k-yosk]
kiss (noun) pocałunek [potsawoonek]
  (verb) całować [tsawovach]/ pocałować
kitchen kuchnia [kooH-nya]
kitchenette kuchenka [kooHenka]
Kleenex® chusteczki jednorazowe [Hoostechkee yednorazoveh]
knee kolano
knickers majtki [mītkee]
knife nóż [noosh]
knitwear dzianina [djaneena]
knock (verb) pukać [pookach]/ zapukać
knock down potrącić [potroncheech]
  he's been knocked down potrącił go samochód [potronchee^wuh go samoHoot]
knock over (object) przewrócić [pshevroocheech]
know (somebody, a place) znać [znach]
  (something) wiedzieć [v-yedjech]
  I don't know nie wiem [n-yeh v-yem]
  I didn't know that nie wiedziałem/wiedziałam o tym [v-yedjawem – tim]
  do you know where I can

gdzie mogę dostać ...? [chi
v-yeh pan/panee gjeh mogeh
dostach]

L

label etykietka [etik-yetka]
ladies' room, ladies' toilets
 toaleta damska [to-aleta]
ladies' wear odzież damska
 [odjesh]
lady pani f [panee]
lager piwo [peevo]
 see beer
lake jezioro [yeJoro]
lamb (meat) jagnię [yag-nyeh]
lamp lampa
lane (on motorway) pas
 (small road) dróżka [drooshka]
language język [yenzik]
language course kurs nauki
 języka [koors na-ookee yenzika]
large duży [dooJi]
last ostatni [ostatnee]
 last week w ubiegłym
 tygodniu [voob-yegwim]
 last Friday w zeszły piątek
 [vzeshwi]
 last night wczoraj wieczorem
 [fchorI v-yechorem]
 what time is the last train to
 Lodz? o której jest ostatni
 pociąg do Łodzi? [ktooray yest
 ostatnee – wodjee]
late późno [pooJno]
 sorry I'm late przepraszam za
 spóźnienie [psheprasham za
 spooJ-nyen-yeh]
 the train was late pociąg się

spóźnił [sheh spooJnee^wuh]
 we must go - we'll be late
 musimy już iść – bo się
 spóźnimy [moosheemi yoosh
 eesh-ch – spooJneemi]
 it's getting late robi się późno
 [robee sheh pooJno]
later później [pooJ-nyay]
 I'll phone later zadzwonię
 później [zadzvon-yeh]
 I'll come back later przyjdę
 później [pshee-deh]
 see you later do zobaczenia
 [zobachen-ya]
 later on później
latest najpóźniej [nIpooJ-nyay]
 by Wednesday at the latest
 najpóźniej w środę [f]
laugh (verb) śmiać się [sh-myach
 sheh]
launderette, laundromat pralnia
 samoobsługowa [pral-nya
 samo-opswoogova]
laundry (clothes) pranie [pran-
 yeh]
 (place) pralnia [pral-nya]
lavatory ubikacja [oobeekats-ya],
 toaleta [to-aleta]
law prawo [pravo]
lawn trawnik [travneek]
lawyer (man/woman) prawnik
 [pravneek], prawniczka
 [pravneechka]
laxative środek
 przeczyszczający [shrodek
 pshechish-chI-ontsi]
lazy leniwy [leneevi]
lead (electrical) przewód
 [pshevoot], kabel

(verb) prowadzić [provadjeech]

where does this lead to?
dokąd ta droga prowadzi?
[dokont – provadjee]

leaf liść [leesh-ch]

leaflet broszura [broshoora]

leak (noun: water) wyciek [vichek]
(gas) upływ [oopwif]
(verb) przeciekać
[pshechekach]

the roof leaks dach przecieka
[daн pshecheka]

learn uczyć się [oochich sheh]

least: not in the least
bynajmniej [binīm-nyay]
at least przynajmniej
[pshinīm-nyay]

leather skóra [skoora]

leave (go away) wyjeżdżać [vi-yeJ-djach]/wyjechać [vi-yeнach]
(leave behind) zostawiać [zostav-yach]/zostawić [zostaveech]

I am leaving tomorrow
wyjeżdżam jutro [vi-yeJdjam]

he left yesterday wyjechał
wczoraj [vi-yeнa^wuh]

may I leave this here? czy
mogę tu zostawić? [chi
mogeh to too]

I left my coat in the bar
zostawiłem/zostawiłam
płaszcz w barze
[zostaveewem]

**when does the bus for
Augustow leave?** o której
odchodzi autobus do
Augustowa? [oktooray otнodjee
– owgoostova]

left lewy [levi]

on the left po lewej stronie
[levay stron-yeh]
to the left na lewo [levo]
turn left skręcić w lewo
[skrencheech v]
there's none left nic już nie
zostało [neets yoosh n-yeh
zostawo]

left-handed leworęczny
[levorenchni]

left luggage (office)
przechowalnia bagażu
[psheнoval-nya bagaJoo]

leg noga

lemon cytryna [tsitrina]

lemonade lemoniada [lemon-yada]

lemon tea herbata z cytryną
[s tsitrinoN]

lend pożyczyć [poJichich]
will you lend me your ...? czy
może mi pan/pani pożyczyć
swój/swoją ...? [chi moJeh mee
pan/panee – sfoo^yuh/sfoyoN]

lens (of camera) obiektyw
[ob-yektif]

lesbian lezbijka [lezbee-ka]

less* mniej [mnyay]
less than ... mniej niż ...
[neeJ]
less expensive tańszy [tanshi]

lesson lekcja [lekts-ya]

let (allow) pozwalać [pozvalach]/pozwolić [pozvoleech]
will you let me know? czy da
mi pan/pani znać? [chi da mee
pan/panee znach]
I'll let you know dam panu/
pani znać [panoo]

let's go for something to eat
chodźmy coś zjeść [Hochmi
tsosh z-yesh-ch]
let off: will you let me off at ...?
czy mógłbym wysiąść
przy ...? [chi moog^wuh^bim
vishonsh-ch pshi]
letter list [leest]
**do you have any letters for
me?** czy są dla mnie listy?
[chi soN dla mnyeh leesti]
letterbox skrzynka pocztowa
[skshinka pochtova]

Letterboxes are green, blue or
red; these are respectively for local mail, airmail and all types of
mail.

lettuce sałata [sawata]
lever dźwignia [djveeg-nya]
library biblioteka [beebl-yoteka]
licence (permit) zezwolenie
[zezvolen-yeh]
(driver's) **prawo jazdy** [pravo
yazdi]
lid pokrywka [pokrifka]
lie (tell untruth) **kłamać**
[kwamach]
lie down położyć się [powoJich
sheh]
life życie [Jicheh]
lifebelt koło ratunkowe [kowo
ratoonkoveh]
lifeguard ratownik [ratovneek]
life jacket kamizelka
ratunkowa [kameezelka
ratoonkova]
lift (in building) winda [veenda]

could you give me a lift? czy
może mnie pan/pani
podwieźć? [chi moJeh mnyeh
pan/panee podv-yesh-ch]
would you like a lift? czy
mógę pana/panią podwieźć?
[mogeh pana/pan-yON]
lift pass bilet zjazdowy [beelet
z-yazdovi]
a daily/weekly lift pass karnet
zjazdowy
light (noun) światło [sh-fyatwo]
(not heavy) **lekki** [lek-kee]
do you have a light? (for
cigarette) czy mogę prosić o
ogień? [chi mogeh prosheech o
og-yen^yuh^]
light green jasnozielony
[yasnoJeloni]
light bulb żarówka [Jaroofka]
I need a new light bulb
potrzebna mi jest nowa
żarówka [potshebna mee yest
nova]
lighter (cigarette) zapalniczka
[zapalneechka]
lightning błyskawica
[bwiskaveetsa]
like (verb) lubić [loobeech]
I like it to mi się podoba [mee
sheh], to lubię [loob-yeh]
(food) to mi smakuje [smakoo-
yeh]
I like going for walks lubię
spacerować
I like you lubię pana/panią
[pan-yON]
I don't like it to mi się nie

podoba [n-yeh], tego nie
lubię
(food) to mi nie smakuje
do you like ...? czy pan/pani
lubi ...? [chi pan/panee loobee]
I'd like a beer proszę o piwo
[prosheh]
I'd like to go swimming
chciałbym/chciałabym pójść
popływać [Hcha^wuh^bim/
Hchawabim poo^yuh^sh-ch]
would you like a drink? czy
ma pan/pani ochotę na
drinka? [oHoteh]
what's it like? jakie to jest?
[yak-yeh to yest]
I want one like this proszę o
coś takiego jak to [tsosh tak-
yego]
lime limona [leemona]
lime cordial sok limonowy
[leemonovi]
line linia [leen-ya]
(phone) połączenie
telefoniczne [powonchen-yeh
telefoneechneh]
could you give me an outside
line? czy mogę prosić o
połączenie na miasto? [chi
mogeh prosheech – m-yasto]
lips usta [oosta]
lip salve maść do ust [mash-chJ]
lipstick kredka do ust [kretka]
liqueur likier [leek-yer]
listen słuchać [swooHach]
Lithuania Litwa [leetfa]
Lithuanian (adj, language) litewski
[leetefskee]
litre* litr [leetr]

a litre of white wine litr
białego wina
little mały [mawi]
just a little, thanks dziękuję,
tylko troszeczkę [djenkoo-yeh
tilko troshechkeh]
a little milk trochę mleka
[troHeh]
a little bit more trochę więcej
[v-yentsay]
live (verb: in town etc) mieszkać
[m-yeshkach]
we live together mieszkamy
razem [m-yeshkami]

•••••• DIALOGUE ••••••
where do you live? gdzie pan/pani
mieszka? [gjeh pan/panee m-yeshka]
I live in London mieszkam w
Londynie [m-yeshkam v londin-yeh]

lively pełen życia [peh-wen
Jicha]
liver (in body) wątroba [vontroba]
(food) wątróbka [vontroopka]
loaf bochenek [boHenek]
lobby (in hotel) recepcja
[retsepts-ya]
lobster homar
local lokalny [lokalni],
miejscowy [m-yaystsovi]
can you recommend a local
restaurant? czy może pan/
pani polecić lokalną
restaurację? [chi moJeh pan/
panee polecheech lokalnoN]
lock (noun) zamek
(verb) zamykać na klucz
[zamikach na klooch]
it's locked zamknięte na

klucz [zamk-nyenteh]
lock in zamknąć [zamk-nonch]
lock out: I've locked myself out
zatrzasnąłem/zatrzasnęłam
klucz w pokoju
[zatshasnowem/zatshasneh-wam
klooch fpokoyoo]
locker (for luggage etc) **schowek**
[sHovek], **szafka** [shafka]
lollipop lizak [leezak]
long długie [dwoog-yeh]
how long will it take to fix it?
jak długo zajmie
naprawienie tego? [yak
dwoogo zīm-yeh naprav-yen-yeh]
how long does it take? jak
długo to trwa? [trfa]
a long time przez długi czas
[pshez dwoogee chas]
one day/two days longer
jeden dzień/dwa dni dłużej
[dwooJay]
long-distance call rozmowa
międzymiastowa [rozmova m-
yendsim-yastova]
look: I'm just looking, thanks
dziękuję, chcę tylko
obejrzeć [djenkoo-yeh Htseh
tilko obayJech]
you don't look well niezbyt
dobrze wyglądasz [n-yezbit
dobJeh viglondash]
look out! uwaga! [oovaga]
can I have a look? czy mogę
zobaczyć? [chi mogeh
zobachich]
look after opiekować się
(+ instr) [op-yekovach sheh]
look at patrzeć [patshech]

look for szukać [shookach]
I'm looking for ... szukam ...
(+ gen) [shookam]
**look forward: I'm looking forward
to it** z przyjemnością na to
czekam [s pshi-yemnosh-chON –
chekam]
**I'm looking forward to your
visit** cieszę się na wasz
przyjazd [chesheh sheh]
loose (handle etc) **obluzowany**
[obloozovani]
lorry ciężarówka [chenJaroovka]
lose gubić [goobeech]/**zgubić**
I'm lost, I want to get to ...
zgubiłem/zgubiłam się,
chciałbym/chciałabym
dostać się do ... [zgoobeewem/
zgoobeewam sheh Hcha^wuh^bim/
Hchawabim dostach]
I've lost my bag zgubiłem/
zgubiłam torbę
lost property (office) **biuro
rzeczy znalezionych** [b-yooro
Jechi znaleJoniH]
lot: a lot, lots dużo [dooJo]
not a lot niedużo [n-yedooJo]
a lot of people dużo ludzi
a lot bigger dużo większy
I like it a lot bardzo to mi się
podoba [bards-o to mee sheh]
(food) **to mi bardzo smakuje**
[smakoo-yeh]
lotion mleczko kosmetyczne
[mlechko kosmetichneh]
loud głośny [gwoshni]
lounge (in house) **salon**
(in hotel) **sala klubowa**
[kloobova], **hall** [hol]

(in airport) **sala dla podróżujących** [podrooJoo-yontsiH]

love (noun) **miłość** [meewosh-ch]
(verb) **kochać** [koHach]
I love Poland kocham Polskę [koHam polskeh]

lovely śliczny [shleechni]
(meal) **doskonały** [doskonawi]

low niski [neeskee]

luck los
good luck! powodzenia! [povods-en-ya]

luggage bagaż [bagash]

luggage trolley wózek bagażowy [voozek bagaJovi]

lump (on body) **guz** [goos]

lunch obiad [ob-yat]

lungs płuca [pwootsa]

luxurious (hotel, furnishings) **luksusowy** [looksoosovi]

luxury luksus [looksoos]

M

machine maszyna [mashina]

mad (insane) **szalony** [shaloni]
(angry) **wściekły** [fsh-chekwi]

magazine czasopismo [chasopeesmo]

maid (in hotel) **pokojówka** [poko-yoofka]

maiden name nazwisko panieńskie [nazveesko pan-yensk-yeh]

mail (noun) **poczta** [pochta]
is there any mail for me? czy są dla mnie listy? [chi SON dla mnyeh leesti]

mailbox skrzynka pocztowa [skshinka pochtova]

main główny [gwoovni]

main course drugie danie [droog-yeh dan-yeh]

main post office poczta główna [pochta gwoovna]

main road (in town) **główna ulica** [ooleetsa]
(in country) **główna droga, magistrala**

mains switch przełącznik sieciowy [psheh-wonchneek shechovi]

make (brand name) **marka**
(verb) **robić** [robeech]/**zrobić**
I make it 500 zlotys w sumie to wynosi pięćset złotych [f soom-yeh to vinoshee p-yenchset zwotiH]
what is it made of? z czego to jest zrobione? [s chego to yest zrob-yoneh]

make-up makijaż [makee-yash]

man mężczyzna [mensh-chizna]

manager dyrektor [direktor], **kierownik** [k-yerovneek]
I'd like to see the manager chciałbym/chciałabym porozmawiać z kierownikiem [Hchaw^wuh^bim/ Hchawabim porozmav-yach sk-yerovneek-yem]

manageress kierowniczka [k-yerovneechka]

manual (car) **samochód z mechaniczną skrzynią biegów** [samoHoot

zmeHaneechnON skshin-yON
b-yegoof]

many dużo [dooJo]
  not many (quantity) niedużo
  [n-yedooJo]

map m**a**pa
  (city plan) plan

> Detailed city maps (**plan miasta**) are available cheaply from local tourist offices, kiosks, street sellers and bookshops. They list all the streets in A-Z format, and give exhaustive listings of bus and tram routes, places of entertainment, restaurants and cafés. If you intend doing any serious walking, you should obtain hiking maps of the National Parks and other tourist areas. Known as **mapa turystyczna**, these cost only a nominal amount and are very clear and simple to use. They can be harder to come by than the city plans: if you see a map you'll need later on in your travels, snap it up rather than risk not being able to get it in the region itself.

March marzec [maJets]
margarine margaryna
  [margarina]
market rynek [rinek]
marmalade marmol**a**da
married: I'm married jestem
  żonaty/mężatką [yestem
  Jonati/menJatkON]

are you married? (said to man)
czy pan jest żonaty? [chi pan
yest]
  (said to woman) czy pani jest
  mężatką? [panee]

mascara tusz do rzęs [toosh do
Jens]
match (football etc) mecz [mech]
matches zapałki [zapa^{wuh}kee]
material (fabric) materiał [mater-
ya^{wuh}]
matter: it doesn't matter nic nie
szkodzi [neets n-yeh shkodjee]
  what's the matter? o co
  chodzi? [tso Hodjee]
mattress materac [materats]
May maj [mī]
may: may I have another one?
czy mogę prosić o jeszcze
jedno? [chi mogeh prosheech o
yesh-cheh yedno]
  may I sit here? czy mogę tu
  usiąść? [too ooshonsh-ch]
maybe być może [bich moJeh]
mayonnaise majonez [mī-ones]
me*: **that's for me** to dla mnie
[mnyeh]
  send it to me proszę to
  wysłać do mnie [prosheh to
  viswach]
  me too ja też [ya tesh]
meal posiłek [posheewek]

•••••• DIALOGUE ••••••

did you enjoy your meal? czy
smakowało panu/pani? [chi
smakovawo panoo/panee]
it was excellent, thank you
dziękuję, to było wyśmienite
[djenkoo-yeh to biwo vish-myeneeteh]

mean (verb) znaczyć [znachich]
what do you mean? co chce
pan/pani przez to
powiedzieć? [tso Htseh pan/
panee pshes to pov-yedjech]
do you mean it? czy mówisz
poważnie? [chi mooveesh
povaJ-nyeh]

•••••• DIALOGUE ••••••

what does this word mean? co
oznacza to słowo? [oznacha to
swovo]
it means ... in English to znaczy ...
po angielsku [znachi — ang-yel-
skoo]

measles odra
meat mięso [m-yenso]
mechanic mechanik [meHaneek]
medicine lekarstwo [lekarstfo]
medium (adj: size) średni
[shrednee]
medium-dry pół wytrawne
[poo^wuh vitravneh]
medium-rare średnio
wysmażony [shred-nyo
vismaJoni]
medium-sized średniej
wielkości [shred-nyay v-yelkosh-
chee]
meet spotkać [spotkach]
nice to meet you miło mi
pana/panią poznać [meewo
mee pana/pan-yON poznach]
where shall I meet you? gdzie
się spotkamy? [gjeh sheh
spotkami]
meeting zebranie [zebran-yeh]
meeting place miejsce

spotkania [m-yaystseh spotkan-
ya], umówione miejsce
[oomoov-yoneh m-yaystseh]
melon melon
men mężczyźni [mensh-chiJnee]
mend naprawić [napraveech]
could you mend this for me?
czy może to pan/pani
naprawić? [chi moJeh to pan/
panee]
men's room toaleta męska
[toaleta menska]
menswear odzież męska
[odjesh]
mention (verb) wspominać
[fspomeenach]
don't mention it proszę
bardzo [prosheh bards-o]
menu menu [men-yoo],
jadłospis [yadwospees]
may I see the menu, please?
proszę o menu [prosheh]
see **menu reader** page
message wiadomość
[v-yadomosh-ch]
**are there any messages for
me?** czy jest dla mnie
wiadomość? [chi yest dla
mnyeh]
**I want to leave a message
for ...** chciałbym/chciałabym
zostawić wiadomość dla ...
[Hcha^wuhbim/Hchawabim
zostaveech]
metal metal [met-al]
metre* metr
microwave (oven) kuchenka
mikrofalowa [kooHenka
meekrofalova]

midday **południe** [powood-nyeh]

at midday **w południe** [f]

middle **środek** [shrodek]

in the middle **w środku**
[f shrodkoo]

in the middle of the night **w
środku nocy** [notsi]

the middle one **to środkowe**
[shrodkoveh]

midnight **północ** [poo^{wuh}nots]

at midnight **o północy**
[o poo^{wuh}notsi]

might: I might **mógłbym/
mogłabym** [moog^{wuh}bim/
mogwabim]

I might not like it **to mi się
może nie spodobać** [mee sheh
moJeh n-yeh spodobach]

I might want to stay another
day **możliwe, że zostanę
jeszcze jeden dzień**
[moJleeveh Jeh zostaneh yesh-
cheh yeden djen^{yuh}]

migraine **migrena** [meegrena]

mild (taste) **łagodny** [wagodni]

(weather) **ciepły** [chepwi]

mile* **mila** [meela]

milk **mleko**

milk bar **bar mleczny** [mlechni]

milkshake **koktajl mleczny**
[koktīl mlechni], 'shake'

millimetre* **milimetr**
[meeleemetr]

minced meat **mięso mielone**
[m-yenso m-yeloneh]

mind: never mind **nie szkodzi**
[n-yeh shkodjee]

I've changed my mind
zmieniłem/zmieniłam zdanie

[zmyeneewem/zmyeneewam
zdan-yeh]

•••••• DIALOGUE ••••••

do you mind if I open the window?
**czy pozwoli pan/pani, że
otworzę okno?** [chi pozvolee pan/
panee Jeh otfoJeh]

no, I don't mind **proszę bardzo**
[prosheh bards-o]

mine*: it's mine **mój** [moo^{yuh}],
moja [moya], **moje** [moyeh]

mineral water **woda mineralna**
[voda meeneralna]

mints **miętówki** [m-yentoofkee]

minute **minuta** [meenoota]

in a minute **za chwilkę**
[Hveelkeh]

just a minute **chwileczkę**
[Hveelechkeh]

mirror **lusterko** [loosterko]

Miss **Pani** [panee]

miss: I missed the bus
**spóźniłem/spóźniłam się na
autobus** [spooJneewem/
spooJneewam sheh na owtoboos]

missing **brakuje** [brakoo-yeh]

one of my ... is missing
brakuje jednego z moich ...
[yednego zmo-eeH]

there's a suitcase missing
zginęła walizka [zgeenewa
valeeska]

mist **mgła** [mgwa]

mistake **pomyłka** [pomi^{wuh}ka]

I think there's a mistake
chyba tu zaszła pomyłka
[Hiba too zashwa]

sorry, I've made a mistake

przepraszam, pomyliłem się/
pomyliłam się [psheprasham
pomileewem sheh/pomileewam]

misunderstanding
nieporozumienie
[n-yeporozoo-myen-yeh]

**mix-up: sorry, there's been a
mix-up** przepraszam, zaszło
nieporozumienie
[psheprasham zashwo
n-yeporozoo-myen-yeh]

mobile phone telefon
komórkowy [komoorkovi]

modern nowoczesny
[novochesni]

modern art gallery galeria
sztuki nowoczesnej [galer-ya
shtookee novochesnay]

moisturizer krem nawilżający
[naveelJĪ-ontsi]

moment: I won't be a moment
chwileczkę, zaraz będę
gotów/gotowa [Hveelechkeh
zaras bendeh gotoof/gotova]

monastery klasztor [klashtor]

Monday poniedziałek [pon-
yedjawek]

money pieniądze [p-yen-yonds-
eh]

month miesiąc [m-yeshonts]

monument pomnik [pomneek]

moon księżyc [kshenJits]

moped moped

more* więcej [v-yentsay]
  **can I have some more water,
  please?** czy mogę prosić
  jeszcze trochę wody? [chi
  mogeh prosheech yesh-cheh
  troHeh]

more expensive droższy
[drosh-shi]

more interesting bardziej
interesujący [bardjay
eenteresoo-yontsi]

more than 50 ponad
pięćdziesiąt [ponat]

more than that więcej niż to
[neesh]

a lot more dużo więcej [dooJo]

•••••• D I A L O G U E ••••••

would you like some more? czy
życzy sobie pan/pani jeszcze
trochę? [chi Jichi sob-yeh pan/panee
yesh-cheh troHeh] no, no more for
me, thanks nie, już dziękuję [n-yeh
yoosh djenkoo-yeh]

how about you? a pan/pani?
I don't want any more, thanks
dziękuję, to mi wystarczy [mee
vistarchi]

morning rano
  this morning dzisiaj rano
  [djeeshī]
  in the morning rano

mosquito komar

mosquito repellent płyn
przeciw komarom [pwin
pshecheef komarom]

most: I like this one most of all
to mi się najbardziej podoba
[mee sheh nībardjay]

  most of the time prawie
  zawsze [prav-yeh zafsheh],
  przeważnie [pshevaJ-nyeh]

  in most cases w większości
  wypadków [v v-yenkshosh-chee
  vipadkoof]

most tourists większość turystów [v-yenkshosh-ch]

mostly przeważnie [pshevaJ-nyeh]

mother matka

mother-in-law teściowa [tesh-chova]

motorbike motocykl [mototsikl]

motorboat motorówka [motoroofka]

motorway autostrada [owtostrada]

mountain góra [goora]

in the mountains w górach [vgooraH]

mountaineering taternictwo [taterneetstvo]

mouse mysz f [mish]

moustache wąsy [vonsi]

mouth usta [oosta]

mouth ulcer afta [afta]

move: he's moved to another room przeprowadził się do innego pokoju [psheprovadjee^{wuh} sheh do een-nego pokoyoo]

could you move your car? czy może pan/pani przestawić samochód? [chi moJeh pan/panee pshestaveech samoHoot]

could you move up a little? czy może się pan/pani trochę posunąć? [troHeh posoononch]

where has it moved to? gdzie to się teraz mieści? [gjeh to sheh teras m-yesh-chee]

movie film

movie theater kino [keeno] see cinema

Mr Pan

Mrs Pani [panee]

Ms Pani

much dużo [dooJo]

he is much better/worse jest mu dużo lepiej/gorzej [yest moo dooJo lep-yey/goJey]

much hotter dużo cieplej [cheplay]

not much (quantity) niedużo [n-yedooJo]

how did you like it? not much jak to ci się podobało? nie bardzo [yak to chee sheh podobawo n-yeh bards-o]

I don't want very much proszę tylko trochę [prosheh tilko troHeh]

thank you very much bardzo dziękuję [djenkoo-yeh]

mud błoto [bwoto]

mug (for drinking) kubek [koobek]

I've been mugged napadnięto mnie [napad-nyento mnyeh]

mum mama

mumps świnka [shveenka]

museum muzeum [moozeh-oom]

Museums and historical monuments are almost invariably closed one day per week (usually Monday) and many are closed on another day as well; on the days remaining, many open for only about five hours, often closing at 3 p.m. Some of the museums in the major →

cities have managed to extend
their opening times, but this has
often been at the expense of
having only one section open to
the public at any particular
time. Entrance charges are
generally nominal.

mushrooms grzyby [gJibi]
music muzyka [moozika]
music festival festiwal
muzyczny [festeeval moozichni]
musician muzyk [moozik]
Muslim (adj) muzułmański
[moozoo^wuh^manskee]
mussels małże [mowJeh]
must*: I must muszę [moosheh]
I mustn't drink alcohol nie
wolno mi pić alkoholu [n-yeh
volno mee]
mustard musztarda
[mooshtarda]
my* mój [moo^yuh^], moja [moya],
moje [mo-yeh]
myself: I'll do it myself sam to
zrobię/sama to zrobię [zrob-
yeh]
by myself sam/sama

N

nail (finger) paznokieć [paznok-
yech]
(metal) gwóźdź [gvoosh-ch]
nailbrush szczotka do paznokci
[sh-chotka do paznokchee]
nail varnish lakier do paznokci
[lak-yer]
name (first name) imię [eem-yeh]

(surname) nazwisko [nazveesko]
my name's John nazywam się
John [nazivam sheh]
what's your name? jak się
pan/pani nazywa? [yak –
panee naziva]
what is the name of this
street? jak się nazywa ta
ulica?
see greeting people
napkin serwetka [servetka]
nappy pieluszka [p-yelooshka]
narrow (street) wąski [vonskee]
nasty okropny [okropni]
national narodowy [narodovi]
nationality narodowość
[narodovosh-ch]
natural naturalny [natooralni]
nausea mdłości [mdwosh-chee]
navy (blue) granatowy
[granatovi]
near bliski [bleeskee]
is it near the city centre? czy
to jest blisko centrum? [chi to
yest bleesko tsentroom]
do you go near the Lazienki
Park? czy jedzie pan/pani
koło Łazienek? [yedjeh pan/
panee kowo waJenek]
where is the nearest ...? gdzie
jest najbliższy...? [gjeh yest
nībleesh-shi]
nearby obok, w pobliżu
[f pobleeJoo]
nearly prawie [prav-yeh]
necessary konieczny [kon-
yechni]
neck szyja [shi-ya]

necklace naszyjnik [nashee-neek]

necktie krawat [kravat]

need: I need ... potrzebuję ... [potsheboo-yeh]

do I need to pay? czy za to się płaci? [chi za to sheh pwachee]

needle igła [eegwa]

negative (film) negatyw [negatif]

neither: neither (one) of them żaden z nich [Jaden s neeH]

neither ... nor ... ani ... ani ... [anee]

nephew (sister's son) siostrzeniec [shostshen-yets] (brother's son) bratanek

net (in sport) siatka [shatka]

network map (for buses) mapa sieci autobusowej [shechee owto-boosovay]

never nigdy [neegdi]

•••••• DIALOGUE ••••••

have you ever been to Zakopane? (to man) czy był pan kiedyś w Zakopanem? [chi bi^{wuh} pan k-yedish] (to woman) czy była pani kiedyś w Zakopanem? [biwa panee]

no, I've never been there nie, nigdy tam nie byłem/byłam [n-yeh – biwem/biwam]

new nowy [novi]

news (radio, TV etc) wiadomości [v-yadomosh-chee]

newsagent's prasa

newspaper gazeta

newspaper kiosk kiosk Ruchu [k-yosk rooHoo]

New Year Nowy Rok [novi]

Happy New Year! Szczęśliwego Nowego Roku! [sh-chenshleevego novego rokoo]

New Year's Eve Sylwester [silvester]

New Zealand Nowa Zelandia [nova zeland-ya]

New Zealander: I'm a New Zealander jestem z Nowej Zelandii [yestem z novay zelandee-ee]

next przyszły [pshishwi]

the next street on the left następna ulica na lewo [nastempna ooleetsa na levo]

at the next stop na następnym przystanku [nastempnim pshistankoo]

next week w przyszłym tygodniu [fpshishwim tigodn-yoo]

next to* obok

nice (food) smaczny [smachni] (looks, view etc) ładny [wadni] (person) miły [meewi]

niece (sister's daughter) siostrzenica [shostsheneetsa] (brother's daughter) bratanica [brataneetsa]

night noc [nots]

at night w nocy [vnotsi], nocą [notsON]

good night dobranoc [dobranots]

•••••• DIALOGUE ••••••

do you have a single room for one night? czy mają państwo wolny pokój na jedną noc? [chi mi-ON panstfo volni pokoo^{yuh} na yednON]

yes, madam tak, proszę pani

[prosheh panee]

how much is it per night? ile
kosztuje za dobę? [eeleh koshtoo-
yeh za dobeh]

it's 30 zlotys for one night
trzydzieści złotych za dobę
[zwotiH]

thank you, I'll take it w takim razie
poproszę [f takeem raJeh
poprosheh]

nightclub lokal

nightdress koszula nocna
[koshoola notsna]

night porter nocny portier
[notsni port-yer]

no nie [n-yeh]

  I've no ... nie mam ...

  there's no ... left nie ma ...

  no way! za nic! [za neets]

  oh no! (upset) niemożliwe!
[n-yemoJleeveh]

nobody nikt [neekt]

  there's nobody there tam
nikogo nie ma [neekogo n-yeh]

noise hałas [hawas]

noisy hałaśliwy [hawashleevi]

  it's too noisy za dużo tu
hałasu [dooJo too hawasoo]

non-alcoholic bezalkoholowy
[bezalkoholovi]

none żaden [Jaden], nikt [neekt]

non-smoking compartment
przedział dla niepalących
[pshedja^wuh dla n-yepalontsiH]

noon południe [powood-nyeh]

  at noon w południe [f]

no-one żaden [Jaden], nikt
[neekt]

nor: nor do I ja też nie [ya tesh

n-yeh]

normal normalny [normalni]

north północ [poo^wuhnots]

  in the north na północy
[poo^wuhnotsi]

  to the north na północ

  north of Warsaw na północ
od Warszawy [varshavi]

northeast północny wschód
[poo^wuhnotsni fsHoot]

Northern Ireland Północna
Irlandia [poo^wuhnotsna eerland-
ya]

northwest północny zachód
[zaHoot]

Norway Norwegia [norveg-ya]

Norwegian (adj, language)
norweski [norveskee]

nose nos

nosebleed krwotok z nosa
[krfotok znosa]

not* nie [n-yeh]

  no, I'm not hungry nie jestem
głodny/głodna [yestem]

  I don't want any, thank you
dziękuję, dla mnie nie
[djenkoo-yeh dla mnyeh]

  it's not necessary to nie jest
konieczne [yest kon-yechneh]

  I didn't know that nie
wiedziałem/wiedziałam tego
[v-yedjawem/v-yedjawam]

  not that one – this one nie to
– tamto [n-yeh]

note (banknote) banknot

notebook notatnik [notatneek]

notepaper (for letters) papier
listowy [pap-yer leestovi]

nothing nic [neets]

nothing for me, thanks
dziękuję, dla mnie nic
[djenkoo-yeh dla mnyeh]
nothing else nic innego [een-nego], nic więcej [v-yentsay]
it's nothing to drobiazg [drob-yask]

•••••• DIALOGUE ••••••

anything else? czy jeszcze coś?
[chi yesh-cheh tsosh]
nothing else, thanks dziękuję, już
nic więcej [yoosh]

novel powieść f [pov-yesh-ch]
November listopad [leestopat]
now teraz [teras]
number numer [noomer]
(figure) liczba [leechba]
I've got the wrong number to
pomyłka [pomi^wuh^ka]
what is your phone number?
jaki jest pana/pani numer
telefonu? [yakee yest pana/
panee – telefonoo]
number plate numer
rejestracyjny [ray-estratsee-ni]
nurse (man/woman) pielęgniarz
[p-yeleng-nyash], pielęgniarka
[p-yeleng-nyarka]
nursery slope ośla łączka [oshla
wonchka]
nut (for bolt) nakrętka
[nakrentka]
nuts orzechy [oJeHi]

O

occupied (toilet, phone) zajęty
[zJ-enti]

o'clock* godzina [godjeena]
it's seven o'clock jest siódma
(godzina) [yest]
October październik
[paJdjerneek]
odd (strange) dziwny [djeevni]
of*: the name of the hotel
nazwa hotelu
off (lights) zgaszony [zgashoni]
it's just off Marszałkowska
Street tuż przy
Marszałkowskiej [toosh pshi]
we're off tomorrow jutro
wyjeżdżamy [yootro
vi-yeJdjami]
offensive (language, behaviour)
obraźliwy [obraJleevi]
office (place of work) biuro
[b-yooro]
officer (to policeman) panie
sierżancie [pan-yeh
sherJancheh]
often często [chensto]
not often niezbyt często
[n-yezbit]
how often are the buses? jak
często kursują autobusy?
[yak chensto koorsoo-yoN]
oil (for car, for salad) olej [olay]
ointment krem
OK dobrze [dobJeh]
are you OK? czy nic się panu/
pani nie stało? [chi neets sheh
panoo/panee n-yeh stawo]
is that OK with you? czy to
panu/pani odpowiada?
[panoo/panee otpov-yada]
is it OK to ...? czy można ...?
[moJna]

thank you, I'm OK (nothing for me) dziękuję, to mi wystarczy [djenkoo-yeh to mee vistarchi]

(I feel OK) czuję się dobrze [choo-yeh sheh dobJeh]

is this train OK for ...? czy ten pociąg jedzie do ...? [yedjeh]

I said I'm sorry, OK? przecież przeprosiłem/przeprosiłam [pshechesh psheprosheewem/ psheprosheewam]

old stary [stari]

•••••• D I A L O G U E ••••••

how old are you? ile ma pan/pani lat? [eeleh ma pan/panee]

I'm 25 mam dwadzieścia pięć lat and you? a pan/pani?

old-fashioned staroświecki [starosh-fyetskee]

old town (old part of town) stare miasto [stareh m-yasto]

in the old town na starym mieście [starim m-yesh-cheh]

omelette omlet

on* na, w [v]

on the street/beach na ulicy/ plaży

is it on this road? czy to na tej ulicy? [chi to na tay ooleetsi]

on the plane w samolocie [f]

on Saturday w sobotę

on television w telewizji

I haven't got it on me nie mam tego przy sobie [n-yeh – pshi sob-yeh]

this one's on me (drink) to moja kolejka [moya kolayka]

the light wasn't on światło było zgaszone [sh-fyatwo biwo zgashoneh]

what's on tonight? (theatre, cinema) co dzisiaj grają? [tso djeeshī grī-ON]

(TV) co dziś w telewizji? [djeesh fteleveez-yee]

once (one time) raz [ras]

at once (immediately) natychmiast [natiH-myast]

one* jeden [yeden], jedna, jedno

the white one ten biały [b-yawi]

one-way ticket bilet w jedną stronę [beelet v yednON stroneh]

onion cebula [tseboola]

only tylko [tilko]

only one tylko jeden [yeden]

it's only six o'clock dopiero szósta [dop-yero]

I've only just got here dopiero tu przyszedłem [too pshishedwem]

on/off switch przełącznik [psheh-wonchneek]

open (adj) otwarty [otfarti] (verb) otwierać [ot-fyerach]/ otworzyć [otfoJich]

when do you open? o której państwo otwierają? [ktooray panstfo ot-fyerī-ON]

I can't get it open nie mogę tego otworzyć [n-yeh mogeh tego otfoJich]

in the open air na dworze [dvoJeh]

opening times godziny

urzędowania [godjeeni
ooJendovan-ya]
open ticket bilet otwarty [beelet
otfarti]
opera opera
operation (medical) operacja
[operats-ya]
operator (telephone) centrala
telefoniczka [tsentrala
telefoneechka]

Dial 900 for the operator within
Poland. When you want to phone
a number in a small village, dial
900 and say **'proszę'** followed by
the name of the village and the
number, e.g. **'proszę Stojanki
117'.**
see **phone**

---

opposite* naprzeciwko
[napshecheefko]
the opposite direction w
przeciwnym kierunku
[f pshecheevnim k-yeroonkoo]
the bar opposite bar
naprzeciwko
opposite my hotel
naprzeciwko mojego hotelu
optician okulista [okooleesta]
or albo
orange (fruit) pomarańcza
[pomarancha]
(colour) pomarańczowy
[pomaranchovi]
orangeade oranżada [oranJada]
orange juice sok
pomarańczowy
orchestra orkiestra [ork-yestra]

order: we'd like to order (in
restaurant) chcielibyśmy
zamówić [Hcheleebishmi
zamooveech]
I've already ordered, thanks
dziękuję, już zamówiłem/
zamówiłam [djenkoo-yeh yoosh
zamooveewem/zamooveewam]
I didn't order this tego nie
zamawiałem/zamawiałam [n-
yeh zamav-yawem/zamav-yawam]
out of order zepsuty [zepsooti],
nieczynny [n-yechin-ni]
ordinary normalny [normalni]
other inny [een-ni]
the other one ten drugi
[droogee]
the other day parę dni temu
[pareh dni temoo]
I'm waiting for the others
czekam na resztę
towarzystwa [chekam na
reshteh tovaJistfa]
do you have any others? czy
mają państwo jeszcze inne?
[chi mī-ON panstfo yesh-cheh een-
neh]
otherwise w przeciwnym razie
[f pshecheevnim raJeh]
our/ours* nasz [nash], nasza,
nasze [nasheh]
out: he's out nie ma go
[n-yeh]
three kilometres out of town
trzy kilometry za miastem
[keelometri za m-yastem]
outdoors na dworze [dvoJeh]
outside na dworze
can we sit outside? czy

możemy usiąść na dworze?
[chi moJemi ooshonsh-ch]

oven piecyk [p-yetsik]

over: over here tutaj [tootī]
over there tam
over 500 ponad pięćset
[ponat]
it's over skończone
[skonchoneh]

overcharge: you've overcharged
me (to man) pan mi za dużo
policzył [mee za dooJo
poleechi[wuh]]
(to woman) pani mi za dużo
policzyła [panee]

overcoat palto

overnight (travel) nocą [notsON]

overtake wyprzedzać [vipsheds-
ach]

owe: how much do I owe you?
ile jestem panu/pani winna?
[eeleh yestem panoo/panee veen-
na]

own*: my own ... moje
własne ... [moo-yeh vwasneh]
are you on your own? (to man)
czy jest pan sam? [chi yest]
(to woman) czy jest pani sama?
[panee]
I'm on my own jestem sam/
sama

owner (man/woman) właściciel
[vwash-cheechel], właścicielka
[vwash-cheechelka]

oysters ostrygi [ostrigee]

P

pack (verb) pakować [pakovach]
a pack of ... paczka ...
[pachka]

package (parcel) paczka

package holiday wczasy [fchasi],
wycieczka [vichechka]

packed lunch suchy prowiant
[sooHi prov-yant]

packet: a packet of cigarettes
paczka papierosów [pachka
pap-yerosoof]

padlock kłódka [kwootka]

page (of book) strona
could you page Mr ...? czy
może pan/pani przywołać
pana ...? [chi moJeh pan/panee
pshivowach]

pain ból [bool]
I have a pain here boli mnie
tutaj [bolee mnyeh tootī]

painful bolący [bolontsi]

painkillers środki
przeciwbólowe [shrodkee
pshecheevbooloveh]

paint (noun) farba

painting obraz [obras]

pair: a pair of ... para ...

Pakistani (adj) pakistański
[pakeestanskee]

palace pałac [pawats]

pale blady [bladi]
pale blue jasnoniebieski
[yasno-nyeb-yeskee]

pan garnek

panties majtki [mītkee],
majteczki [mītechkee]

pants (underwear: men's) **slipy**
[sleepi]
(women's) **majtki** [mītkee],
majteczki [mītechkee]
(US: trousers) **spodnie** [spod-
nyeh]

pantyhose rajstopy [rīstopi]

paper papier [pap-yer]
(newspaper) **gazeta**
a piece of paper **kartka
papieru** [pap-yeroo]

**paper handkerchiefs chusteczki
jednorazowe** [Hoostechkee
yednorazoveh]

parcel paczka [pachka]

pardon (me)? (didn't understand/
hear) **słucham?** [swooHam]

parents rodzice [rodjeetseh]

parents-in-law teściowie [tesh-
chov-yeh]

park (noun) **park**
(verb) **parkować** [parkovach]/
zaparkować
can I park here? **czy mogę tu
zaparkować?** [chi mogeh too]

parking lot parking [parkeenk]

part (noun) **część** [chensh-ch]

partner (boyfriend, girlfriend)
'**partner**'

party (group) **grupa** [groopa]
(celebration) **przyjęcie** [pshi-
yencheh]

pass (in mountains) **przełęcz**
[psheh-wench]

passenger (man/woman) **pasażer**
[pasaJer], **pasażerka**

passport paszport [pashport]

A valid passport is required to
enter Poland. The expiry date
should not be less than six
months from the expected date
of departure from Poland.
Poles are supposed to carry
some form of ID with them at
all times: you should always
keep your passport with you,
even though you're unlikely to
get stopped unless you're in a
car.

---

past*: in the past **dawniej** [davn-
yay]
just past the information office
zaraz za biurem informacji
[zaras za b-yoorem
eenformatsyee]

path ścieżka [sh-cheshka]

pattern wzór [vzoor], **deseń**
[desen^{yuh}]

pavement chodnik [Hodneek]
on the pavement **na chodniku**
[Hodneekoo]

pay (verb) **płacić** [pwacheech]/
zapłacić
can I pay? **czy mogę
zapłacić?** [chi mogeh]
it's already paid for **to już
zapłacone** [yoosh zapwatsoneh]

•••••• DIALOGUE ••••••

who's paying? **kto za to płaci?**
[pwachee]
I'll pay **ja zapłacę** [ya zapwatseh]
no, you paid last time, I'll pay **nie,
ty płaciłeś zeszłym razem, teraz
na mnie kolej** [n-yeh ti

pwacheewesh zeshwim razem teras na
mnyeh kolay]

pay phone automat
telefoniczny [owtomat
telefoneechni]
peaceful spokojny [spokoyni]
peach brzoskwinia [bJoskfeen-
ya]
peanuts orzeszki ziemne
[oJeshkee Jemneh]
pear gruszka [grooshka]
peas groszek [groshek]
peculiar (strange) dziwny
[djeevni]
(unusual) niezwykły
[n-yezvikwi]
pedestrian crossing przejście
dla pieszych [pshaysh-cheh dla
p-yeshiH]

At pedestrian crossings that
aren't controlled by traffic
lights, vehicles are not obliged
to stop. It is up to the pedestrian
to cross the road when it is safe
to do so.

pedestrian precinct teren dla
pieszych [p-yeshiH]
peg (for washing) kołek do
bielizny [kowek do b-yeleezni]
(for tent) śledź [shlech]
pen pióro [p-yooro]
pencil ołówek [owoovek]
penfriend osoba, z którą się
koresponduje [s ktooroN sheh
korespondoo-yeh]
penicillin penicylina
[peneetsileena]

penknife scyzoryk [stsizorik]
pensioner rencista m
[rencheesta], rencistka f
[rencheestka]
people ludzie [loodjeh]
    the other people in the hotel
    inni goście hotelowi [een-nee
    gosh-cheh hotelovee]
    too many people za dużo
    ludzi [dooJo loodjee]
pepper (spice) pieprz [p-yepsh]
    (vegetable) papryka [paprika]
peppermint (sweet) miętówka
    [m-yentoofka]
per: how much per day/night?
    ile się płaci za dzień/dobę?
    [eeleh sheh pwachee za djen^yuh/
    dobeh]
    per cent za tydzień [tidjen^yuh]
perfect doskonały [doskonawi]
perfume perfumy [perfoomi]
perhaps może [moJeh]
    perhaps not może nie [n-yeh]
period (of time) okres
    (menstruation) miesiączka
    [m-yeshonchka]
perm trwała [trvawa]
permit (noun) zezwolenie
    [zezvolen-yeh]
person osoba
personal stereo walkman
    [wokmen]
petrol benzyna [benzina]

For leaded petrol users at least,
finding fuel is not a problem.
Fuel is often colour-coded at the
pumps:
→

red: 98 octane
yellow: 94 octane
green: 86 octane

Always go for the highest octane petrol available. While diesel is usually available, getting hold of lead-free fuel (**benzyna bezołowiowa**) can be more problematic in rural areas.

petrol can kanister na benzynę
[kaneester na benzineh]
petrol station stacja benzynowa
[stats-ya benzinova]
pharmacy apteka

Simple complaints can normally be dealt with at a pharmacy, where basic medicines are dispensed by qualified pharmacists. In the cities many of the staff will speak at least some English or German. Even in places where the staff speak only Polish, it should be easy enough to obtain repeat prescriptions, if you bring along the empty container. In every town there's always one **apteka** open 24 hours; addresses are printed in local newspapers.

phone (noun) **telefon**
(verb) **telefonować**
[telefonovach]/**zatelefonować**

Currently, three types of public pay phone are in existence. The old grey machines with dials are still common, but they're very unreliable and can only really be used for making local calls. These are being gradually replaced by yellow and by large blue rectangular push-button phones, which work more efficiently. Finally, there are the brand-new cardphones (also blue) which are best of all and becoming increasingly widespread. These are operated by a card (**karta telefoniczna**), bought at post offices and **Ruch** kiosks. The grey, yellow and rectangular blue phones require tokens (**żetony**), which can also be bought at kiosks. These come into two types: the small A tokens are for local calls lasting three minutes; the larger C tokens for long-distance calls. When dialling, place the token on the slide, but do not insert it until somebody answers at the other end – otherwise you'll lose it and be cut off.

To make international calls, first dial the international code, then wait (for anything up to a minute) for a continuous tone before dialling the rest of the number, not forgetting to omit the initial zero. For calls outside Europe, you'll probably have

→

to rely on the services of the operator, and be prepared to wait. To speed up the process, ask for the call to be put through fast (**szybko**), but note that this will double the price. There's no facility for reversing the charges.

see **dialling code** and **operator**

---

phone book książka telefoniczna [kshonshka telefoneechna]

phone box budka telefoniczna [bootka]

phonecard karta magnetyczna [magnetichna]

phone number numer telefonu [noomer telefonoo]

photo (noun) fotografia [fotograf-ya]

excuse me, could you take a photo of us? przepraszam, czy mógłby pan/mogłaby pani zrobić nam zdjęcie? [psheprasham chi moog^wuh-bi pan/ mogwabi panee zrobeech nam z-dyencheh]

phrasebook rozmówki [rozmoofkee]

piano fortepian [fortep-yan]

pickpocket złodziej kieszonkowy [zwodjay k-yeshonkovi]

pick up: will you be there to pick me up? czy pan/pani po mnie przyjedzie? [chi pan/panee po mnyeh pshi-yedjeh]

picnic (noun) piknik [peekneek]

picture (painting) obraz [obras]

(photo) fotografia [fotograf-ya]

pie (meat) zapiekanka [zap-yekanka]

(fruit) placek [platsek]

piece kawałek [kavawek]

a piece of ... kawałek ...

pill pigułka antykoncepcyjna [peegoo^wuh-ka antikontseptsee-na]

I'm on the pill zażywam środki antykoncepcyjne [zaJivam shrodkee antikontseptsee-neh]

pillow poduszka [podooshka]

pillow case powłoczka [povwochka]

pin (noun) szpilka [shpeelka]

pineapple ananas

pineapple juice sok ananasowy [ananasovi]

pink różowy [rooJovi]

pipe (for smoking) fajka [fika]

(for water) rura [roora]

pity: it's a pity jaka szkoda [yaka shkoda]

place (noun) miejsce [m-yaystseh]

at your place (fam) u ciebie w domu [oo cheb-yeh vdomoo]

(pol) u pana/pani w domu [panee]

at his place u niego w domu [n-yego]

plain (not patterned) gładki [gwatkee]

plane samolot

by plane samolotem [samolotem]

plant roślina [roshleena]

plaster: in plaster w gipsie [vgeepsheh]

plasters pla**s**ter

plastic plastyk [plastik],
 tworzywo sztuczne [tfoJivo
 shtoochneh]

plastic bag torebka z folii
 [torepka s folee-ee]

plate talerz [taleJ]

platform **p**eron
 **which platform is it for
 Gdynia? z którego peronu
 odjeżdża pociąg do Gdyni?**
 [sktoorego peronoo od-yeJ-dJa
 pochonk do gdeeni]

play (verb) gra**ć** [grach]/**z**agra**ć**
 (noun: in theatre) sztuka
 [shtooka]

playground plac zabaw [plats
 zabaf]

pleasant przyjemny [pshi-yemni]

please prosz**ę** [prosheh]
 yes, please tak, chętnie [Hent-
 nyeh]
 could you please ...? (to man)
 czy mógłby pan ...? [chi
 moog^(wuh)bi pan]
 (to woman) **czy mogłaby
 pani ...?** [mogwabi panee]
 please don't proszę **tego nie
 robić** [n-yeh robeech]

pleased: **pleased to meet you
 miło mi pana/panią poznać**
 [meewo mee pana/pan-yoN
 poznach]

pleasure: **my pleasure cała
 przyjemność po mojej
 stronie** [tsawa pshi-yemnosh-ch
 po mo-yay stron-yeh]

plenty: **plenty of ... pełno ...**
 [peh^(wuh)no]

**there's plenty of time mamy
 masę czasu** [mami maseh
 chasoo]
 **that's plenty, thanks dziękuję,
 to wystarczy** [djenkoo-yeh to
 vistarchi]

pliers szczypce [sh-chiptseh]

plug (electrical) wtyczka
 [ftichka]
 (for car) świeca [sh-fyetsa]
 (in sink) korek

plumber hydraulik [hidrowleek]

p.m.*: **at 5.30 p.m. (17.30) o
 siedemnastej trzydzieści
 at 11 p.m. (23.00) o
 dwudziestej trzeciej**

poached egg jajko gotowane
 na parze [yIko gotovaneh na
 paJeh]

pocket kieszeń [k-yeshen^(yuh)]

point: **two point five dwa i pięć
 dziesiątych** [ee – djeshontiH]
 there's no point nie ma sensu
 [n-yeh ma sensoo]

points (in car) styki [stikee]

poisonous trujący [troo-yontsi]

Poland Polska

Pole (man/woman) P**o**lak, P**o**lka
 the Poles Polacy [polatsi]

police policja [poleets-ya]
 **call the police! wezwać
 policję!** [vezvach poleets-yeh]

Dial 997 for the police.

---

policeman policjant [poleets-
 yant]

police station komisariat
 [komeesar-yat]

policewoman policjantka
 [poleets-yantka]

Polish polski [polskee]

polish (noun) pasta

polite uprzejmy [oopshaymi]

polluted zanieczyszczony [zan-
 yechish-choni]

pony kucyk [kootsik]

pool (for swimming) basen

poor (not rich) biedny [b-yedni]
 (quality) kiepski [k-yepskee]

Pope Papież [pap-yesh]

pop music muzyka pop
 [moozika]

pop singer (man/woman)
 piosenkarz [p-yosenkash],
 piosenkarka

popular popularny [popoolarni]

population ludność [loodnosh-
 ch]

pork wieprzowina
 [v-yepshoveena]

port (for boats) port
 (drink) porto

porter (in hotel) bagażowy
 [bagaJovi]

portrait portret

posh (restaurant, people)
 wykwintny [vikfeentni]

possible* możliwy [moJleevi]
 is it possible to ...? czy tu
 można ...? [chi too moJna]
 as ... as possible możliwie
 jak ... [moJleev-yeh yak]

post (noun: mail) poczta [pochta]
 could you post this for me?
 czy może to pan/pani
 wysłać? [chi moJeh to pan/
 panee viswach]

postbox skrzynka pocztowa
 [skshinka pochtova]

postcard pocztówka
 [pochtoovka]

postcode kod pocztowy
 [pochtovi]

poster (for room) plakat
 (in street) afisz [afeesh]

poste restante 'poste restante'

post office poczta [pochta]

Post offices in Poland are identified by the name **Urząd
Pocztowy** (**Poczta** for short) or
by the acronym PTT (**Poczta,
Telegraf, Telefon**). Each bears
a number, with the head office
in each city being number 1.
Theoretically, each post office
has a poste restante facility:
make sure, therefore, that anyone addressing mail to you
includes the number 1 after the
city's name. Mail to the UK
currently takes up to a week,
and to the US it takes a fortnight, but seems to move twice
as fast in the other direction.
Always mark your letters 'par
avion'.

Opening hours for the head offices are usually Monday to Saturday from 7 or 8 a.m. to 8 p.m.;
other branches usually close at
6 p.m., or earlier in rural areas.
A restricted range of services is
available 24 hours a day, seven
days a week, from post offices →

in or outside the main train stations of major cities.

potato ziemniak [Jem-nyak], kartofel

potato chips (US) chipsy [cheepsi]

pots and pans naczynia kuchenne [nachin-ya kooHenneh]

pottery (objects) wyroby garncarskie [virobi garntsarsk-yeh]

pound* (weight) funt [foont] (money) funt szterling [shterleeng]

power cut awaria prądu [avar-ya prondoo]

power point kontakt, gniazdo [g-nyazdo]

prawns krewetki [krevetkee]

prayer modlitwa [modleetfa]

prefer woleć [volech] I prefer ... wolę ... [voleh]

pregnant w ciąży [fchonJi]

prescription (for medicine) recepta [retsepta] see pharmacy

present (gift) prezent

president (of country: man/woman) prezydent [prezident], pani prezydent [panee]

pretty ładny [wadni] it's pretty expensive to całkiem drogie [tsa^wuh-kyem drog-yeh]

price cena [tsena]

priest ksiądz [kshonts]

prime minister (man/woman)

premier [prem-yer], pani premier [panee]

printed matter druk [drook]

prison więzienie [v-yenJen-yeh]

private prywatny [privatni]

private bathroom własna łazienka [vwasna waJenka]

probably prawdopodobnie [pravdopodob-nyeh]

problem problem [pro-blem] no problem! nie ma problemu! [n-yeh ma pro-blemoo]

program(me) (noun) program

promise: I promise obiecuję [ob-yetsoo-yeh]

pronounce: how is this pronounced? jak to się wymawia? [yak to sheh vimav-ya]

properly (repaired, locked etc) porządnie [poJond-nyeh]

protection factor (of suntan lotion) filtr ochronny [feeltr oHron-ni] protection factor 8 filtr numer osiem [noomer]

Protestant ewangelik [evangeleek]

public convenience zakład użyteczności publicznej [zakwat ooJitechnosh-chee poobleechnay]

public holiday święto państwowe [sh-fyento panstfoveh]

pudding (dessert) deser

pull ciągnąć [chongnonch]

pullover pulower [poolover], sweter [sfeter]

puncture (noun) **przebita dętka**
[pshebeeta dentka]
purple fioletowy [f-yoletovi]
purse (for money) **portmonetka**
[portmonetka]
(US: handbag) **torebka** [torepka]
push pchać [pHach]
pushchair wózek spacerowy
[voozek spatserovi]
put kłaść [kwash-ch]
  **where can I put ...? gdzie
  mogę położyć ...?** [gjeh mogeh
  powoJich]
  **could you put us up for the
  night? czy mogą nas państwo
  przenocować?** [chi mogON nas
  panstfo pshenotsovach]
pyjamas piżama [peeJama]

Q

quality jakość [yakosh-ch]
quarantine kwarantanna
[kfarantan-na]
quarter ćwierć [chfyerch]
quayside nadbrzeże [nadbJeJeh]
  on the quayside na nadbrzeżu
  [nadbJeJoo]
question pytanie [pitan-yeh]
queue (noun) **kolejka** [kolayka]
quick szybki [shipkee]
  **that was quick to nie zajęło
  dużo czasu** [n-yeh zi-enwo dooJo
  chasoo]
  **what's the quickest way there?
  jak tam się można najszybciej
  dostać?** [yak tam sheh moJna
  niishipchay dostach]
  fancy a quick drink? masz

ochotę na kieliszek czegoś?
[mash oHoteh na k-yeleeshek
chegosh]
quickly szybko [shipko]
quiet (place, hotel) **spokojny**
[spokoyni]
  quiet! cisza! [cheesha]
quite (fairly) **całkiem** [tsa^{wuh}kyem]
  (very) **zupełnie** [zoopew^{wuh}nyeh]
  **that's quite right to zupełnie w
  porządku** [fpoJontkoo]
  quite a lot całkiem sporo

R

rabbit królik [krooleek]
race (for runners, cars) **wyścig**
[vish-cheek], **wyścigi** [vish-
cheegee]
racket (tennis, squash) **rakieta** [rak-
yeta]
radiator (in room) **kaloryfer**
[kalorifer]
  (of car) **chłodnica**
[Hwondneetsa]
radio radio [rad-yo]
  on the radio w radio [v]
rail szyna [shina]
  by rail koleją [kolayON]
railway linia kolejowa [leen-ya
kolayova]
rain (noun) **deszcz** [desh-ch]
  in the rain na deszczu [desh-
choo]
  it's raining pada deszcz [desh-
ch]
**raincoat płaszcz
nieprzemakalny** [pwash-ch
n-yepshemakalni]

rape (noun) **gwałt** [gva^{wuh}t]

rare (uncommon) **rzadki** [Jatkee], **niepospolity** [n-yepospoleeti] (steak) **po angielsku** [ang-yelskoo]

rash (on skin) **wysypka** [visipka]

raspberry **malina** [maleena]

rat **szczur** [sh-choor]

rate (for changing money) **kurs** [koors]

rather **raczej** [rachay]

it's rather good to całkiem **niezłe** [tsa^{wuh}kyem n-yezweh]

I'd rather ... **wolałbym/ wolałabym** ... [vola^{wuh}bim/ volawabim]

razor **maszynka do golenia** [mashinka do golen-ya] (electric) **elektryczna golarka** [elektrichna]

razor blades **żyletki** [Jiletkee]

read **czytać** [chitach]

ready **gotowy** [gotovi]

are you ready? (to man) **czy jest pan gotowy?** [chi yest panJ] (to woman) **czy jest pani gotowa?** [panee]

I'm not ready yet **jeszcze nie jestem gotowy/gotowa** [yesh-cheh n-yeh yestem]

•••••• DIALOGUE ••••••

when will it be ready? **kiedy to będzie gotowe?** [k-yedi to bendjeh gotoveh]

it should be ready in a couple of days **powinno być gotowe za dwa dni** [poveen-no bich]

real **prawdziwy** [pravjeevi]

really **naprawdę** [napravdeh]

I'm really sorry **bardzo mi przykro** [bards-o mee pshikro]

that's really great to **wspaniale** [fspan-yaleh]

really? (doubt) **czyżby?** [chiJbi] (polite interest) **naprawdę?** [napravdeh]

rear lights **światła tylne** [sh-vyatwa tilneh]

rearview mirror **lusterko wsteczne** [loosterko fstechneh]

reasonable **rozsądny** [ros-sondni] (price) **umiarkowany** [oom-yarkovani]

receipt **paragon, kwitek** [kveetek], **kwit** [kveet]

recently **ostatnio** [ostat-nyo]

reception (in hotel) **recepcja** [retsepts-ya] (for guests) **przyjęcie** [pshi-yencheh]

at reception **w recepcji** [v retsepts-yi]

reception desk **recepcja** [retseptsya], **portiernia** [port-yern-ya]

receptionist **recepcjonista** m [retsepts-yoneesta], **recepcjonistka** f

recognize **rozpoznać** [rospoznach]

recommend: could you recommend ...? **czy może pan/pani polecić ...?** [chi moJeh pan/panee polecheech]

record (music) **płyta** [pwita]

red czerwony [chervoni]

red wine czerwone wino
[chervoneh veeno]

refund: can I have a refund? czy
mogę prosić o zwrot
pieniędzy? [chi mogeh
prosheech o zvrot p-yen-yendsi]

region rejon [rayon]

registered: by registered mail
listem poleconym [leestem
poletsonim]

registration number numer
rejestracyjny [noomer
rayestratsee-ni]

relative (male/female) krewny
[krevni], krewna [krevna]

religion religia [releeg-ya]

remember pamiętać [pam-
yentach]

I remember pamiętam [pam-
yentam]

I don't remember nie
pamiętam [n-yeh]

do you remember? (fam) czy
pamiętasz? [chi pam-yentash]
(pol) czy pan/pani pamięta?
[panee pam-yenta]

rent (noun: for apartment) czynsz
[chinsh]
(verb: car etc) wynajmować
[vinimovach]/wynająć [vini-
onch]
for rent/to rent do wynajęcia
[vini-encha]

•••••• DIALOGUE ••••••

I'd like to rent a car chciałbym/
chciałabym wynająć samochód
[Hchaᵂᵘʰbim/Hchawabim vini-onch
samoHoot]

for how long? na jak długo?
[yak dwoogo]

two days na dwa dni

this is our range tym
dysponujemy [tim disponoo-yemi]

I'll take the ... poproszę o ...
[poprosheh]

is that with unlimited mileage? czy
to bez ograniczenia przebiegu?
[chi to bez ograneechen-ya psheb-
yegoo]

it is tak

can I see your licence please?
proszę mi pokazać prawo jazdy
[prosheh mee pokazach pravo yazdi]

and your passport i paszport [ee
pashport]

is insurance included? czy cena
obejmuje ubezpieczenie? [chi
tsena obaymoo-yeh oobesp-yechen-
yeh]

yes, but you pay the first 100 zlotys
tak, ale pierwsze sto złotych
płaci pan sam/pani sama [aleh
p-yerfsheh sto zwotiH pwachee pan
sam/panee]

can you leave a deposit of 40
zlotys? czy może pan/pani
zapłacić czterdzieści złotych
zadatku? [chi moJeh pan/panee
zapwacheech – zadatkoo]

rented car wynajęty samochód
[vini-enti samoHoot]

repair (verb) naprawić
[napraveech]
can you repair it? czy może
pan/pani to naprawić? [chi
moJeh pan/panee]

repeat powtórzyć [poftooJich]

could you repeat that? proszę
to powtórzyć [prosheh]
reservation rezerwacja
[rezervatsya]
reserve (verb) **rezerwować**
[rezervovach]/zarezerwować
I'd like to reserve a seat
chciałbym/chciałabym
zarezerwować miejsce
[Hcha^{wuh}bim/Hchawabim – m-
yaystseh]
I'd like to reserve a ticket
chciałbym/chciałabym
zarezerwować bilet [beelet]

•••••• DIALOGUES ••••••

can I reserve a table for tonight?
czy mogę zarezerwować stolik
na dziś wieczór? [chi mogeh
zarezerwovach stoleek na djeesh v-
yechoor]
yes madam, for how many people?
tak, proszę pani, na ile osób?
[prosheh panee na eeleh osoop]
for two na dwie
and for what time? na którą
godzinę? [ktoorON godjeeneh]
for eight o'clock na ósmą
and could I have your name
please? czy mogę prosić o
nazwisko? [chi mogeh prosheech o
nazveesko]

I have reserved a ... mam
zarezerwowane ... [zarezervovaneh]
yes sir, what name please? na
jakie nazwisko? [yak-yeh
nazveesko]
see **alphabet** for spelling

rest odpoczynek [otpochinek]
I need a rest chiałbym/
chciałabym odpocząć
[Hcha^{wuh}bim/Hchawabim
otpochonch]
the rest of the group reszta
grupy [reshta groopi]
restaurant restauracja
[restowrats-ya]

With the moves towards a
market economy, there's now
a greater number and variety
of restaurants in Poland. At
their best, in fact, they are
as good as any in central
Europe, dishing out a spoonful
of caviar for starters before
moving on through traditional
soups to beef, pork or duck
dishes. In addition, eating out is
comparatively inexpensive
for Western tourists.
Beef and pork are the mainstays
of most meals, while hams and
sausages are consumed at all
times of the day, as snacks and
sandwich-fillers. In the coastal
and mountain regions, you can
also expect fish to feature promi-
nently on the menus, with carp
and trout being particularly
good. The plusher restaurants
normally carry a selection of vegetarian dishes (**potrawy
jarskie**); if the menu has no such
section, the key word to use is
bezmięsne (without meat).
→

However, even items indicated on the menu as being 'without meat' may well turn out to have been cooked in a meat-based stock or fat. Safest refuges are omelettes and vegetable soups.

The average restaurant (**restauracja**, or sometimes **jadłodajnia**) is open from late morning through to mid-evening: all but the smartest close early; they start winding down around 9 p.m. in cities, and earlier in the country. Some don't open till 1 p.m. due to the ban on the sale of alcohol before that time. Relatively late-night standbys include Orbis hotel restaurants and, at the other end of the scale, train station snack bars. Except in the big hotels and poshest restaurants, menus are usually in Polish only. While the list of dishes apparently on offer may be long, in reality only things with a price marked next to them will be available.

restaurant car wagon restauracyjny [vagon restowratsee-ni]

rest room toaleta [to-aleta] see toilet

retired: I'm retired jestem na emeryturze [yestem na emeritooJeh]

return: a return to ... proszę

powrotny bilet do ... [prosheh povrotni beelet]

return ticket bilet powrotny see ticket

reverse charge call rozmowa R [rozmova er]

reverse gear wsteczny bieg [fstechni b-yek]

revolting wstrętny [fstrentni]

rib żebro [Jebro]

rice ryż [rish]

rich (person) bogaty [bogati] (food) tłusty [twoosti]

ridiculous absurdalny [apsoordalni]

right (correct) prawidłowy [praveedwovi] (not left) prawy [pravi]

you were right miał pan rację/miała pani rację [m-ya^wuh pan rats-yeh/m-yawa panee rats-yeh]

that's right! tak jest! [yest]

this can't be right to się nie zgadza [sheh n-yeh zgads-a]

right! dobrze! [dobJeh]

is this the right road for ...? czy ta droga prowadzi do ...? [chi – provadjee]

on the right na prawo [pravo]

to the right w prawo [f]

turn right skręcić w prawo [skrencheech fpravo]

right-hand drive samochód z prawostronną kierownicą [samoHoot s pravostron-nON k-yerovneetsON]

ring (on finger) pierścionek [p-yersh-chonek]

I'll ring you zadzwonię do

pana/do pani [zads-von-yeh – panee]

ring back oddzwonić [odds-voneech]

ripe (fruit) dojrzały [doyJawi]

rip-off: it's a rip-off to zdzierstwo [Jdjerstfo]

rip-off prices wygórowane ceny [vigoorovaneh tseni]

risky ryzykowny [rizikovni]

river rzeka [Jeka]

road droga, szosa [shosa]

　is this the road for ...? czy ta droga prowadzi do ...? [chi – provadjee do]

road accident wypadek drogowy [vipadek drogovi]

road map mapa samochodowa [samoHodova]

roadsign znak drogowy [drogovi]

rob: I've been robbed obrabowano mnie [obrabovano mnyeh]

rock skała [skawa]

　(music) muzyka rockowa [moozika rokova]

　on the rocks (with ice) z lodem

roll (bread) bułeczka [boowechka]

roof dach [daH]

roof rack bagażnik dachowy [bagaJneek daHovi]

Romania Rumunia [roomoon-ya]

Romanian (adj) rumuński [roomoonskee]

room pokój [pokoo^yuh]

　in my room w moim pokoju [vmo-eem pokoyoo]

•••••• DIALOGUE ••••••

do you have any rooms? czy są wolne pokoje? [chi sON volneh pokoyeh]

for how many people? dla ilu osób? [eeloo osoop]

for one/for two dla jednej/dla dwóch

yes, we have rooms free tak, mamy wolne pokoje [mami]

for how many nights will it be? na ile dni? [eeleh]

just for one night tylko na jedną noc [tilko – nots]

how much is it? ile to kosztuje? [eeleh to koshtoo-yeh]

... with bathroom and ... without bathroom ... z łazienką i ... bez łazienki [zwaJenkON ee ... bez waJenkee]

can I see a room with bathroom? czy mogę zobaczyć pokój z łazienką? [mogeh zobachich]

OK, I'll take it dobrze, poproszę [dobJe poprosheh]

room service obsługa hotelowa [opswooga hotelova]

rope lina [leena]

rose róża [rooJa]

rosé wino rosé [veeno rosay]

roughly (approximately) około [okowo]

round: it's my round to moja kolejka [moya kolayka]

roundabout (for traffic) rondo

round trip ticket bilet powrotny [beelet povrotni]

　see ticket

route trasa
  what's the best route? którędy
  jest najlepiej jechać?
  [ktoorendi yest nĩlep-yay yeнach]
rubber (material) guma [gooma]
  (eraser) gumka [goomka]
rubber band gumka
rubbish (waste) śmieci [sh-
  myechee]
  (poor quality goods) tandeta
  rubbish! (nonsense) bzdura!
  [bzdoora]
rucksack plecak [pletsak]
rude nieuprzejmy [n-yeh-
  oopshaymi]
ruins ruiny [roo-eeni]
rum rum [room]
  rum and Coke® rum z coca-
  colą [s koka-kolоN]
run (verb: person) biegać
  [b-yegach]
  how often do the buses run?
  jak często kursują
  autobusy? [yak chensto
  koorsoo-yоN]
  I've run out of money
  zabrakło mi pieniędzy
  [zabrakwo mee p-yen-yendsi]
rush hour godzina szczytu
  [godjeena sh-chitoo]
Russia Rosja [ros-ya]
Russian (adj, language) rosyjski
  [rosee-skee]

S

sad smutny [smootni]
saddle (for bike) siodełko
  [shodeh^wuh^ko]

(for horse) siodło [shodwo]
safe (adj) bezpieczny [besp-
  yechni]
safety pin agrafka
sail (verb) żeglować [Jeglovach]
sailboarding windsurfing
  [weendsoorfeenk]
sailing żeglarstwo [Jeglarstfo]
sailing boat żaglówka
  [Jagloofka]
salad sałatka [sawatka]
salad dressing przyprawa do
  sałaty [pshiprava do sawati]
sale: for sale na sprzedaż
  [spshedash]
salmon łosoś [wososh]
salt sól f [sool]
same: the same ten sam/ta
  sama/to samo
  the same man ten sam
  mężczyzna
  the same woman ta sama
  kobieta
  the same as this taki sam jak
  ten [takee sam yak]
  the same again, please proszę
  jeszcze raz to samo [prosheh
  yesh-cheh ras]
  it's all the same to me
  mnie to nie robi różnicy
  [mnyeh to n-yeh robee
  rooJneetsi]
sand piasek [p-yasek]
sandals sandały [sandawi]
sandwich kanapka
sanitary napkins/towels
  podpaski higieniczne
  [potpaskee heeg-yeneechneh]
sardines sardynka [sardinka]

Saturday sobota

sauce sos

saucepan garnek

saucer spodek

sauna sauna [sowna]

sausage kiełbasa [k-yeh^{wuh}basa]

say (verb) mówić [moovich]/
powiedzieć [pov-yedjech]
  how do you say ... in Polish?
  jak jest po polsku ...? [yak
  yest po polskoo]
  what did he say? co on
  powiedział? [tso on pov-
  yedja^{wuh}]
  she said ... powiedziała ...
  [pov-yedjawa]
  could you say that again?
  proszę powtórzyć [prosheh
  poftooJich]

scarf (for neck) szalik [shaleek]
  (for head) chustka [Hoostka]

scenery krajobraz [krī-obras]

schedule (US) rozkład jazdy
  [rozkwat yazdi]

scheduled flight lot rejsowy
  [raysovi]

school szkoła [shkowa]

scissors: a pair of scissors
  nożyczki [noJichkee]

scooter skuter [skooter]

scotch 'whisky'

Scotch tape® taśma klejąca
  [tashma klayontsa]

Scotland Szkocja [shkots-ya]

Scottish szkocki [shkotskee]
  I'm Scottish (man/woman)
  jestem Szkotem/Szkotką
  [yestem shkotem/shkotkON]

scrambled eggs jajecznica [yī-
echneetsa]

scratch (noun) zadrapanie
  [zadrapan-yeh]

screw (noun) śruba [shrooba]

screwdriver śrubokręt
  [shroobokrent]

sea morze [moJeh]
  by the sea nad morzem
  [moJem]

seafood dania morskie ze
  skorupiaków [dan-ya morsk-
  yeh zeh skoroop-yakoof]

seafront: on the seafront przy
  plaży [pshi plaJi]

seagull mewa [meva]

search (verb) szukać [shookach]

seashell muszelka [mooshelka]

seasick: I feel seasick jest mi
  niedobrze [yest mee
  n-yedobJeh]
  I get seasick cierpię na
  chorobę morską [cherp-yeh na
  Horobeh morskON]

seaside: by the seaside nad
  morzem [moJem]

seat miejsce [m-yaystseh]
  is this seat free? czy to
  miejsce jest wolne? [chi – yest
  volneh]

seat belt pas bezpieczeństwa
  [besp-yechenstva]

secluded odosobniony
  [odosobn-yoni]

second (adj) drugi [droogee]
  (of time) sekunda [sekoonda]
  just a second! chwileczkę!
  [Hveelechkeh]

second class (travel etc) druga
  klasa [drooga]

second floor drugie piętro
[droog-yeh p-yentro]
(US) pierwsze piętro
[p-yerfsheh]
second-hand używany [ooJivani]
see widzieć [veedjech]
can I see? czy mogę
zobaczyć? [chi mogeh
zobachich]
have you seen ...? (to man) czy
pan widział ...? [chi pan
veedja^wuh]
(to woman) czy pani
widziała ...? [panee veedjawa]
I saw him this morning
widziałem/widziałam go dziś
rano [veedjawem/veedjawam go
djeesh]
see you! do zobaczenia!
[zobachen-ya]
I see (I understand) rozumiem
[rozoom-yem]
self-catering z własnym
wyżywieniem [z vwasnim viJiv-
yen-yem]
self-service samoobsługa
[samoopswooga]
sell sprzedawać [spshedavach]/
sprzedać [spshedach]
do you sell ...? czy mają
państwo ...? [chi mī-ON
panstfo]
Sellotape® taśma klejąca
[tashma klayontsa]
send nadać [nadach], wysłać
[viswach]
I want to send this to England
chciałbym/chciałabym to
wysłać do Anglii [Hcha^wuhbim/

Hchawabim – anglee-ee]
senior citizen rencista m
[rencheesta], rencistka f
[rencheestka]
separate osobny [osobni]
separated: I'm separated jestem
w separacji z żoną/mężem
[yestem f separats-yee s Jonon/
menJem]
separately (pay, travel) osobno
September wrzesień [vJeshen^yuh]
septic septyczny [septichni]
serious poważny [povaJni]
service charge (in restaurant)
opłata za obsługę [opwata za
opswoogeh]
service station stacja
benzynowa [stats-ya
benzinova]
serviette serwetka [servetka]
set menu obiad firmowy [ob-yat
feermovi]
several kilka [keelka]
sew szyć [shich]
could you sew this back on?
czy może to pan/pani
przyszyć? [chi moJeh to pan/
panee pshishich]
sex płeć [pwech]
sexy seksowny [seksovni]
shade cień [chen^yuh]
in the shade w cieniu [f chen-
yoo]
shake: let's shake hands
podajmy sobie ręce [podīmi
sob-yeh rentseh]
shallow (water) płytki [pwitkee]
shame: what a shame! jaka
szkoda! [yaka shkoda]

shampoo (noun) **szampon**
[shampon]
 to have a shampoo and set
 umyć i ułożyć włosy [oomich
 ee oowoJich vwosi]
share dzielić się [djeleech sheh]/
podzielić się
sharp (knife, pain) **ostry** [ostri]
 (taste) **cierpki** [cherpkee]
shattered (very tired)
 wykończony [vikonchoni]
shaver elektryczna golarka
 [elektrichna]
shaving foam krem do golenia
 [golen-ya]
shaving point kontakt do
 maszynki do golenia
 [mashinkee]
she* ona
 is she here? czy ona tu jest?
 [chi ona too yest]
sheet (for bed) **prześcieradło**
 [pshesh-cheradwo]
shelf półka [poo^{wuh}ka]
shellfish skorupiaki [skoroop-
 yakee]
sherry 'sherry'
ship statek
 by ship statkiem [stat-kyem]
shirt koszula [koshoola]
shit! cholera! [Holera]
shock (noun) **szok** [shok],
 wstrząs [fstshons]
 I got an electric shock
 from the ... ... poraziło mnie
 prądem [poraJeewo mnyeh
 prondem]
shock-absorber amortyzator
 [amortizator]

shocking skandaliczny
 [skandaleechni]
shoe but [boot]
 a pair of shoes para butów
 [bootoof]
shoelaces sznurowadła
 [shnoorovadwa]
shoe polish pasta do butów
 [bootoof]
shoe repairer naprawa obuwia
 [naprava oboov-ya]
shop sklep

Most shops are open Monday to
Friday from approximately
10 a.m. to 6 p.m., though many
are also open on Saturdays and
Sundays till 2 p.m.
Exceptions are grocery stores,
which may open as early as
6 a.m. and close by mid-after-
noon – something to watch out
for in rural areas in particular.
All the large cities now have
several grocery stores and all-
purpose stores (**sklepy nocne**)
open round the clock.
Ruch kiosks, where you can buy
newspapers and municipal
transport tickets, generally open
from about 6 a.m.; some shut
around 5 p.m., but others
remain open for several hours
longer.

shopping: I'm going shopping
 idę po zakupy [eedeh po
 zakoopi]
shopping centre centrum

handlowe [tsentroom handloveh]

shore (of sea, lake) **brzeg** [bJek]

short krótki [krootkee]
(person) **niski** [neeskee]

shortcut skrót [skroot]

shorts szorty [shorti]

should: what should I do? co mam zrobić? [tso mam zrobeech]
you should ... (to man) **powinien pan ...** [poveen-yen] (to woman) **powinna pani ...** [poveen-na panee]
you shouldn't ... (to man) **nie powinien pan ...** [n-yeh] (to woman) **nie powinna pani ...**

shoulder ramię [ram-yeh]

shout (verb) **wołać** [vowach]

show (in theatre) **przedstawienie** [pshetstav-yen-yeh]
could you show me? czy może mi pan/pani pokazać? [chi moJeh mee pan/panee pokazach]

shower (rain) **ulewa** [ooleva]
(in bathroom) **prysznic** [prishneets]
with shower z prysznicem [s prishneetsem]

shower gel żel pod prysznic [Jel pot prishneets]

shut (verb) **zamykać** [zamikach]/**zamknąć** [zamk-nonch]
when do you shut? o której państwo zamykają? [ktooray panstfo zamikī-on]
when does it shut? o której

to się zamyka? [sheh zamika]
they're shut zamknięte [zamk-nyenteh]
shut up! cicho bądź! [cheeHo bonch]

shutter (on camera) **przesłona** [psheswona]
(on window) **okiennice** [ok-yen-neetseh]

shy nieśmiały [n-yesh-myawi]

sick (ill) **chory** [Hori]
I'm going to be sick (vomit) **będę wymiotować** [bendeh vim-yotovach]

side strona
the other side of the street druga strona ulicy [drooga – ooleetsi]

sidelights światła pozycyjne [sh-fyatwa pozitsee-neh]

side salad sałatka [sawatka]

side street boczna ulica [bochna ooleetsa]

sidewalk chodnik [Hodneek]
on the sidewalk na chodniku [Hodneekoo]

sight: the sights of ... widoki ... [veedokee]

sightseeing: we're going sightseeing wybieramy się na zwiedzanie [vib-yerami sheh na z-vyedsan-yeh]

sightseeing tour zwiedzanie zabytków [z-vyedsan-yeh zabitkoof]

sign (roadsign etc) **znak**

signal (driver, cyclist) **sygnał** [signa^wuh]
he didn't signal nie

zasygnalizował [n-yeh zasignaleezova^{wuh}]

signature podpis [potpees]

signpost drogowskaz [drogofskas]

silence cisza [cheesha]

silk jedwab [yedvap]

silly niemądry [n-yemondri]

silver (noun) srebro

silver foil folia aluminiowa [fol-ya aloomeen-yova]

similar podobny [podobni]

simple (easy) prosty [prosti]

since: since last week od zeszłego tygodnia [zeshwego tigod-nya]

since I got here od mojego przyjazdu [moyego pshi-yazdoo]

sing śpiewać [sh-pyevach]/ zaśpiewać

singer (man/woman) piosenkarz [p-yosenkash], piosenkarka

single: a single to ... bilet w jedną stronę ... [beelet v yednON stroneh]

I'm single jestem nieżonaty/ jestem niezamężna [yestem n-yeЈonati/yestem n-yezamenЈna]

single bed łóżko pojedyńcze [wooЈko poyedincheh]

single room pokój jednoosobowy [pokoo^{wuh} yedno-osobovi]

single ticket bilet w jedną stronę [beelet v yednON stroneh]

sink (in kitchen) zlewozmywak [zlevozmivak]

sister siostra [shostra]

sister-in-law szwagierka [shvag-yerka]

sit: can I sit here? czy mogę tu usiąść? [chi mogeh too ooshonsh-ch]

is anyone sitting here? czy ktoś tu siedzi? [chi ktosh too shedjee]

sit down usiąść [ooshonsh-ch]

please sit down proszę siadać [prosheh shadach]

size rozmiar [roz-myar]

ski (noun) narta

(verb) jeździć na nartach [yeЈdjeech na nartaH]

a pair of skis narty [narti]

ski boots buty narciarskie [booti narcharsk-yeh]

skiing narciarstwo [narcharstvo]

we're going skiing idziemy na narty [eedjemi na narti]

ski instructor instruktor jazdy na nartach [eenstrooktor yazdi na nartaH]

ski-lift wyciąg narciarski [vichonk narcharskee]

skin skóra [skoora]

skin-diving nurkowanie [noorkovan-yeh]

skinny chudy [Hoodi]

ski-pants spodnie narciarskie [spod-nyeh narcharsk-yeh]

ski-pass bilet zjazdowy [beelet zyazdovi]

ski pole kijek do nart [kee-yek]

skirt spódnica [spoodneetsa]

ski run zjazd [z-yast]

ski slope stok zjazdowy [z-yazdovi]

ski wax smar do nart

sky niebo [n-yebo]
sleep (verb) spać [spach]
  did you sleep well? czy
  dobrze się spało? [chi dobJeh
  sheh spawo]
sleeper (on train) wagon
  sypialny [vagon sip-yalni]
sleeping bag śpiwór [shpeevoor]
sleeping car wagon sypialny
  [vagon sip-yalni]
sleeping pill środek nasenny
  [shrodek nasen-ni]
sleepy: I'm feeling sleepy
  jestem śpiący/śpiąca [yestem
  sh-pyontsi/sh-pyontsa]
sleeve rękaw [renkaf]
slide (photographic) slajd [slīd]
slip (garment) halka
slippery śliski [shleeskee]
Slovak (adj) słowacki
  [swovatskee]
Slovakia Słowacja [swovats-ya]
slow powolny [povolni]
  slow down! proszę wolniej!
  [prosheh vol-nyay]
slowly powoli [povolee]
  very slowly bardzo powoli
  [bards-o]
small mały [mawi]
smell: it smells (smells bad) to
  nieprzyjemnie pachnie
  [n-yepshi-yem-nyeh paн-nyeh]
smile (verb) uśmiechać się
  [ooshmyeHach sheh]/
  uśmiechnąć się
  [ooshmyeHuonch sheh]
smoke (noun) dym [dim]
  do you mind if I smoke? czy
  mogę zapalić? [chi mogeh

zapaleech]
  I don't smoke nie palę [n-yeh
  paleh]
  do you smoke? czy pan/pani
  pali? [chi pan/panee palee]
snack: just a snack tylko mała
  przekąska [tilko mawa
  pshekONSka]

Open from early morning till
5 or 6 p.m. (later in the city
centres), snack bars are
canteen-type places, serving
very cheap but fairly basic food:
small plates of salted herring
in oil (śledź w oleju), meat or
cheese sandwiches and Russian
salad (sałatka jarzynowa).
Although a meal without meat
is a contradiction in terms for
most Poles, vegetarians will find
cheap refuge in the milk bars
(bar mleczny), whose dairy-
based menus exclude meat
almost entirely (continuing
Jewish traditions). Popular on
the whole with the young
and with students, milk bars
are even cheaper than snack
bars and both operate like self-
service cafeterias. In recent
years many simple and inexpensive milk bars have been
replaced by Western-style snack
bars (or truly Western Pizza
Huts or McDonald's etc).

snack bar bar szybkiej obsługi
  [ship-kyay opswoogee]

sneeze (noun) kichać
[keeHach]

snorkel maska do
nurkowania [noorkovan-ya]

snow (noun) śnieg [sh-nyek]

it's snowing pada śnieg

so taki [takee], taka, takie
[tak-yeh]

so expensive tak drogie

it's so good to takie dobre

so am I, so do I ja też [ya
tesh]

soaking solution (for contact
lenses) płyn do soczewek
kontaktowych [pwin do
sochevek kontaktoviH]

soap mydło [midwo]

soap powder proszek do
prania [proshek do pran-ya]

sober trzeźwy [tsheJvi]

sock skarpetka [skarpetka]

socket (electrical) gniazdko
[g-nyastko]

soda (water) woda sodowa
[voda sodova]

sofa sofa, kanapa

soft (material etc) miękki
[m-yenk-kee]

soft-boiled egg jajko na
miękko [yīko na m-yenko]

soft drink napój
bezalkoholowy [napoo^yuh
bezalkoholovi]

soft lenses szkła kontaktowe
miękkie [shkwa kontaktoveh
m-yenkyeh]

sole (of shoe, of foot) podeszwa
[podeshva]

could you put new soles on

these? czy może je pan/pani
podzelować? [chi moJeh yeh
pan/panee pod-zelovach]

some: can I have some water/
rolls? czy mogę prosić o
trochę wody/kilka bułek?
[mogeh prosheech o troHeh –
keelka]

can I have some? czy mogę
trochę dostać? [dostach]

somebody, someone ktoś
[ktosh]

something coś [tsosh]

something to eat coś do
jedzenia [tsosh do yedsen-ya]

sometimes czasami [chasamee]

somewhere gdzieś [gjesh]

son syn [sin]

song piosenka [p-yosenka]

son-in-law zięć [Jench]

soon wkrótce [fkroot-tseh]

I'll be back soon niedługo
wracam [n-yedwoogo vratsam]

as soon as possible możliwie
jak najwcześniej [moJleev-yeh
yak nīfchesh-nyay]

sore: it's sore to boli [bolee]

sore throat ból gardła [bool
gardwa]

sorry: (I'm) sorry przepraszam
[psheprasham]

sorry? (didn't understand/hear)
słucham? [swooHam]

sort: what sort of ...? jaki
rodzaj ...? [yakee rodsī]

so-so tak sobie [sob-yeh]

soup zupa [zoopa]

sour (taste) kwaśny [kfashni]

south południe [powood-nyeh]

in the south na południu
[powood-nyoo]
South Africa Południowa
Afryka [powood-nyova afrika]
South African (adj)
południowoafrykański
[powood-nyovo-afrikanskee]
I'm South African (man/woman)
jestem z Południowej Afryki
[yestem s powood-nyovay afrikee]
southeast południowy wschód
[powood-nyovi fsHoot]
southwest południowy zachód
[zaHoot]
souvenir pamiątka [pam-yontka]
spa uzdrowisko [oozdroveesko]
Spain Hiszpania [Heeshpan-ya]
spanner klucz do nakrętek
[klooch do nakrentek]
spare part części zamienne
[chensh-chee zam-yen-neh]
spare tyre koło zapasowe [kowo
zapasoveh]
spark plug świeca [sh-vyetsa]
speak: do you speak English?
czy pan/pani mówi po
angielsku? [chi pan/panee
moovee po ang-yelskoo]
I don't speak ... nie mówię
po ... [n-yeh moov-yeh]
can I speak to ...? czy mogę
prosić ...? [chi mogeh
prosheech]

•••••• DIALOGUE ••••••

can I speak to Robert? czy mogę
prosić Roberta?
who's calling? kto mówi? [moovee]
it's Anna Anna
I'm sorry, he's not in, can I take a

message? niestety, nie ma go, czy
mam mu coś przekazać? [n-yesteti
n-yeh ma go chi mam moo tsosh
pshekazach]
no thanks, I'll call back later nie,
dziękuję, zadzwonię później
[djenkoo-yeh zadsvon-yeh pooJ-nyay]
please tell him I called proszę mu
powiedzieć, że dzwoniłam
[prosheh moo po-vyedjech Jeh
dsvoneewam]

spectacles okulary [okoolari]
speed (noun) szybkość [shibkosh-
ch]
speed limit ograniczenie
szybkości [ogran-yeechen-yeh
shibkosh-chee]
speedometer szybkościomierz
[shibkosh-chom-yesh]
spell: how do you spell it? jak to
się pisze? [yak to sheh peesheh]
see alphabet
spend wydawać [widavach]/
wydać [vidach]
spider pająk [pīonk]
spinach szpinak [shpeenak]
spin-dryer suszarka do bielizny
[soosharka do b-yeleezni]
splinter drzazga [dJazga]
spoke (in wheel) szprycha
[shpriHa]
spoon łyżka [wishka]
sport sport
sprain zwichnięcie [zveeH-
nyencheh]
I've sprained my ...
zwichnąłem/zwichnęłam ...
[zveeHnowem/zveeHneh-wam]
spring (season) wiosna [v-yosna]

(of seat) **sprężyna** [sprenJina]

(of car) **resor**

in the spring **na wiosnę**
[v-yosneh], **wiosną** [v-yosnON]

square (in town) **plac** [plats]

stairs schody [sHodi]

stale (bread) **czerstwy** [cherstfi]

**stall: the engine keeps stalling
silnik mi gaśnie** [sheelnik mee
gash-nyeh]

stamp (noun) **znaczek** [znachek]

•••••• DIALOGUE ••••••

a stamp for England, please **proszę
znaczek do Anglii** [prosheh
znachek do anglee-ee]

what are you sending? **co pan/
pani wysyła?** [tso pan/panee visiwa]

this postcard **tą pocztówkę** [tON
pochtoofkeh]

standby lot 'standby'

star gwiazda [g-vyazda]

(in film) **gwiazda filmowa**
[feelmoya]

start (noun) **początek**
[pochontek]

(verb) **zaczynać** [zachinach]/
zacząć [zachonch]

when does it start? **o której
to się zaczyna?** [ktooray to sheh
zachina]

the car won't start **silnik się
nie zapala** [sheelneek sheh
n-yeh zapala]

starter (of car) **starter**

(food) **zakąska** [zakonska]

**starving: I'm starving umieram z
głodu** [oom-yeram z gwodoo]

state (country) **państwo** [panstfo]

the **States** (USA) **Stany** [stani]

station stacja [stats-ya],
dworzec [dvoJets]

statue rzeźba [JeJba]

stay: where are you staying? (to
man) **gdzie się pan
zatrzymał?** [gjeh sheh pan
zatshima^wuh]

(to woman) **gdzie się pani
zatrzymała?** [panee
zatshimawa]

**I'm staying at ... mieszkam
w ...** [m-yeshkam v]

**I'd like to stay another two
nights chciałbym/chciałabym
zostać jeszcze dwa dni**
[Hcha^wuhbim/Hchawabim zostach
yesh-cheh]

steak befsztyk [befshtik]

steal kraść [krash-ch]/**ukraść**

my bag has been stolen
ukradziono mi torebkę
[ookradjono mee torebkeh]

steep (hill) **stromy** [stromi]

steering układ kierowniczy
[ookwat k-yerovneechi]

**steps: on the steps na
schodkach** [sHotkaH]

stereo stereo

sterling szterling [shterleenk]

steward (on plane) **steward**
[st-yoo-ard]

stewardess stewardesa [st-yoo-
ardesa]

sticking plaster przylepiec
[pshilep-yets]

**still: I'm still here jeszcze tu
jestem** [yesh-cheh too yestem]

is he still there? **czy on tu**

jeszcze jest? [chi on too – yest]

keep still! proszę się nie ruszać! [prosheh sheh n-yeh rooshach]

sting: **I've been stung zostałem użądlony/zostałam użądlona** [zostawem ooJondloni]

stockings **pończochy** [ponchoHi]

stomach **żołądek** [JowONdek]

stomach ache ból żołądka [bool Jowontka]

stone (rock) **kamień** [kam-yen^yuh]

stop (verb) **zatrzymywać się** [zatshimiwach sheh]/**zatrzymać się** [zatshimach]

please, stop here (to taxi driver etc) **proszę się tu zatrzymać** [prosheh – too]

do you stop near ...? czy jest przystanek w pobliżu ...? [chi yest pshístanek f pobleeJoo]

stop it! proszę przestać! [prosheh pshestach]

stopover **przerwa w podróży** [psherva f podrooJi]

storm **burza** [booJa]

straight prosty [prosti]

(whisky etc) **czysty** [chisti]

it's straight ahead prosto

straightaway natychmiast [natiH-myast]

strange (odd) **dziwny** [djeevni]

stranger **nieznajomy** [n-yeznī-omi]

I'm a stranger here ja nie jestem tutejszy/tutejsza [ya n-yeh yestem tootayshi/tootaysha]

strap **pasek**

strawberry **truskawka**

[trooskafka]

stream **strumień** [stroom-yen^yuh]

street **ulica** [ooleetsa]

on the street na ulicy [ooleetsi]

streetmap **plan miasta** [m-yasta]

string **sznurek** [shnoorek]

strong silny [sheelni]

stuck zablokowany [zablokovani]

it's stuck zacięło się [zacheh-wo sheh]

student (male/female) **student** [stoodent], **studentka** [stoodentka]

stupid głupi [gwoopee]

suburb **peryferie** [perifer-yeh]

subway (US) **metro, kolejka podziemna** [kolayka podJemna]

suddenly nagle [nagleh]

suede **zamsz** [zamsh]

sugar **cukier** [tsook-yer]

suit (man's) **garnitur** [garneetoor]

(woman's) **kostium** [kost-yoom]

it doesn't suit me (jacket etc) **źle na mnie leży** [Jleh na mnyeh leJi]

it suits you (to man) **dobrze panu w tym** [dobJeh panoo f tim]

(to woman) **ładnie pani w tym** [wad-nyeh panee]

suitcase **walizka** [valeeska]

summer **lato**

in the summer w lecie [vlecheh], **latem**

sun **słońce** [swontseh]

in the sun na słońcu [swontsoo]

out of the sun w cieniu
[f chen-yoo]

sunbathe opalać się [opalach
sheh]/opalalić się [opaleech]

sunblock (cream) krem
chroniący skórę [Hron-yONtsi
skooreh]

sunburn poparzenie słoneczne
[popaJen-yeh swonechneh]

sunburnt opalony [opaloni]

Sunday niedziela [n-yedjela]

sunglasses okulary słoneczne
[okoolari swonechneh]

sun lounger (chair for lying on)
leżak [leJak]

sunny słoneczny [swonechni]
it's sunny jest pogodnie [yest
pogod-nyeh]

sunroof (in car) otwierany dach
[ot-fyerani daH]

sunset zachód słońca [zaHoot
swontsa]

sunshade parasol

sunshine słońce [swontseh]

sunstroke udar słoneczny
[oodar swonechni]

suntan opalenizna [opaleneezna]

suntan lotion krem do opalania
[opalan-ya]

suntanned opalony [opaloni]

suntan oil olejek do opalania
[olayek do opalan-ya]

super ekstra, super [sooper]

supermarket sklep
samoobsługowy [samo-
obswoogovi], Sam

supper kolacja [kolats-ya]

supplement (extra charge)
dopłata [dopwata]

sure: are you sure? (to man) czy
jest pan pewny? [chi yest pan
pevni]
(to woman) czy jest pani
pewna? [panee pevna]
(fam) czy jesteś pewny/
pewna? [yestesh]

sure! oczywiście! [ochiveesh-
cheh]

surface mail poczta zwykła
[pochta zvikwa]

surname nazwisko [nazveesko]

swearword przekleństwo
[psheklenistfo]

sweater sweter [sfeter]

sweatshirt bluza [blooza]

Sweden Szwecja [shvets-ya]

Swedish szwedzki [shvetskee]

sweet (taste) słodki [swotkee]
(noun: dessert) deser

sweets cukierki [tsook-yerkee]

swelling opuchlizna
[opooHleezna]

swim (verb) pływać [pwivach]
I'm going for a swim idę
popływać [eedeh popwivach]
let's go for a swim chodźmy
popływać [Hochmi popwivach]

swimming costume kostium
kąpielowy [kost-yoom komp-
yelovi]

swimming pool basen,
pływalnia [pwival-nya]

swimming trunks slipy
kąpielowe [sleepi komp-
yeloveh]

switch (noun) przełącznik
[psheh-wonchneek]

switch off zgasić [zgasheech]

switch on zapalić [zapaleech]
swollen spuchnięty [spooH-nyenti]

T

table stół [stoo^wuh]
(in restaurant) stolik [stoleek]
  a table for two stolik dla
  dwóch osób [dvooH osoop]
tablecloth obrus [obroos]
table tennis tenis stołowy
  [tenees stowovi]
table wine wino stołowe [veeno
  stowoveh]
tailback (of traffic) **za**tor
tailor krawiec [krav-yets]
take (verb) brać [brach]/wziąć
  [vJonch]
  can you take me to the ...? czy
  może pan/pani
  podwieźć do ...? [chi moJeh
  mnyeh pan/panee pod-vyesh-ch]
  do you take credit cards? czy
  można zapłacić kartą
  kredytową? [moJna
  zapwacheech kartON kreditovON]
  I'll take it wezmę to [vezmeh]
  can I take this? (leaflet etc) czy
  mogę to sobie wziąć? [mogeh
  to sob-yeh vJonch]
  how long does it take? jak
  długo to potrwa? [yak dwoogo
  to potrva]
  it takes three hours to potrwa
  trzy godziny
  is this seat taken? czy tu ktoś
  siedzi? [too ktosh shedjee]
  hamburger to take away

  hamburger na wynos
  [hamboorger na vinos]
  can you take a little off here?
  (to hairdresser) czy może pan/
  pani trochę tu podciąć?
  [troHeh too potchonch]
talcum powder talk [tahlk]
talk (verb) mówić [moovich]/
  powiedzieć [pov-yedjech]
tall wysoki [visokee]
tampons tampony [tamponi]
tan (noun) opalenizna
  [opaleneezna]
  to get a tan opalić się
  [opaleech sheh]
tank (of car) zbiornik
  [z-byorneek]
tap kran
tape (for cassette) taśma
  magnetofonowa [tashma
  magnetofonova]
tape measure centymetr
  [tsentimetr]
tape recorder magnetofon
taste (noun) smak
  can I taste it? czy mogę tego
  spróbować? [chi mogeh tego
  sproobovach]
taxi taksówka [taksoofka]
  will you get me a taxi? czy
  może pan/pani sprowadzić
  mi taksówkę? [chi moJeh pan/
  panee sprovadjeech mee
  taksoovkeh]
  where can I find a taxi? gdzie
  mogę złapać taksówkę? [gjeh
  mogeh zwapach]

•••••• DIALOGUES ••••••

**to the airport/to the Forum Hotel,
please** proszę na lotnisko/do
hotelu Forum [prosheh na
lotneesko]

how much will it be? ile to
wyniesie? [eeleh to vin-yesheh]

90 zlotys dziewięćdziesiąt
złotych [zwotiH]

that's fine right here, thanks w
porządku, mogę tu wysiąść
[f poJontkoo mogeh too vishonsh-ch]

I'd like to order a taxi for 8 a.m.
chciałbym/chciałabym zamówić
taksówkę na godzinę ósmą rano
[Hcha\(^{\text{vuh}}\)bim/Hchawabim zamooveech
taksoofkeh]

where are you going? dokąd
kurs? [dokont koors]

to the airport na lotnisko
[lotneesko]

where are you leaving from? a
skąd? [skont]

my address is ... podaję adres ...
[podī-eh]

what is your phone number?
numer telefonu? [noomer
telefonoo]

your journey. To be safe from
extortion, it's best to call a
radio-taxi, for which there is no
call-out charge. Because of the
inflation of the past few years,
what you actually pay is the
meter fare times a multiplier,
the current figure for the latter
being displayed on a little sign;
prices are fifty per cent higher
after 11 p.m.

Prices are also raised by fifty
per cent for journeys outside
the city limits. However, costs
are always negotiable for longer
journeys, for example, between
towns, and can work out very
reasonable if split among a
group.

---

taxi-driver taksówkarz
[taksoofkash]

taxi rank postój taksówek
[postoo\(^{\text{yuh}}\) taksoovek]

tea (drink) herbata [Herbata]

tea for one/two please proszę
jedną herbatę/dwie herbaty
[prosheh yednON herbateh/dvyeh
herbati]

Taxis are cheap enough to
make them a viable proposition
for regular use. Be wary of
unmetered taxis (unless you
agree the price in advance) and
of drivers who demand payment
in hard currency, and always en-
sure that the driver switches
on the meter when you begin
→

Tea is drunk Russian-style in the
glass, without milk and often
with lemon. Cafés and restaurants will give you hot water and
a teabag (China tea as a rule),
but in bars tea is more likely to
be **naturalna** style – a spoonful
of tea leaves with the water
poured on top.

teabags herbata w torebkach
[f torepkaн]

teach uczyć [oochich]/**nauczyć**
could you teach me? czy
może mnie pan/pani
nauczyć? [chi moлeh mnyeh
pan/panee]

teacher (man/woman) nauczyciel
[na-oochichel], **nauczycielka**

team drużyna [drooлina]

teaspoon łyżeczka [wiлechka]

tea towel ścierka do naczyń
[sh-cherka do nachinʸᵘʰ]

teenager nastolatek

teeth zęby [zembi]

telegram telegram

telephone telefon
see **phone**

television telewizja [televeez-ya]

tell: could you tell him ...?
proszę mu powiedzieć ...
[prosheh moo pov-yedjech]

temperature (weather)
temperatura [temperatoora]
(fever) gorączka [goronchka]

tennis tenis [tenees]

tennis ball piłka tenisowa
[peeᵂᵘʰka teneesova]

tennis court kort tenisowy
[teneesovi]

tennis racket rakieta tenisowa
[rak-yeta]

tent namiot [nam-yot]

term (at university) semestr
(at school) okres szkolny
[shkolni]

terminus (rail) stacja końcowa
[stats-ya kontsova]

terrible straszny [strashni]

terrific fantastyczny
[fantastichni]

than* niż [neesh], od
smaller than mniejszy od
[mnyayshi]

thank (verb) dziękować
[djenkovach]/**podziękować**
thanks, thank you dziękuję
[djenkoo-yeh]
thank you very much dziękuję
bardzo [bards-o]
thanks for the lift dziękuję
bardzo za podwiezienie
no thanks dziękuję, nie
[n-yeh]

•••••• DIALOGUE ••••••

thanks dziękuję
that's OK, don't mention it
drobiazg, nie ma o czym mówić
[drob-yask n-yeh ma o chim
mooveech]

that*: that boy ten chłopiec
[нwop-yets]
that girl ta dziewczyna
[djefchina]
that one ten/ta/to
(further away) tamten/tamta/
tamto
I hope that ... mam nadzieję,
że ... [nadjayen лeh]
that's nice jak to miło [yak to
meewo]
is that ...? czy to jest ...? [chi
to yest]
that's it! (that's right) właśnie!
[vwash-nyeh]
the*
theatre teatr [teh-atr]

their* ich [eeH]
theirs* ich
them* ich
  for them dla nich [neeH]
  with them z nimi
  who? – them (people/things)
  kto? – oni/one [onee/oneh]
then (at that time) wtedy [ftedi]
  (after that) potem
there tam
  over there tam
  up there tam u góry [oo goori]
  is/are there ...? czy jest/są ...?
  [chi yest/sON]
  there is ... jest ...
  there are ... są ...
  there you are (giving something)
  proszę [prosheh]
thermometer termometr
Thermos® flask termos
these*: these men ci mężczyźni
  [chee]
  these women te kobiety [teh]
  I'd like these poproszę te
  [poprosheh teh]
they* one [oneh], oni (mpl)
  [onee]
thick gruby [groobi]
  (forest, hair) gęsty [gensti]
  (stupid) tępy [tempi]
thief (man/woman) złodziej
  [zwodjay], złodziejka
  [zwodjayka]
thigh udo [oodo]
thin cienki [chenkee]
thing rzecz [Jech]
  my things moje rzeczy [moyeh
  Jechi]
think myśleć [mishlech]

I think so chyba tak [Hiba tak]
I don't think so chyba nie
  [n-yeh]
I'll think about it pomyślę o
  tym [pomishleh o tim]
third party insurance
  ubezpieczenie od
  odpowiedzialności cywilnej
  [oobesp-yechen-yeh ot otpov-
  yedjalnosh-chee tsiveelnay]
thirsty: I'm thirsty chce mi się
  pić [Htseh mee sheh peech]
this*: this boy ten chłopiec
  this girl ta dziewczyna
  this one ten/ta/to
  this is my wife to moja żona
  [moya Jona]
  is this ...? czy to ...? [chi]
those*: those men ci mężczyźni
  [chee]
  those women te kobiety [teh]
  which ones? – those które? –
  te [ktooreh]
thread (noun) nitka [neetka]
throat gardło [gardwo]
throat pastilles pastylki od bólu
  gardła [pastilkee od booloo
  gardwa]
through przez [pshez]
  does it go through ...? (train,
  bus) czy przejeżdża przez ...?
  [chi pshayeJdja]
throw (verb) rzucać [Jootsach]/
  rzucić [Joocheech]
throw away (verb) wyrzucać
  [viJoochach]/wyrzucić
  [viJoocheech]
thumb kciuk [kchook]
thunderstorm burza [booJa]

141

Thursday czwartek [chvartek]
ticket bilet [beelet]

•••••• DIALOGUE ••••••

a return to Olsztyn powrotny do
Olsztyna [povrotni do olshtina]
coming back when? kiedy pan/
pani wraca? [k-yedi pan/panee
vratsa]
today/next Tuesday dzisiaj/w
przyszły wtorek [djeeshī/f pshishwi
ftorek]
that will be 8 zlotys osiem złotych
[zwotiH]

ticket office (bus, rail) kasa
biletowa [beeletova]
tide: high tide przypływ
[pshipwif]
low tide odpływ [otpwif]
tie (necktie) krawat [kravat]
tight (clothes etc) ciasny [chasni]
it's too tight to jest za ciasne
[yest za chasneh]
tights rajstopy [rīstopi]
till kasa
time* czas [chas]
what's the time? która
godzina? [ktoora godjeena]
this time tym razem [tim]
last time zeszłym razem
[zeshwim]
next time następnym razem
[nastempnim]
three times trzy razy [tshi razi]
timetable rozkład jazdy [rozkwat
yazdi]
tin (can) puszka [pooshka]
tinfoil cynfolia [tsinfol-ya]
tin-opener otwieracz do puszek

[ot-fyerach do pooshek]
tiny maleńki [malenkee]
tip (to waiter etc) napiwek
[napeevek]

There are no hard and fast rules
about tipping, but a common
practice is to round the bill
up to the nearest 1,000 złotys,
except in upmarket places,
where leaving ten per cent is the
established practice.

tired zmęczony [zmenchoni]
I'm tired jestem zmęczony/
jestem zmęczona [yestem
zmenchoni]
tissues chusteczki
jednorazowe [Hoostechkee
yednorazoveh]
to: to Wroclaw/London do
Wrocławia/Londynu
[vrotswav-ya/londinoo]
to Germany/England do
Niemiec/Anglii [n-yem-yets/
anglee-ee]
to the post office na pocztę
[pochteh]
toast (bread) grzanka [gJanka],
tost
today dziś [djeesh]
toe palec u nogi [palets oo
nogee]
together razem
we're together (in shop etc)
jesteśmy razem [yesteshmi]
toilet toaleta
where is the toilet? gdzie jest
toaleta? [gjeh yest]

I have to go to the toilet
muszę iść do toalety [moosheh
eesh-ch do toaleti]

Public toilets (**toalety, ubikacja**
or **WC**) are generally found at
railway and bus stations, in
restaurants, museums, pubs
and other public places. They
are usually fresh, clean and in
good working order, with soap
dispensers or bars of soap,
paper towels or hand dryers
and no shortage of toilet paper.
Most of them are **płatne**, i.e. you
pay 20-50 groszy.

toilet paper papier toaletowy
[pap-yer to-aletovi]
token (for phone) żeton [Jeton]
tomato pomidor [pomeedor]
tomato juice sok pomidorowy
[pomeedorovi]
tomato ketchup keczup
[kechoop]
tomorrow jutro [yootro]
tomorrow morning jutro rano
the day after tomorrow
pojutrze [po-yootsheh]
toner (cosmetic) tonik
kosmetyczny [toneek
kosmetichni]
tongue język [yenzik]
tonic (water) tonik [toneek]
tonight dziś wieczorem [djeesh
v-yechorem]
tonsillitis angina [angeena]
too (excessively) za
(also) też [tesh]

too hot za gorąco [gorontso]
too much za dużo [dooJo]
me too ja też [ya tesh]
tooth ząb [zomp]
toothache ból zęba [bool zemba]
toothbrush szczoteczka do
zębów [sh-chotechka do
zemboof]
toothpaste pasta do zębów
top: on top of ... na
powierzchni... [pov-yeshHnee]
at the top na górze [gooJeh]
at the top of ... na górze ...
top floor górne piętro [goorneh
p-yentro]
topless toples
torch latarka
total (noun) suma [sooma]
touch (verb) dotykać [dotikach]/
dotknąć [dotk-nonch]
do not touch! nie dotykaj!
tour (noun) wycieczka
[vichechka]
is there a tour of ...? czy są
wycieczki po ...? [chi son
vichechkee]
tour guide (man/woman)
przewodnik [pshevodneek],
przewodniczka
[pshevodneechka]
tourist turysta m [toorista],
turystka f [tooristka]
tourist information office biuro
informacji turystycznej
[b-yooro eenformats-yee
tooristichnay]

As a rule, Orbis offices are open from 9 or 10 a.m. until 5 p.m. (or later in major cities) during the week; hours are shorter on Saturdays, sometimes with closure on alternate weeks. Other tourist information offices are normally open Monday to Friday 9 a.m. to 4 p.m.

tour operator biuro podróży [podrooɹi]
towards w kierunku [f k-yeroonkoo]
towel ręcznik [renchneek]
town miasto [m-yasto]
  in town w mieście [v m-yesh-cheh]
  just out of town tuż za miastem [toosh za m-yastem]
town centre centrum miasta [tsentroom m-yasta]
town hall ratusz [ratoosh]
toy zabawka [zabafka]
track (US) peron
tracksuit dres sportowy [sportovi]
traditional tradycyjny [traditsee-ni]
traffic ruch drogowy [rooн drogovi]
traffic jam korek
traffic lights światła [sh-fyatwa]
trailer przyczepa [pshichepa]
trailer park camping dla przyczep turystycznych [kampeenk dla pshichep tooristichniн]

train pociąg [pochonk]
  by train pociągiem [pochong-yem]

•••••• DIALOGUE ••••••

is this the train for Giżycko? czy to jest pociąg do Giżycka? [chi to yest pochonk do geeɹitska]
sure/no, you want that platform there tak/nie, musi pan/pani przejść na tamten peron [n-yeh mooshee pan/panee pshaysh-ch na tamten peron]

Polish State Railways (**PKP**) is a reasonably efficient organization and runs three main types of train:
Express services (**ekspresowy**) are the ones to go for if you're travelling long distances, as they stop at the main cities only (although they are generally extremely slow). Expresses are marked in red on timetables, with an R in a box alongside. So-called fast trains (**pośpieszne**), again marked in red, have more stops, and reservations are optional.
The normal services (**normalne** or **osobowe**) are shown in black and should be avoided whenever possible: they stop at every stop.
Fares are very reasonable compared to Western prices. It's worth paying the fifty per cent extra to travel first class or make →

a reservation (**miejscówka**) as trains can be crowded; a reservation is compulsory on express trains. Reservations can be made up to sixty days in advance, or ninety days for return trips.

Most long inter-city journeys are best done overnight; they're often conveniently timed so that you leave around 10 or 11 p.m. and arrive between 6 and 9 a.m. For these, it's best to book either a sleeper (**sypialny**) or a couchette; the total cost will probably be little more than a room in a cheap hotel.

Buying tickets is no problem in small places, but in the main train stations long queues are endemic. As an alternative to the station queues, you can buy tickets for journeys of over 100km at Orbis offices.

trainers (shoes) **adidasy**
[adeedasi]
train station dworzec kolejowy
[dvoJets kolayovi]
tram tramwaj [tramvī]

Trams are the basis of the public transport system in nearly all Polish cities. They usually run from about 5 a.m. to midnight, and departure times are clearly posted at the stops. Tickets must be bought from →

Ruch kiosks. On boarding, you should immediately cancel your ticket in one of the machines. If you change trams, you'll need a second ticket.
see **bus**

translate tłumaczyć
[twoomachich]/**przetłumaczyć**
[pshetwoomachich]
could you translate that? czy może to pan/pani przetłumaczyć? [chi moJeh to pan/panee]
translator (man/woman) **tłumacz**
[twoomach], **tłumaczka**
[twoomachka]
trash (waste) **śmieci** [sh-myechee]
trashcan pojemnik na śmieci
[poyemneek]
travel podróżować
[podrooJovach]
we're travelling around Wielkopolska/the Mazurian District zwiedzamy Wielkopolskę/Mazury
[z-vyeds-ami v-yelkopolskeh/mazoori]
travel agent's biuro podróży
[b-yooro podrooJi]
travellers' cheque czek podróżny [chek podrooJni]
tray taca [tatsa]
tree drzewo [dJevo]
tremendous kolosalny
[kolosalni]
trendy modny [modni]
trim: just a trim please (to hairdresser) **proszę tylko**

podciąć [prosheh tilko potchonch]

trip (excursion) wycieczka [vichechka]

I'd like to go on a trip to ... chciałbym/chciałabym zrobić wycieczkę do ... [Hcha^wuh bim/Hchawabim zrobeech vichechkeh]

trolley wózek [voozek]

trolleybus trolejbus [trolayboos]

trouble (noun) problem [problem]

I'm having trouble with ... mam problemy z ... [problemi z]

trousers spodnie [spod-nyeh]

true prawdziwy [pravdjeevi]

that's not true to nieprawda [n-yepravda]

trunk (US: of car) bagażnik [bagaɹneek]

trunks (swimming) slipy kąpielowe [sleepi kompyeloveh]

try (verb) próbować [proobovach]

can I try it? (food, at doing something) czy mogę spróbować? [chi mogeh sproobovach]

try on przymierzać [pshim-yeɹach]

can I try it on? czy można przymierzyć? [chee moɹna pshim-yeɹich]

T-shirt koszulka bawełniana [koshoolka baveh^wuh nyana]

Tuesday wtorek [ftorek]

tuna tuńczyk [toonchik]

tunnel tunel [toonel]

turn: turn left/right skręcić w lewo/skręcić w prawo [skrencheech vlevo/skrentseech f pravo]

turn off: where do I turn off? w którym miejscu mam skręcić z głównej drogi? [f ktoorim myaystsoo mam skrencheech zgwoovnay drogee]

can you turn the heating off? czy może pan/pani wyłączyć ogrzewanie? [chi moɹeh pan/panee viwonchich ogɹevan-yeh]

turn on: can you turn the heating on? czy może pan/pani włączyć ogrzewanie? [vwonchich]

turning (in road) przecznica [pshechneetsa]

first turning on the left pierwsza przecznica w lewo

TV telewizja [televeez-ya]

tweezers szczypczyki [shchipchikee]

twice dwa razy [dva razi]

twice as much dwa razy tyle [tileh]

twin room pokój z dwoma łóżkami [pokoo^yuh z dvoma wooshkamee]

twist: I've twisted my ankle zwichnąłem/zwichnęłam nogę w kostce [zveeHnowem/zveeHneh-wam nogeh f kost-tseh]

type (noun) rodzaj [rods-ī]

another type of ... ... innego rodzaju [eennego rods-ī-oo]

typical typowy [tipovi]

tyre opona

U

ugly brzydki [bJitkee]

UK Wielka Brytania [v-yelka britan-ya]

ulcer wrzód [vJoot]

umbrella parasol

uncle wuj [voo^yuh]

unconscious nieprzytomny [n-yepshitomni]

under (in position) pod (less than) poniżej [poneeJay]

underdone (meat) niedosmażony [n-yedosmaJoni]

underground (railway) metro, kolejka podziemna [kolayka podJemna]

see bus

underpants slipy [sleepi]

understand rozumieć [rozoom-yech]/zrozumieć

I understand rozumiem [rozoom-yem]

I don't understand nie rozumiem [n-yeh]

do you understand? czy pan/pani rozumie? [chi pan/panee rozoom-yeh]

unemployed bezrobotny [bezrobotni]

unfashionable niemodny [n-yemodni]

United States Stany Zjednoczone [stani z-yednochoneh]

university uniwersytet [ooneeversitet]

unleaded petrol benzyna bezołowiowa [benzina bezowov-yova]

unlimited mileage nieograniczony przebieg [n-yeograneechoni psheb-yek]

unlock otworzyć [otfoJich]

unpack rozpakować [rospakovach]

until* aż do [ash]

unusual niezwykły [n-yezvikwi]

up do góry [goori]

up there u góry [oo]

he's not up yet (not out of bed) jeszcze nie wstał [yesh-cheh n-yeh fsta^wuh]

what's up? (what's wrong?) co się tu dzieje? [tso sheh too djayeh]

upmarket (restaurant, hotel etc) wysokiej klasy [visokyay klasi]

upper circle galeria drugiego piętra [galer-ya droog-yego p-yentra]

upset stomach roztrój żołądka [rostroo-yuh Jowontka]

upside down do góry nogami [goori nogamee]

upstairs na piętrze [p-yentsheh]

up-to-date aktualny [aktoo-alni]

urgent pilny [peelni]

us* nas

with us z nami [znamee]

for us dla nas

USA USA [oo es a]

use (verb) używać [ooJivach]

may I use ...? czy mogę

skorzystać z …? [chi mogeh skoJistach s]

useful użyteczny [ooJitechni]

usual zwykły [zvikwi]
  the usual (drink etc) to co zwykle [tso zvikleh]

V

vacancy: do you have any vacancies? (hotel) czy mają państwo wolne pokoje? [chi mī-ON panstfo volneh pokoyeh]
  see room

vacation (from university) przerwa semestralna [psherva] (US: holiday) wakacje [vakats-yeh]
  on vacation na wakacjach [vakats-yaH]

vaccination szczepienie [sh-chep-yen-yeh]

vacuum cleaner odkurzacz [otkooJach]

valid (ticket etc) ważny [vaJni]
  how long is it valid for? jak długo zachowuje ważność? [yak dwoogo zaHovooyeh vaJnosh-ch]

valley dolina [doleena]

valuable (adj) cenny [tsen-ni]

van furgonetka [foorgonetka]

vanilla wanilia [vaneel-ya]
  a vanilla ice cream lody waniliowe [lodi vaneel-yoveh]

vary: it varies to różnie bywa [rooJ-nyeh biva]

vase wazon [vazon]

veal cielęcina [chelentseena]

vegetables jarzyny [yaJini]

vegetarian (man/woman) jarosz [yarosh], jaroszka [yaroshka]

vegetarian dishes dania jarskie [dan-ya yarsk-yeh]

vending machine automat towarowy [owtomat tovarovi]

very bardzo [bards-o]
  very little for me dla mnie tylko troszeczkę [mnyeh tilko troshechkeh]
  I like it very much bardzo mi się to podoba [mee sheh]

vest (under shirt) podkoszulka [potkoshoolka]

via przez [pshez]

video (noun: film) wideo [veedeh-o] (recorder) magnetowid [magnetoveet]

view widok [veedok]

villa willa [veel-la]

village wieś f [v-yesh]

vinegar ocet [otset]

vineyard winnica [veen-neetsa]

visa wiza [veeza]

visit (verb: person) odwiedzać [od-vyedsach]/odwiedzić [od-vyedjeech] (person: place) zwiedzać [z-vyedsach]/zwiedzić [z-vyedjich]
  I'd like to visit … chciałbym/chciałabym zwiedzić … [Hcha^wuh bim/Hchawabim]

Vistula Wisła [veeswa]

vital niezbędne [n-yezbendneh]
  it's vital that we do that musimy to bezwzględnie

zrobić [moosheemi to
bezvzglend-nyeh zrobeech]
vodka wódka [vootka]

> It's with vodka (**wódka**) that the
> Poles really get into their stride.
> Best of the clear vodkas are
> **Żytnia**, **Krakus** and **Wyborowa**,
> valuable export earners often
> more easily available abroad
> than at home. A perfectly
> acceptable everyday substitute
> is **Polonez**, one of the most
> popular brands.
>
> Of the flavoured varieties, first
> on most people's list is
> the legendary **Żubrówka**,
> infused with bison grass
> from the Białowieża forest –
> there's a stem in every bottle.
> **Pieprzówka**, by contrast, has a
> sharp, peppery flavour. The ju-
> niper-flavoured **Myśliwska**
> tastes a bit like gin, while the
> whisky-coloured **Jarzębiak** is fla-
> voured with rowanberries.
> Others to look out for are
> **Wiśniówka**, a sweetish strong
> wild cherry concoction; **Krupnik**,
> which is akin to whisky liqueur;
> **Cytrynówka**, a lemon vodka;
> and **Miodówka**, a rare honey
> vodka. Last but by no means
> least on any basic list comes
> **Pejsachówka**, which, at 75 per
> cent proof, is by far the strong-
> est on the market, rivalled in
> strength only by the home-
> produced **bimber**, the Polish →

> version of moonshine. Ideally
> vodka is served neat, well-
> chilled, in measures of 25,
> 50 or 100 grammes and knocked
> back in one go, with a mineral
> water chaser.

voice głos [gwos]
voltage napięcie [nap-yencheh]

> Electricity is the standard con-
> tinental 220 volts. Round two-
> pin plugs are used so you'll need
> to bring an adapter.

vomit wymiotować [vim-
yotovach]/**zwymiotować**

W

waist talia [tal-ya]
waistcoat kamizelka
  [kameezelka]
wait czekać [chekach]/**poczekać**
  wait for me proszę na mnie
  poczekać [prosheh na mnyeh
  pochekach]
  don't wait for me proszę na
  mnie nie czekać [n-yeh]
  can I wait until my wife gets
  here? chciałbym poczekać na
  moją żonę [нchaᵘʰbim
  pochekach na moyON Joneh]
  can you do it while I wait?
  czy może to pan/pani zrobić
  na poczekaniu? [chi moJeh to
  pan/panee zrobeech na
  pochekan-yoo]
  could you wait here for me?

czy może tu pan na mnie
zaczekać? [moJeh too pan na
mnyeh zachekach]
waiter kelner
waiter! proszę pana! [prosheh]
waitress kelnerka
waitress! proszę pani!
[prosheh panee]
wake: can you wake me up at
5.30? proszę mnie obudzić o
godzinie piątej trzydzieści
[prosheh mnyeh oboodjeech o
godjeen-yeh]
wake-up call budzenie
telefoniczne [boodsen-yeh
telefoneechne]
Wales Walia [val-ya]
walk: is it a long walk? czy to
daleki spacer? [chi to dalekee
spatser]
it's only a short walk to tylko
krótki spacer [tilko krootkee]
I'll walk pójdę piechotą
[poo^yuh deh p-yeHotoN]
I'm going for a walk idę na
spacer [eedeh]
Walkman® walkman [wokmen]
wall (inside) ściana [sh-chana]
(outside) mur [moor]
wallet portfel
want: I want a ... chcę ...
[Htseh]
I don't want any ... nie
chcę ... [n-yeh]
I want to go home chcę
wracać do domu
I don't want to nie chcę
what do you want? czego
pan/pani chce? [chego

pan/panee]
ward (in hospital) oddział [od-
dja^wuh]
warm ciepły [chepwi]
I'm so warm jest mi bardzo
ciepło [yest mee bards-o
chepwo]
Warsaw Warszawa [varshava]
was*: he was on był [bi^wuh]
she was ona była [biwa]
it was ono było [biwo]
wash (clothes) prać [prach]/
uprać [ooprach]
(oneself) myć się [mich sheh]/
umyć się [oomich]
can you wash these? czy
może to pan/pani uprać? [chi
moJeh to pan/panee ooprach]
washer (for bolt etc) podkładka
[potkwatka]
washhand basin umywalka
[oomivalka]
washing (clothes) pranie [pran-
yeh]
washing machine pralka
washing powder proszek do
prania [proshek do pran-ya]
washing-up liquid płyn do
zmywania naczyń [pwin do
zmivan-ya nachin^yuh]
wasp osa
watch (wristwatch) zegarek
will you watch my things for
me? czy może mi pan/pani
popilnować rzeczy? [chi
moJeh mee pan/panee
popeelnovach Jechi]
watch out! uwaga! [oovaga]
watch strap pasek do zegarka

water woda [voda]
   may I have some water? czy
   mogę prosić o trochę wody?
   [chi mogeh prosheech o troнeh
   vodi]
waterproof (adj)
   nieprzemakalny
   [n-yepshemakalni]
waterskiing narciarstwo wodne
   [narcharstfo vodneh]
wave (in sea) fala
way droga
   it's this way to tędy [tendi]
   it's that way to tamtędy
   [tamtendi]
   is it a long way to ...? czy
   daleko do ...? [chi]
   no way! nie ma mowy! [n-yeh
   ma movi]

• • • • • • DIALOGUE • • • • • •

   could you tell me the way to ...?
   proszę mi powiedzieć którędy
   do ...? [prosheh mee pov-yedjech
   ktoorendi do]
   go straight on until you reach the
   traffic lights proszę iść prosto, aż
   do świateł [eesh-ch – ash do sh-
   fyatełwuн]
   turn left skręcić w lewo
   [skrencheech vlevo]
   take the first on the right skręcić w
   pierwszą przecznicę na prawo
   [f p-yerfshoN pshechneetseh na pravo]
   see where?

we* my [mi]
weak słaby [swabi]
weather pogoda
wedding ślub [shloop]

Wednesday środa [shroda]
week tydzień [tidjeńyuн]
   a week (from) today od dziś
   za tydzień [djeesh]
   a week (from) tomorrow od
   jutra za tydzień [ot yootra]
weekend weekend [weekent]
   at the weekend w czasie
   weekendu [f chasheh
   weekendoo]
weight waga [vaga]
weird dziwaczny [djeevachni]
weirdo dziwadło [djeevadwo]
welcome: welcome to ...
   witamy w ... [veetami v]
   you're welcome proszę
   bardzo [prosheh bards-o]
well: I don't feel well źle się
   czuję [Jleh sheh choo-yeh]
   she's not well ona źle się
   czuję [Jleh sheh choo-yeh]
   you speak English very well
   pan/pani mówi bardzo
   dobrze po angielsku [pan/
   panee moovee bards-o dobjeh po
   ang-yelskoo]
   well done! brawo! [bravo]
   this one as well ten też [tesh]
   well well! (surprise) no proszę!
   [prosheh]

• • • • • • DIALOGUE • • • • • •

   how are you? jak się pan/pani
   ma? [yak sheh pan/panee]
   very well, thanks, and you?
   dziękuję, bardzo dobrze, a pan/
   pani? [djenkoo-yeh bards-o dobjeh]

well-done (meat) wysmażone
   [vismaJoneh]

Welsh walijski [valee-skee]
I'm Welsh (man/woman) jestem
Walijczykiem/Walijką
[yestem valee-chik-yem/valee-KON]
were*: we were byliśmy/
byłyśmy [bileeshmi/biwishmi]
you were (sing, fam) byłeś/
byłaś [biwesh/biwash]
(sing, pol) pan był/pani była
[bi^wuh/panee biwa]
they were (men/women) byli/
były [biwi]
west zachód [zaHoot]
in the west na zachodzie
[zaHodjeh]
West Indian (adj)
zachodnioindyjski [zaHod-nyo-
eendee-skee]
wet wilgotny [veelgotni]
what? co takiego? [tso tak-yego]
what's that? co to jest? [yest]
what should I do? co mam
zrobić? [zrobeech]
what a view! ale widok! [aleh
veedok]
what bus do I take? jakim
autobusem mam jechać?
[yakeem owtoboosem mam
yeHach]
wheel koło [kowo]
wheelchair wózek inwalidzki
[voozek eenvaleetskee]
when? kiedy? [k-yedi]
when we get back kiedy
wrócimy [k-yedi vroocheemi]
when's the train/ferry? o której
godzinie odchodzi pociąg/
prom? [ktooray godjeen-yeh

otHodjee]
where? gdzie? [gjeh]
I don't know where it is nie
wiem, gdzie to jest [n-yeh
v-yem – yest]

•••••• DIALOGUE ••••••

where is the cathedral? gdzie jest
katedra?
it's over there tam
could you show me where it is on
the map? czy może mi pan/pani
pokazać na mapie? [chi moJeh
mee pan/panee pokazach na map-yeh]
it's just here tutaj [tootī]
see way

which: which bus? który
autobus? [ktoori owtoboos]

•••••• DIALOGUE ••••••

which one? który/która/które?
[ktoori/ktoora/ktooreh]
that one ten/ta/to
this one? czy ten/ta/to? [chi]
no, that one nie, tamten/tamta/
tamto [n-yeh]

while: while I'm here podczas
gdy tu jestem [podchas gdi too
yestem]
whisky 'whisky'
white biały [b-yawi]
white wine białe wino [b-yaweh
veeno]
who? kto?
who is it? kto tam?
the man who ... człowiek,
który ... [chwov-yek ktoori]
whole: the whole week cały
tydzień [tsawi tidjen^yuh]

the whole lot wszystko [fshistko]

whose: whose is this? czyje to jest? [chi-yeh to yest]

why? dlaczego? [dlachego]

why not? dlaczego nie? [n-yeh]

wide szeroki [sherokee]

wife: my wife moja żona [moya Jona]

will*: will you do it for me? czy to pan/pani dla mnie zrobi? [chi to pan/panee dla mnyeh zrobee]

wind (noun) wiatr [v-yatr]

window okno

near the window przy oknie [pshi ok-nyeh]

in the window (of shop) na wystawie [vistav-yeh]

window seat miejsce przy oknie [myaystseh pshi ok-nyeh]

windscreen przednia szyba [pshed-nya shiba]

windscreen wiper wycieraczka [vicherachka]

windsurfing windsurfing [weendsoorfeenk]

windy: it's so windy dziś jest duży wiatr [djeesh yest dooJi v-yatr]

wine wino [veeno]

can we have some more wine? czy możemy prosić o jeszcze więcej wina? [chi moJemi prosheech o yesh-cheh v-yentsay veena]

wine list karta win [veen]

winter zima [Jeema]

in the winter w zimie [vJeem-yeh]

winter holiday wakacje zimowe [vakats-yeh Jeemoveh]

wire drut [droot]

(electric) przewód [pshevoot]

wish: best wishes najlepsze życzenia [nīlepsheh Jichen-ya]

with* z

I'm staying with ... mieszkam u ... [m-yeshkam oo]

without* bez

witness świadek [sh-fyadek]

will you be a witness for me? czy będzie pan/pani moim świadkiem? [chi bends-yeh pan/panee mo-eem sh-fyad-kyem]

woman kobieta [kob-yeta]

---

women

Sexual harassment is less obviously prevalent than in the West, but lack of familiarity with the cultural norms means it's easier to misinterpret situations, and rural Poland is still extremely conservative: the further out you go, the more likely it is that women travelling alone will attract bemused stares. If you do encounter problems, you'll invariably find other Poles willing to help – the Polish people are renowned for their hospitality to strangers and will do much to make you feel welcome. The only particular places to avoid are the more old-fashioned drinking places →

and hotel nightclubs, where plenty of men will assume you're a prostitute.

wonderful cudowny [tsoodovni]

won't*: it won't start (engine) nie chce się zapalić [n-yeh Htseh sheh zapaleech]

wood (material) drewno [drevno]

woods (forest) las

wool wełna [veh^{wuh}na]

word słowo [swovo]

work (noun) praca [pratsa]
  it's not working to nie działa [n-yeh djawa]
  I work in ... pracuję w ... [pratsoo-yeh v]

world świat [sh-fyat]

World War II druga wojna światowa [drooga voyna sh-fyatova]

worry martwić sie [martfeech sheh]/zmartwić się
  I'm worried jestem zmartwiony/zmartwiona [yestem zmart-fyoni/zmart-fyona]
  don't worry proszę się nie martwić [prosheh sheh n-yeh martfeech]

worse gorszy [gorshi]
  it's worse jest gorzej [yest goJay]

worst najgorszy [nīgorshi]

worth: is it worth a visit? czy to warto zwiedzić? [chi to varto z-vyedjeech]

would: would you give this to ...? czy mógłby pan/mogłaby pani dać to ...? [chi

moog^{wuh}bi pan/mogwabi panee dach]

wrap: could you wrap it up? proszę to zapakować [prosheh to zapakovach]

wrapping paper papier do pakowania [pap-yer do pakovan-ya]

wrist nadgarstek [nadgarstek]

write pisać [peesach]/napisać
  could you write it down? proszę to napisać [prosheh to napeesach]
  how do you write it? jak to się pisze? [yak to sheh peesheh]

writing paper papier listowy [pap-yer leestovi]

wrong: it's the wrong key to nie ten klucz [n-yeh]
  this is the wrong train to nie ten pociąg
  the bill's wrong rachunek się nie zgadza [raHoonek sheh n-yeh zgadsa]
  sorry, wrong number przepraszam, to pomyłka [psheprasham to pomi^{wuh}ka]
  sorry, wrong room przepraszam, to nie ten pokój [psheprasham]
  there's something wrong with ... coś jest nie w porządku z ... [tsosh yest n-yeh fpoJontkoo]
  what's wrong? co tu się dzieje? [tso too sheh djayeh]

X

X-ray rentgen

Y

yacht jacht [yaнt]
yard*
year rok
yellow żółty [Joo^{wuh}ti]
yes tak
yesterday wczoraj [fchorï]
  yesterday morning wczoraj
  rano
  the day before yesterday
  przedwczoraj [pshetfchorï]
yet jeszcze [yesh-cheh]

•••••• DIALOGUE ••••••

  is it here yet? czy to już jest? [chi
  to yoosh yest]
  no, not yet jeszcze nie [n-yeh]
  you'll have to wait a little longer yet
  będzie musiał pan/musiała pani
  jeszcze trochę poczekać [bendjeh
  moosha^{wuh} pan/mooshawa panee –
  troнeh pochekach]

yoghurt jogurt [yogoort]
you* (sing, fam) ty [ti]
  (pol) **pan/pani** [panee]
  (pl, pol) **państwo** [panstfo]
  this is for you (sing, fam) to dla
  ciebie [cheb-yeh]
  (pol) to dla **pana/pani**
  (pl, pol) to dla **państwa**
  with you (sing, fam) z tobą
  [stoboN]
  (sing, pol) z **panem/panią**
  [pan-yoN]

> There are different words for
> 'you' in Polish. Poles address
> each other formally, unless they →

are well acquainted. The polite
forms of 'you' (**pan** to a man
and **pani** to a woman) are used
by younger people addressing
their elders and at work
between people of different
status. You should always speak
to a stranger, or even a comparative stranger, using **pan** or **pani**.
Państwo is the polite plural
form. **Ty** is the familiar word for
'you' and is used among family
members (but not by young people to the elderly), close friends,
young people and children.
see **Basics** page 21

young młody [mwodi]
your/yours* (sing, fam) twój
  [tfoo^{yuh}], twoja [tfoya], twoje
  [tfoyeh]
  (pol: man/woman) **pana/pani**
  [panee]
youth hostel schronisko
  młodzieżowe [sнroneesko
  mwodjeJoveh]

Z

zero zero
zip zamek błyskawiczny
  [bwiskaveechni]
  could you put a new zip on?
  czy może pan/pani tu wszyć
  zamek błyskawiczny? [chi
  moJeh pan/panee too fshich]
zip code kod pocztowy
  [pochtovi]
zoo zoo [zo-o]

Polish-English

COLLOQUIALISMS

The following are words you may well hear. You shouldn't be tempted to use any of the stronger ones unless you are sure of your audience.

cholera! [Holera] damn!, shit!
cicho bądź! [cheeHo bonch] shut up!
cześć! [chesh-ch] hi!, hello!; cheerio!, bye!
ekstra! great!
idiota [eed-yota] nutter
kretyn [kretin] twit
kurwa! fuck!
nie ma mowy! [movi] no way!
świnia [shfeen-ya] pig; bastard
tępak [tempak] thickhead
wariat [var-yat] barmy
wykończony [vikonichoni] knackered
zalany [zalani] pissed
zjeżdżaj! [z-yeɹdji] get lost!

A

a and
abonament season ticket
absurdalny [apsoordalni]
  ridiculous
aby [abi] to, in order to
adapter record player
adidasy [adeedasi] trainers
adoptowany [adoptovani]
  adopted
adres address
adresat addressee
adwokat [advokat] lawyer,
  solicitor
afisz [afeesh] poster
afrykański [afrikanskee] African
agencja [agents-ya] agency
agrafka safety pin
agresywny [agresivni]
  aggressive
ajent [ī-ent] agent
aksamit [aksameet] velvet
aktor actor
aktorka actress
aktówka [aktoofka] briefcase
aktualny [aktoo-alni] up-to-date,
  current
akumulator [akoomoolator]
  battery (for car)
akwarela [akfarela] water-
  colour
al. Ave
alarm pożarowy [poJarovi] fire
  alarm
albo or
ale [aleh] but
aleja [alaya] avenue
alejka [alayka] lane

alergia [alerg-ya] allergy
ależ [alesh] but
  ależ tak! oh yes!; of course!
amatorski [amatorskee] non-
  professional, amateur
ambasada embassy
ambitny [ambeetni] ambitious
ambona pulpit
Ameryka [amerika] America
amerykański [amerikanskee]
  American
amortyzator [amortizator] shock-
  absorber
Angielka [ang-yelka]
  Englishwoman
angielski [ang-yelskee] English
angina [angeena] tonsillitis
Anglia [ang-lya] England
Anglicy [angleetsi] the English
Anglik [angleek] Englishman
ani ... ani ... [anee] neither ...
  nor ...
antena aerial
antybiotyk [antibi-otik] antibiotic
antyhistamina [antiheestameena]
  antihistamine
antykoncepcyjny
  [antikontseptsee-ni]
  contraceptive
antykwariat [antikfar-yat]
  antique shop; second hand
  bookshop/bookstore
antyseptyczny [antiseptichni]
  antiseptic
aparat fotograficzny
  [fotografeechni] camera
aparat słuchowy [swooHovi]
  hearing aid
apartament suite

apetyt [apetit] appetite

apteka pharmacy, chemist's

apteka dyżurna [diJoorna] duty
pharmacy

architekt [arHeetekt] architect

architektura [arHeetektoora]
architecture

aresztować [areshtovach] to
arrest

arkusz [arkoosh] sheet (of paper)

artykuły chemiczne [artikoowi
Hemeechneh] household
cleaning materials

artykuły piśmienne [peesh-
myenneh] stationer's

artykuły pościelowe [posh-
cheloveh] bed linen

artykuły spożywcze [spoJifcheh]
groceries

artysta m [artista], artystka f
[artistka] artist

aspiryna [aspeerina] aspirin

atak attack; fit

atak serca [sertsa] heart attack

atleta athlete; body builder

atłas [atwas] satin

atrakcje [atrakts-yeh] attractions

atrakcyjny [atraktsee-ni]
attractive

atrament ink

audycja [owditsya] broadcast;
radio programme

australijski [owstralee-skee]
Australian

Austria [owstr-ya] Austria

autentyczny [owtentichni]
genuine

auto [owto] car

autobus [owtoboos] bus

POLISH ❖ ENGLISH

Ap

autobusem by bus

autobus nocny [notsni] night
bus

autobus pośpieszny [poshp-
yeshni] limited stop bus
(more expensive service)

linia autobusowa [leen-ya
owtoboosova] bus route

autokar [owtokar] coach

automat [owtomat] slot machine

automat sprzedający bilety
[spshedī-ontsi beeleti] ticket
vending machine

automat sprzedający napoje
drinks dispenser

automat telefoniczny
[telefoneechni] payphone

automatyczna skrzynia biegów
[owtomatichna skshin-ya b-
yegoov] automatic gear box

automatyczne połączenie
[owtomatichneh powonchen-yeh]
direct dialling

automatyczny [owtomatichni]
automatic

autor [owtor], autorka [owtorka]
author

autostop [owtostop] hitch-hiking

autostrada [owtostrada]
motorway, freeway,
highway

awantura [avantoora] row
(argument)

awaria [avar-ya] failure;
breakdown

awaria prądu [prondoo] power
cut

awaryjne wyjście [avaree-neh vee-
sh-cheh] emergency exit

aż: aż tyle! [ash tileh] so much!; so many!

aż do [aJ do] until; as far as

B

babka [bapka] grandmother

bachor [baHor] brat

bać się [bach sheh] to be afraid (of)

badanie lekarskie [badan-yeh lekarsk-yeh] medical examination

bagażnik [bagaJneek] boot, (US) trunk

bagażowy [bagaJovi] porter

bagaż podręczny [bagash podrenchni] hand luggage, hand baggage

bajeczny [bī-echni] fabulous

bajka [bīka] fairy tale

bajka dla dzieci [djechee] children's story

bak petrol tank, (US) gas tank

bakteryjny [bakteree-ni] bacterial

balet ballet

balkon balcony

BALTONA duty-free shop

bałagan [bawagan] mess

Bałtyk [bowtik] Baltic

bandaż [bandash] bandage

bank bank

banknot banknote, (US) bill

bankomat cash dispenser, ATM

bar bar; buffet

bardziej [bardjay] more

bardziej interesujący more interesting

bardzo [bards-o] very; very much

bardzo dziękuję [djenkoo-yeh] thank you very much

bardzo lubić [loobeech] to be fond of; to enjoy

bardzo mi miło! [mee meewo] pleased to meet you!

bardzo nie lubić [n-yeh loobeech] to dislike

bar jarski [yarskee] self-service snack bar, serving vegetarian type meals, soft drinks and desserts

barmanka barmaid

bar mleczny [mlechni] self-service snack bar, serving vegetarian type meals, soft drinks and desserts

bar szybkiej obsługi [ship-kyay opswoogee] snack bar

barwa [barva] colour

basen swimming pool

bateria [bater-ya] battery

bawełna [baveh^wuh na] cotton

bawełniany [baveh^wuh nyani] cotton (adj)

bawić się [baveech sheh] to play with

dobrze się bawić [dobJeh sheh baveech] to enjoy oneself

Belgia [belg-ya] Belgium

benzyna [benzina] petrol, (US) gas

benzyna bezołowiowa [bezowov-yova] unleaded

bez [bez] without

bez wyjątku [vi-yontkoo] without exception

bez zmian [z-myan] no change

bezdomny [bezdomni] homeless

beze [bezeh] without

beze mnie! [mn-yeh] count me out!

beznadziejny [beznadjayni] hopeless

bezpiecznik [besp-yechneek] fuse

bezpieczny [besp-yechni] safe

bezpłatny [bespwatni] free (of charge)

bezpośredni [besposhrednee] direct

bezrobotny [bezrobotni] unemployed

bezsenność [bes-sennosh-ch] insomnia

beżowy [beJovi] beige

będą [bendON] they will be; you will be

będę [bendeh] I will be

będzie [bendjeh] he/she/it will be; you will be

będziecie [bendjecheh] you will be

będziemy [bendjemi] we will be

będziesz [bendjesh] you will be

białko [b-ya^{wuh}ko] protein; egg white

białoruski [b-yaworooskee] Belarussian

Białoruś [b-yaworoosh] Belarus

biały [b-yawi] white

biblioteka [beebl-yoteka] library

bibułka [beeboo^{wuh}ka] tissue paper

bić/pobić [beech] to beat

bić się [sheh] to fight

biedny [b-yedni] poor

bieg [b-yek] gear

biegać/biec [b-yegach/b-yets] to run

biegunka [b-yegoonka] diarrhoea

bielizna [b-yeleezna] underwear

bielizna pościelowa [posh-chelova] bed linen

bilet [beelet] ticket

bilet powrotny [povrotni] return ticket, round trip ticket

bilet ulgowy [oolgovi] reduced fare

bilety [beeleti] tickets

bilety MZK [em-zet-kah] bus tickets (sold here)

bilety wyprzedane [vipshedaneh] sold out

biodro [b-yodro] hip

biorę [b-yoreh] I take

biurko [b-yoorko] desk

biuro [b-yooro] office

biuro numerów [noomeroof] directory enquiries

biuro podróży [podrooJi] travel agency

biuro rzeczy znalezionych [Jechi znaleJoniH] lost property office

biwak [beevak] camping spot

biwakować [beevakovach] to camp

biwakowanie wzbronione no camping

biżuteria [beeJooter-ya] jewellery

blankiet [blank-yet] blank form

bliski [bleeskee] near

bliźnięta [bleeJn-yenta] twins

bliżej [bleeJay] nearer, closer

blok mieszkaniowy [m-yeshkanyovi] apartment block

blondynka [blondinka] blonde

bluzka [blooska] blouse

błąd [bwont] error, mistake

błędnie obliczyć [bwend-nyeh obleechich] to miscalculate

błękitny [bwenkeetni] blue

błoto [bwoto] mud

błyskawica [bwiskaveetsa] lightning

bogaty [bogati] rich

boi się [bo-ee sheh] he/she is afraid

boisko [bo-eesko] playing field

boisko piłkarskie [pee^{wuh}karsk-yeh] football ground

boja [boya] buoy

boję się [boyeh sheh] I'm afraid

bolący [bolontsi] painful

boleć [bolech] to hurt; to ache

boli [bolee] it hurts

bomba bomb

bordo maroon

Bośnia [bosh-nya] Bosnia

Boże Ciało [boJeh cha-wo] Corpus Christi

Boże Narodzenie [narodsen-yeh] Christmas

Bóg [book] God

bójka [boo^{yuh}ka] fight

ból [bool] ache

ból gardła [bool gardwa] sore throat

ból głowy [gwovi] headache

ból ucha [ooHa] earache

ból zęba [zemba] toothache

ból żołądka [Jowontka] stomachache

brać/wziąć [brach/vJonch] to take

brakuje: czego brakuje? [chego brakoo-yeh] what is missing?

brałam [brawam], **brałem** [brawem] I was taking

brama gates

bramka gate

bransoletka [bransoletka] bracelet

brat brother

bratanek nephew (brother's son)

bratanica [brataneetsa] niece (brother's daughter)

brawo! [bravo] well done!

brązowy [bronzovi] brown

brew f [bref] eyebrow

broda beard

brodzik [brodjeek] children's pool

broszka [broshka] brooch

broszura [broshoora] brochure; leaflet

brud [broot] dirt

brudny [broodni] dirty

brwi [brvee] eyebrows

brydż [brich] bridge (card game)

brylant [brilant] diamond

brytyjski [britee-skee] British

brzeg [bJek] shore; edge

Brzezinka [bJeJeenka] Birkenau

brzoskwinia [bJoskfeen-ya] peach

brzydki [bJitkee] ugly

budka telefoniczna [bootka telefoneechna] phone box

budynek [boodinek] building

budzenie telefoniczne [boodsen-yeh telefoneechne] wake-up call

budzić/obudzić [boodjeech/

oboodjeech] to wake (someone)

budzić się/obudzić się [sheh] to wake up

budzik [boodjeek] alarm clock

bufet [boofet] refreshments

bursztyn [boorshtin] amber

burza [booJa] storm

but [boot] boot; shoe

butelka [bootelka] bottle

buty narciarskie [booti narcharsk-yeh] ski boots

być [bich] to be

być może [moJeh] maybe

byk [bik] bull

byli [bilee] they were; you were

byliście [bileesh-cheh] you were; we have been

byliśmy [bileeshmi] we were; we have been

był [bi^wuh] he/it was; he/it has been; you were; you have been

była [biwa] she/it was; she/it has been; you were; you have been

byłam [biwam] I was; I have been

byłaś [biwash] you were; you have been

byłem [biwem] I was; I have been

byłeś [biwesh] you were; you have been

było [biwo] it was; it has been

były [biwi] they were; you were

byłyście [biwish-cheh] you were

byłyśmy [biwishmi] we were; we have been

C

całkiem [tsa^wuhk-yem] quite

całkiem dobry pretty good

całować/pocałować [tsawovach/potsawovach] to kiss

cały [tsawi] all

cały dzień [djen^yuh] all day

camping [kampeeng] campsite

cążki do paznokci [tsonshkee do paznokchee] nail clippers

cegła [tsegwa] brick

celnik [tselneek] Customs officer

cel podróży [tsel podrooJi] destination

cena [tsena] price

cena łączna [wonchna] all-inclusive price

cenny [tsen-ni] valuable

centrala [tsentrala] operator

centralne ogrzewanie [tsentralneh ogJevan-yeh] central heating

centrum [tsentroom] town centre

centrum handlowe [handloveh] shopping centre

centrum miasta [m-yasta] city centre

centymetr [tsentimetr] centimetre; tape measure

Cepelia [tsepel-ya] shop selling handicrafts, folk art and souvenirs

cerkiew [tser-kyef] Russian Orthodox Church

chcę [Htseh] I want

chciałabym [Hchawabim],

chciałbym [Hcha^{wuh}bim] I would like

chcieć [Hchech] to want

chciwy [Hcheevi] greedy

chętnie [Hent-nyeh] yes please; with pleasure

Chiny [Heeni] China

chiński [Heenskee] Chinese

chipsy [cheepsi] crisps, (US) potato chips

chłodnica [Hwodneetsa] radiator (of car)

chłodny [Hwodni] cool

chłopiec [Hwop-yets] boy; boyfriend

chmura [Hmoora] cloud

chociaż [Hochash] although

chodnik [Hodneek] pavement, sidewalk

chodzić [Hodjeech] to walk

o co chodzi? [tso Hodjee] what's the matter?

chodźmy! [Hochmi] let's go!

cholera! [Holera] damn!, shit!

cholerny kłopot [Holerni kwopot] it's a bloody nuisance

chora [Hora] ill

chora na cukrzycę [tsookshitseh] diabetic

chorągiew [Horong-yef] flag

choroba [Horoba] disease

choroba morska [morska] seasickness

choroba weneryczna [venerichna] VD

choroba zakaźna [zakaJna] infectious disease

Chorwacja [Horvats-ya] Croatia

chorować na grypę [Horovach na gripeh] to be ill with flu

chory [Hori] ill

chory na cukrzycę m [tsookshitseh] diabetic

chować/schować [Hovach/sHovach] to hide

chrapać [Hrapach] to snore

chronić [Hroneech] to protect

chrzciny [Hsh-cheeni] christening

chudy [Hoodi] skinny

chusteczka do nosa [Hoostechka do nosa] handkerchief

chusteczki jednorazowe [Hoostechkee yednorazoveh] tissues, Kleenex®

chustka [Hoostka] headscarf

chwileczkę [Hveelechkeh] one moment

chyba nie [Hiba n-yeh] I don't think so

chyba tak I think so

ci [chee] you; to you; these

ciało [chawo] body

ciasny [chasni] tight

ciąć [chonch] to cut

ciągłym: w ciągłym użytku in constant use (no parking)

ciągnąć [chongnonch] to pull

ciąża [chonJa] pregnancy

w ciąży [f chonJi] pregnant

cicho bądź! [cheeHo bonch] shut up!

cichy [cheeHi] quiet

ciebie [cheb-yeh] you

ciemnowłosy [chemnovwosi] dark-haired

ciemny [chemni] dark

cienki [chenkee] thin

cień [chen^yuh] shadow

cień do powiek [pov-yek] eye shadow

ciepła woda [chepwa voda] hot water

ciepły [chepwi] warm

cierpki [cherpkee] tart

ciężar heavy load

ciężarówka [ɕhenJaroofka] lorry

ciężki [chenshkee] heavy

ciężkie pojazdy heavy vehicles

ciotka [chotka] aunt

cisza [cheesha] silence

cisza! quiet!

ciśnienie [cheesh-nyen-yeh] air pressure

ciśnienie krwi [krfee] blood pressure

ciśnienie w oponach [v oponaH] tyre pressure

cło [tswo] Customs; Customs duty

cmentarz [tsmentash] cemetery

Cmentarz Żydowski [tsmentash Jidofskee] Jewish Cemetery

co ...? [tso] what ...?

cocktail bar [koktīl bar] café selling milk-based soft drinks, cakes and desserts

codziennie [tsodjen-nyeh] every day

codzienny [tsodjenni] daily

cokolwiek [tsokol-vyek] anything

co się tu dzieje? [tso sheh too djayeh] what's going on?

co słychać? [swiHach] what's happening?

coś [tsosh] something, anything

coś innego [eennego] something else

co takiego? [tso tak-yego] what?

co to jest? [yest] what's this?

córka [tsoorka] daughter

cuchnący [tsooHnontsi] stinking, smelly

cudowny [tsoodovni] wonderful

cudzoziemiec [tsoods-oJem-yets], cudzoziemka foreigner

cukierek [tsook-yerek] sweet, candy

cukierki [tsook-yerkee] sweets, candies

cukiernia [tsook-yern-ya] cake shop

cygaro [tsigaro] cigar

czajniczek [chīneechek] teapot

czajnik [chīneek] kettle

czapka [chapka] cap

czarno-biały [charnob-yawi] black and white

czarny [charni] black

czas [chas] time

nie mam czasu [n-yeh mam chasoo] I have no time

czasami [chasamee] sometimes

czas lokalny [chas lokalni] local time

czasopismo [chasopeesmo] magazine

Czechy [cheHi] Czech Republic

czego? [chego] what?

czek [chek] cheque, (US) check

czekać/podczekać [chekach] to wait

czekolada [chekolada] chocolate

czekolada mleczna [mlechna] milk chocolate

czepek kąpielowy [chepek komp-
  yelovi] bathing cap
czerstwy [cherstfi] stale
czerwiec [cherv-yets] June
czerwony [chervoni] red
czeski [cheskee] Czech
cześć! [chesh-ch] hi!, hello!;
  cheerio!, bye!
często [chensto] often
częsty [chensti] frequent
części zamienne [chensh-chee
  zam-yenneh] spare parts
część f [chensh-ch] part
czkawka [chkafka] hiccups
członek [chwonek] penis
człowiek [chwov-yek] man;
  person
czoło [chowo] forehead
czterdzieści [chterdjesh-chee]
  forty
czternaście [chternash-cheh]
  fourteen
cztery [chteri] four
czterysta [chterista] four
  hundred
czuć [chooch] to feel
  jak się czujesz? [sheh choo-
  yesh] how are you feeling?
  czuć się doskonale
  [doskonaleh] to feel well
  źle się czuć [Jleh] to feel
  unwell
czwartek [chfartek] Thursday
czwarty [chfarti] fourth
czy [chi] if; whether
  czy ...? does ...?; is it ...?
  czy jest ...? [yest] is there ...?
  czy są ...? [son] are there ...?
  czy pan/pani ...? [pan/panee]

  do you ...?
czyj [chiᵞᵘʰ] whose
czyja [chi-ya] whose
czyje [chi-yeh] whose
  czyje to jest? [yest] whose is
  this?
czym [chim] what; with what;
  about what
  o czym myślisz? [mishleesh]
  what are you thinking
  about?
czy mogę ...? [mogeh] may I ...?
czy mogłaby pani ...? [mogwabi
  panee], czy mógłby pan ...?
  [moogʷᵘʰbi pan] could you ...?
czy można ...? [moɲna] may
  I ...?; are we allowed to ...?
czynsz [chinsh] rent
  płacić czynsz [pwacheech] to
  pay rent
czysty [chisti] clean
czyścić/oczyścić [chish-cheech] to
  clean
czyścić na sucho dry clean only
czytać [chitach] to read
czyżby? [chiJbi] really?

Ć

ćwierć f [ch-fyerch] quarter

D

dach [daH] roof
daję [dī-eh] I give
daj pierwszeństwo przejazdu
  give way
dalej [dalay] further
daleko far (away)

damski [damskee] ladies'
toilets, ladies' room

Dania [dan-ya] Denmark

danie [dan-yeh] dish; course

data date (time)

dawać/dać [davach/dach] to give

dawniej [dav-nyay] in the past

decydować [detsidovach] to
decide

decyzja [detsiz-ya] decision

delikatesy [deleekatesi]
delicatessen

demokratyczny [demokratichni]
democratic

dentysta m [dentista], **dentystka** f
[dentistka] dentist

Desa shop selling antiques,
works of art and jewellery

deseń [desen^yuh] pattern

deska do prasowania [prasovan-
ya] ironing board

deska windsurfingowa
[weendsoorfeengova] sailboard

deszcz [desh-ch] rain

dewizy [deveezi] foreign
currency

dezodorant deodorant

dętka [dentka] inner tube

dieta [d-yeta] diet

dla for

dlaczego? [dlachego] why?
dlaczego nie? [n-yeh] why not?

dla inwalidów for the disabled

dla matek z dziećmi for
mothers with children

dla niepalących [n-yehpalonsiн]
non-smoking; non-smokers;
no smoking

dla osób starszych for the
elderly

dla palących [palontsiн]
smoking; smokers

dla panów [panoof] gents'
toilet, men's room

dla pań [pan^yuh] ladies' toilet,
ladies' room

długi [dwoogee] long

długopis [dwoogopees] ballpoint
pen

długość f [dwoogosh-ch] length

dłuższy [dwoosh-shi] longer

dni days

dni robocze [robocheh]
weekdays

dno bottom
na dnie [dnyeh] at the bottom
of

do to; into; until
do soboty [soboti] see you
Saturday; by Saturday

dobranoc [dobranots] good
night

dobry [dobri] good; kind

dobry wieczór [v-yechoor] good
evening

dobrze [dobjeh] OK, all right,
will do; fine; well

dobrze się bawić [sheh baveech]
to enjoy oneself

dobrze wysmażony [vismaжoni]
well-done (steak)

dodatek supplement

dodatki [dodatkee] accessories

dodatkowy [dodatkovi]
additional

do góry [goori] up; upwards

do góry nogami [nogamee]
upside down

dogodny [dogodni] convenient

dojrzały [doyJawI] ripe

dokładnie! [dokwad-nyeh] exactly!

dokładny [dokwadni] accurate

dolina [doleena] valley

dom house
 w domu [v domoo] at home

domagać się [domagach sheh] to insist

domowej roboty [domovay roboti] homemade

dom towarowy [tovarovi] department store

dopłata [dopwata] supplement; surcharge

dopuszcza się ruch lokalny no through road except for access

dorosły [doroswi] adult

dorośli [doroshlee] adults

doskonały [doskonawI] excellent

dostać [dostach] to get

dostarczyć [dostarchich] to deliver

dostawa [dostava] delivery

dosyć [dosich] enough
 mam dosyć ... I'm fed up with ...

dość tego! [dosh-ch tego] that's enough!

doświadczony [dosh-fyatchoni] experienced

dotykać/dotknąć [dotikach/dotknonch] to touch
 nie dotykać! do not touch!

dowiadywać się/dowiedzieć się [dov-yadivach sheh/dov-yedjech] to find out

do widzenia [veedsen-ya] goodbye

dowód osobisty [dovoot osobeesti] ID card

do wynajęcia [vinI-encha] for hire, to rent

do zobaczenia [zobachen-ya] see you later

dozwolone [dozvoloneh] allowed

dół: na dole [na doleh] down there

drabina [drabeena] ladder

drabinka [drabeenka] stepladder

dres sportowy [sportovi] tracksuit

drewniany [drevn-yani] wooden

drewno [drevno] wood

drobne pl [drobneh] small change

droga road; way

droga pożarowa [poJarova] fire escape

drogeria [droger-ya] shop selling toiletries, cosmetics, detergents and herbal remedies

drogi [drogee] dear, expensive

drogowskaz [drogofskaz] signpost

droższy [drosh-shi] dearer, more expensive

druga klasa [drooga] second class

Druga Wojna Światowa [voyna sh-fyatova] World War Two

drugi [droogee] second; other
 ten drugi the other one

druk [drook] printed matter

drukarka [drookarka] printer

drut [droot] wire

drużyna [drooЈina] team

drzazga [dЈazga] splinter

drzewo [dЈevo] tree; wood

drzwi pl [dЈvee] door

dumny [doomni] proud

duński [doonskee] Danish

dusznica bolesna [dooshneetsa] angina

duszno: jest duszno [yest dooshno] it's humid
jest mi duszno [mee] I can't breathe

duszny [dooshni] sultry, close

dużo [dooЈo] a lot (of); much; many
dużo więcej [v-yentsay] a lot more
dużo większy a lot bigger

duży [dooЈi] big, large

dwa [dva] two

dwadzieścia [dvadjesh-cha] twenty

dwadzieścia jeden [yeden] twenty one

dwaj [dvī] two

dwanaście [dvanash-cheh] twelve

dwa posiłki dziennie [dva poshee^wuh kee djen-nyeh] half board

dwa razy [razi] twice

dwa razy dziennie twice a day

dwa razy dziennie po jedzeniu twice daily after meals

dwie [d-vyeh] two

dwieście [d-vyesh-cheh] two hundred

dwoje [dvoyeh] two

dworze: na dworze [dvoЈeh] outside

dworzec [dvoЈets] station

dworzec autobusowy [owtoboosovi] bus station

dworzec centralny [tsentralni] central station

dworzec kolejowy [kolayovi] railway station

dworzec lotniczy [lotneechi] airport terminal

dwukrotnie [dvookrot-nyeh] twice

dym [dim] smoke

dyrektor [direktor] director; manager

dyrektorka szkoły [shkowi] headmistress

dyrektor szkoły headmaster

dyrygent [dirigent] conductor (of orchestra)

dysk [disk] disk

dyskietka [disk-yetka] diskette

dyskoteka [diskoteka] disco

dywan [divan] carpet

dywanik [divaneek] rug

dzbanek [dsbanek] jug

dziadek [djadek] grandfather

dział [dja^wuh] department

działać: to nie działa [n-yeh djawa] it's not working

dział damski [damskee] ladies' department

dziąsło [djonswo] gum (in mouth)

dzieci [djechee] children

dziecko [djetsko] child

dzieje: co się tu dzieje? [tso sheh too djayeh] what's happening?

dziękuję [djenkoo-yeh] thanks

dzielić się/podzielić się [djeleech

sheh] to share

dzielnica [djelneetsa] district

dzielnica mieszkaniowa
[m-yeshkan-yova] residential
district

dziennik [djen-neek] diary (for
personal experiences)

dzień [djen^{yuh}] day

dzień dobry [djen^{yuh} dobri] hello;
good morning; good
afternoon

dzień Wszystkich Świętych All
Saints Day

dziesiąty [djeshonti] tenth

dziesięć [djechench] ten

dziesięć tysięcy [tishentsi] ten
thousand

dziewczyna [djefchina] girl;
girlfriend

dziewiąty [djev-yonti] ninth

dziewięć [djev-yench] nine

dziewięćdziesiąt [djev-
yendjeshont] ninety

dziewięćset [djev-yenchset] nine
hundred

dziewiętnaście [djev-yentnash-
cheh] nineteen

dziękować [djenkovach] to thank

dziękuję [djenkoo-yeh] thank
you, thanks; no thank you

dziki [djeekee] wild

dzikie beach without attendant
or facilities

dzisiaj [djeeshī] today

  dzisiaj po południu [powood-
nyoo] this afternoon

  dzisiaj rano this morning

  dzisiaj wieczorem [v-yechorem]
this evening, tonight

dziś [djeesh] today

dziś wieczorem [v-yechorem]
tonight

dziura [djoora] hole

dziwny [djeevni] strange, odd

dzwon [dsvon] bell (in church)

dzwonek [dsvonek] bell (on door,
bike)

dzwonić/zadzwonić [dsvoneech]
to ring, to phone, to call

dźwignia zmiany biegów
[djveeg-nya z-myani b-yegoof]
gear lever

dżinsy [djeensi] jeans

E

Ekspres express train

ekspres express delivery

ekspresowy [ekspresovi] express

ekstra 98 octane petrol/gas

  ekstra! great!

elektryczność [elektrichnosh-ch]
electricity

elektryczny [elektrichni] electric

elektryk [elektrik] electrician

emeryt [emerit], **emerytka**
[emeritka] pensioner

emerytura [emeritoora]
retirement; pension

  jestem na emeryturze [yestem
na emeritooJeh] I'm retired

estoński [estonskee] Estonian

etykietka [etik-yetka] label

Euroczeki [eh-oorochekee]
Eurocheques

Europa Wschodnia [eh-ooropa
vsHod-nya] Eastern Europe

europejski [eh-ooropayskee]

European

ewangelik [evangeleek],
ewangeliczka [evangeleechka]
Protestant

F

fabryka [fabrika] factory
facet [fatset] bloke
fajka [fika] pipe (to smoke)
faksować [faksovach] to fax
fala wave
fala upałów [oopawoov]
heatwave
fałszywy [fa^wuhshivi] false;
counterfeit
farba paint
fantastyczny [fantastichni]
fantastic, terrific
festiwal [festeeval] festival
**festiwal muzyczny/jazzowy/
folkloru** [moozichni/djezovi/
folkloroo] music/jazz/folklore
festival
filiżanka [feeleeJanka] cup
film kolorowy [kólorovi] colour
film
filtr [feeltr] filter
filtr do wody [do vodi] water
filter
filtr numer [noomer], **filtr
ochronny** [oHron-ni]
protection factor
fioletowy [f-yoletovi] purple
firanka [feeranka] net curtain
flesz [flesh] flash
flet flute
flirtować [fleertovach] to flirt
folia aluminiowa [fol-ya

aloomeen-yova] aluminium foil
folklor folklore
fontanna [fontan-na] fountain
formularz [formoolash] form
(document)
fortepian [fortep-yan] grand
piano
fotograf photographer
fotografia [fotograf-ya]
photograph
fotografować [fotografovach] to
photograph
Francja [frants-ya] France
francuski [frantsooskee] French
fryzjer [friz-yer] hairdresser
fryzjer damski [damskee] ladies'
hairdresser's
fryzjerka [friz-yerka] hairdresser
fryzjer męski [menskee] men's
hairdresser's, barber's
fryzjerski: salon fryzjerski [friz-
yerskee] hairdresser's
funt szterling [foont shterleeng]
pound sterling
furgonetka [foorgonetka] van
futro [footro] fur; fur coat

G

gabinet lekarski [gabeenet
lekarskee] doctor's surgery
galanteria skórzana [galanter-ya
skooJana] leather goods
galeria sztuki [galer-ya shtookee]
art gallery
garaż [garash] garage
gardło [gardwo] throat
garnek saucepan
garnitur [garneetoor] suit (man's)

gasić/zgasić [gasheech/zgasheech]
to switch off

gaśnica (przeciwpożarowa)
[gashneetsa (pshecheef-
poJarova)] fire extinguisher

gatunek [gatoonek] kind; brand;
class

gaz gas

gazeta newspaper

gazety [gazeti] newspapers

gaz w butli [v bootlee] camping
gas

gaźnik [gaJneek] carburettor

gdy? [gdi] when?

gdzie? [gjeh] where?
gdzie to jest? [yest] where is
it?

gdzie indziej [eendjay]
elsewhere

gdzieś [gjesh] somewhere

genialny [gen-yalni] brilliant
(idea, person)

gęś f [gensh] goose

giez [g-yes] horsefly

gips [geeps] plaster cast
w gipsie [v geepsheh] in
plaster

gitara [geetara] guitar

gładki [gwadkee] smooth; plain
(not patterned)

głęboki [gwembokee] deep

głodny [gwodni] hungry
umieram z głodu [oom-yeram z
gwodoo] I'm starving

głos [gwos] voice

głosować [gwosovach] to vote

głośny [gwoshni] loud

głowa [gwova] head

główna droga [gwoovna droga]
main road (in country)

główna ulica [ooleetsa] main
road (in town)

główny [gwoovni] main

głuchy [gwooHi] deaf

głupi [gwoopee] stupid

gniazdko [gn-yastko], gniazdo
[gn-yazdo] socket, power
point

gniazdo ptasie [ptasheh] bird's
nest

gniewać się [g-nyevach sheh] to
be angry

go him; it

godzina [godjeena] hour;
o'clock
godzina 11-ta wieczór
[v-yechoor] 11 p.m.
godzina 3-cia popołudniu
[powood-nyoo] 3 p.m.
godzina szczytu [sh-chitoo] rush
hour

godziny odwiedzin [godjeeni odv-
yedjeen] visiting hours

godziny urzędowania
[ooJendovan-ya] office hours

golarka shaver

golenie [golen-yeh] shave

golić się [goleech sheh] to shave

gorący [gorontsi] hot

gorączka [goronchka] fever

gorszy [gorshi] worse

gorzej [goJay] worse
coraz gorzej [tsoras] worse
and worse

gorzki bitter

gospodarstwo rolne
[gospodarstfo rolneh] farm

goście [gosh-cheh] guests

gościnność f [gosh-cheennosh-ch]
  hospitality
gościnny [gosh-cheenni]
  hospitable
gość [gosh-ch] guest
gotować/ugotować [gotovach/
  oogotovach] to cook; to
  prepare food; to boil (water)
gotowy [gotovi] ready
gotówka [gotoofka] cash
goździki [godjeekee] carnations
góra [goora] mountain
  do góry [goori] up; upwards
  do góry nogami [nogamee]
  upside down
gra game (to play)
grać/zagrać [grach] to play
grad hail
gramatyka [gramatika] grammar
granatowy [granatovi] navy blue
granica [graneetsa] border
  za granicą [graneetsON] abroad
gratulacje! [gratoolats-yeh]
  congratulations!
Grecja [grets-ya] Greece
grób [groop] grave
gruby [groobi] thick; fat
grudzień [groodjen^yuh] December
  w grudniu [v grood-nyoo] in
  December
grupa [groopa] group
grupa krwi [krfee] blood group
grypa [gripa] flu
gryzie [griJeh] it bites
gryźć/pogryźć [grish-ch] to bite;
  to chew
grzebień [gJeb-yen^yuh] comb
grzejnik [gJayneek] heater
grzmot [gJmot] thunder

gubić/zgubić [goobeech
  zgoobeech] to lose
guma [gooma] rubber;
  puncture
guma do żucia [Joocha]
  chewing gum
gumka [goomka] elastic; eraser;
  rubber band
guz [goos] lump; tumour
guzik [goozeek] button
gwałt [gva^wuh t] rape
gwarancja [gvarants-ya]
  guarantee
  z gwarancją [z gvarants-yON]
  with guarantee
gwiazda [g-vyazda] star
gwiazda filmowa [feelmova] film
  star, movie star
gwoździe [gvoJdjeh] nails (in
  wall)
gwóźdź [gvoosh-ch] nail (in wall)

H

halka slip (garment)
hałas [hawas] noise
hałaśliwy [hawashleevi] noisy
hamować [hamovach] to brake
hamulce [hamooltseh] brakes
hamulec [hamoolets] brake
hamulec bezpieczeństwa [besp-
  yechenistfa] emergency
  brake; communication cord
hamulec ręczny [renchni]
  handbrake
Hindus [Heendoos], **Hinduska**
  [Heendooska] Indian
hinduski [heendookee] Indian
historia [heestor-ya] history;

story
Hiszpania [Heeshpan-ya] Spain
hiszpański [heeshpanskee] Spanish
hokej [hokay] hockey
Holandia [Holand-ya] Holland
holenderski [holenderskee] Dutch
homoseksualista m [homoseksoo-aleesta] gay
hotelowy [Hotelovi] hotel (adj)
humor [hoomor] humour
huśtawka [hooshtafka] swing (for children)
hydraulik [hidrowleek] plumber

I

i [ee] and
ich [eeH] their; theirs; them; of them
idą [eedON] they go, they are going; you go, you are going
idę [eedeh] I go, I'm going
  idę spać [spach] I'm going to bed
  już idę! [yoosh] I'm coming!
idiota [eed-yota] nutter
idzie [eedjeh] he/she/it goes, he/she/it is going; you go, you are going
idziecie [eedjecheh] you go, you are going
idziemy [eedjemi] we go, we are going
idziesz [eedjesh] you go, you are going
igła [eegwa] needle
igła z nitką [neetkON] needle and

thread
ile? [eeleh] how many?; how much?
  ile razy? [razi] how many times?
ilość [eelosh-ch] amount, quantity
  wielka ilość [v-yelka] a large quantity
im [eem] them; to them
imię [eem-yeh] first name, forename
  na imię mi Jacek [eem-yeh mee] my name is Jacek
imiona [eem-yona] forenames
imitacja [eemeetats-ya] imitation
imponujący [eemponoo-yontsi] impressive
informacja [eenformats-ya] information; enquiries
informacja turystyczna [tooreestichna] tourist information
inna [een-na] another; other; different
inną [ee-nON] another; with another; other; different
inne [een-neh] others; other ones; different
innego [een-nego] another; of another; other; different
  ... innego rodzaju [rodsī-oo] another type of ...
innej [een-nay] another; of another; other; different
inni [een-nee] others; other ones; different
inny [een-ni] another; other; different

innych [een-nich] others; other
ones; different

innym [een-nim] another; with
another; other; different

innymi [een-nimee] other; with
others; other ones; different

instrument muzyczny
[eenstrooment moozichni]
musical instrument

inteligentny [eenteleegentni]
intelligent

interesować się [eenteresovach
sheh] to be interested in

interesujący [eenteresoo-yontsi]
interesting

inwalida [eenvaleeda] disabled

Irlandia [eerland-ya] Ireland

irlandzki [eerlantskee] Irish

irytujący [eeritoo-yontsi]
annoying

iść/pójść [eesh-ch/poo^{vuh}sh-ch] to
go

iść do domu [domoo] to go
home

iść na piechotę [p-yeHoteh] to
walk, to go on foot

iść na spacer [spatser] to go for
a walk

iść po to go and get (something)

iść za to follow
proszę iść za mną [prosheh —
mnON] follow me

J

ja [ya] I; me
ja też [tesh] so do I; so am I;
me too
ja też nie [n-yeh] nor do I; nor

am I; me neither

jacht [yaHt] yacht

jacy [yatsi] which; what; what
sort; which ones

jadalnia [yadal-nya] dining room

jadam [yadam] I eat

jadę [yadeh] I go, I'm going;
I'm driving; I'm travelling
jadę do ... I'm going to ...
jadę samochodem
[samoHodem] I'm going by car

jadł [yad^{wuh}] he has eaten, he
ate

jadła [yadwa] she has eaten, she
ate

jadłaś [yadwash], jadłeś [yadwesh]
you have eaten, you ate

jak? [yak] how?
jak on się nazywa? [sheh
naziva] what is his name?

jaka [yaka] which; what; what
sort; which one

jaką [yakON] what; with what;
which

jaki [yaki] which; what; what
sort; which one

jakich [yakeeH] what; of what;
which ones

jakie [yak-yeh] which; what;
what sort; which one; which
ones

jakiego [yak-yego] what; which

jakiej [yak-yay] what; of what;
to what; which

jakiemu [yak-yemoo] what; to
what; which

jakim [yakeem] what; with what;
which

jakimi what; with what; which

ones

jakość f [yakosh-ch] quality

jarski [yarskee] vegetarian

jarosz [yarosh], jaroszka
[yaroshka] vegetarian

jarzyny [yaJini] vegetables

jaskinia [yaskeen-ya] cave

jaskrawoczerwony
[yaskravochervoni] bright red

jaskrawy [yaskravi] bright
(colour)

jasnoniebieski [yasnon-yeb-
yeskee] light blue, pale blue

jasnowłosy [yasnovwosi] fair-
haired

jasnozielony [yasnoJeloni] light
green, pale green

jasny [yasni] clear, obvious;
light (colour)

jazda konna [yazda konna] horse
riding

jazda na rowerze [roveJeh]
cycling

jazda po pijanemu [pee-
yanemoo] drunken driving

ją [yON] her

je [yeh] them; it; he/she/it eats;
you eat

jechać [yeHach] to go (by
transport)
jechać pociągiem/autobusem
to travel by train/bus

jeden [yeden] one

jedenaście [yedenash-cheh]
eleven

jedna [yedna], jedno [yedno] one

jednostka [yednostka] unit (on
phonecard)

jedwab [yedvap] silk

jedwab naturalny [natooralni]
pure silk

jedwabny [yedvabni] silk (adj)

jedzenie [yedsen-yeh] food

jego [yego] his; it; him

jej [yay] her; hers; of her; to
her

jemu [yemoo] him; it; to him; to
it

jemy [yemi] we eat, we are
eating

jesień f [yeshen^yuh] autumn, (US)
fall

jesienią [yeshen-yON] in the
autumn, in the fall

jest [yest] is; are; it is; there is;
there are
jest zimno [Jeemno] it's cold

jest automatyczne połączenie
you can dial direct

jestem [yestem] I am

jesteś [yestesh], jesteście
[yestesh-cheh] you are

jesteśmy [yesteshmi] we are

jeszcze [yesh-cheh] still; even
more
jeszcze coś? [tsosh] anything
else?
jeszcze jeden/jedna/jedno
[yeden/yedna/yedno] another
one
jeszcze nie [n-yeh] not yet

jeść [yesh-ch] to eat
jeść śniadanie/obiad/kolację
[sh-nyadan-yeh/ob-yat/kolats-yen]
to have breakfast/dinner/
supper

jeśli [yeshlee] if

jezdnia carriageway

jezioro [yeJoro] lake

jeździć konno [yeJdjeech kon-no] to ride

jeździć na nartach [nartaH] to ski

język [yenzik] tongue; language

jubiler [yoobeeler] jeweller's

jutro [yootro] tomorrow

jutro rano tomorrow morning

już [yoosh] already

już idę! [eedeh] I'm coming!

już proszę [prosheh] just a minute

już wyszła [vishwa] she's gone

już wrócił [vroochee^{wuh}] he's back

K

kabaret floor show

kabel lead; cable

kabina [kabeena] cabin

kac [kats] hangover

kaczka [kachka] duck

kajak [kī-ak] canoe

kajakarstwo [kī-akarstfo] canoeing

kalendarz [kalendash] calendar

kalkulator [kalkoolator] calculator

kaloryfer [kalorifer] radiator

kalosze [kalosheh] wellingtons

kamienny [kam-yen-ni] stone (adj)

kamień [kam-yen^{yuh}] stone

kamizelka ratunkowa [kameezelka ratoonkova] life jacket

kamizelka ratunkowa jest pod twoim fotelem life jacket is under your seat

kanadyjski [kanadee-skee] Canadian

kanał [kana^{wuh}] canal

kanapa sofa, settee

kanister na benzynę [kaneester na benzineh] petrol can

kantor bank; bureau de change

kantor walutowy [valootovi] bureau de change

kantor wymiany walut [vim-yani valoot] bureau de change

kapela folk band

kapelusz [kapeloosh] hat

kapitan [kapeetan] captain

kaplica [kapleetsa] chapel

kapsel cap (of bottle)

karabin [karabeen] rifle

karafka [karafka] carafe

karaluch [karalooH] cockroach

kardiolog [kard-yolog] heart specialist

karetka pogotowia [pogotov-ya] ambulance

karmić [karmeech] to feed

karmić piersią [p-yershoN] to breastfeed

karnet autobusowy [owtoboosovi] book of bus tickets

Karpaty [karpati] Carpathian Mountains

karta card

karta kredytowa [kreditova] credit card

karta magnetyczna [magnetichna] phonecard

karta pocztowa [pochtova] postcard

karta telefoniczna [telefonichna] phonecard

karta wstępu na pokład [fstempoo na pokwat] boarding pass

kartka papieru [pap-yeroo] piece of paper

karton carton; cardboard box

kasa till, cash desk, cashier

kasa biletowa [beeletova] ticket office

kasa nie zwraca pieniędzy no cash refunds

kasa teatralna [teh-atralna] box office

kaseta cassette

kask helmet

kaszel [kashel] cough

kaszleć [kashlech] to cough

katar cold (illness)

katar sienny [shenni] hay fever

katastrofa crash; disaster

katedra cathedral

katolicki [katoleetskee] Catholic jestem katolikiem/katoliczką [yestem katoleek-yem/katoleechkoN] I'm a Catholic

kawaler [kavaler] bachelor

kawalerka [kavalerka] flatlet

kawałek [kavawek] piece; slice

kawiarnia [kav-yarn-ya] café serving coffee, tea, cakes, desserts and wine

każda [kaJda], każde [kaJdeh], każdy [kaJdi] each, every w każdym wypadku [f kaJdim vipatkoo] in every case dla każdego z was [kaJdego s vas] for each of you

za każdym razem [razem] every time

o każdej porze [kaJday poJeh] at any time

każdą [kaJdoN] each; with each

każdego [kaJdego] each; of each

każdej [kaJday] each; of each; to each

każdemu [kaJdemoo] each; to each

każdym [kaJdim] each; with each

kąpiel f [komp-yel] bath

kąpiel wzbroniona no swimming

kąt [kont] corner

kelner waiter

kelnerka waitress

kichać [keeHach] to sneeze

kiedy? [k-yedi] when?

kiedy indziej [eendjay] some other time

kiedykolwiek [k-yedikol-vyek] ever

kiedyś [k-yedish] once; ever

kieliszek [k-yeleeshek] glass (for drinking) kieliszek do wina [veena] wine glass kieliszek wina glass of wine

kiepski [k-yepskee] poor (quality); disappointing

kiermasz [k-yermash] market

kierowca m/f [k-yerovtsa] driver

kierownica [k-yerovneetsa] steering wheel

kierowniczka [k-yerovneechka] manageress

kierownik [k-yerovneek] manager

kierunek [k-yeroonek] direction

kierunkowskaz [k-yeroonkofskas] indicator

kieszeń [k-yeshen^{yuh}] pocket

kije do golfa [kee-yeh] golf clubs

kijek do nart [kee-yek] ski pole

kilim [keeleem] decorative rug

kilka [keelka], **kilkoro** [keelkoro], **kilku** [keelkoo] a few; several

kilkadziesiąt [keelkadjeshont] a number of … (between 20 and 100); several dozen

kilkanaście [keelkanash-cheh] a number of … (between 10 and 20)

kilometrów na godzinę [keelometroof na godjeeneh] kilometres per hour

kim [keem] whom; with whom

z kim [s] with whom

o kim [o] of/about whom

kino [keeno] cinema, movie theater

kiosk Ruchu [k-yosk rooHoo] newspaper kiosk

klakson horn

klamerka buckle

klamerka do włosów [vwosoof] hair slide

klasa class

klasa turystyczna [tooristichna] economy class

klasztor [klashtor] monastery

klatka cage

klatka piersiowa [p-yershova] chest

klej [klay] glue

kleszcz [klesh-ch] tick

klimat [kleemat] climate

klimatyzacja [kleematizats-ya] air-conditioning

klimatyzowany [kleematizovani] air-conditioned

klinika [kleeneeka] clinic

klub [kloop] club

klub nocny [notsni] nightclub

klucz [klooch] key

klucz do nakrętek [nakrentek] spanner

klucz do otwierania butelek [ot-fyeran-ya bootelek] bottle-opener

klucz maszynowy [mashinovi] wrench

kluczyki [kloochikee] car keys

kładę [kwadeh] I put

kłamać [kwamach] to tell a lie

kłaść/położyć [kwash-ch/powoJich] to put

kłopot [kwopot] trouble

kłódka [kwootka] padlock

kobieta [kob-yeta] woman

kobiety [kob-yeti] women

koc [kots] blanket

kochać [koHach] to love

kochać się [sheh] to make love

kocioł do centralnego ogrzewania [kocho^{wuh} do tsentralnego ogJevan-ya] central heating boiler

kod [kod] code

kod adresowy [kod adresovi] post code, zip code

kodeks code

kodeks drogowy [drogovi] highway code

kod pocztowy [kot pochtovi] postal code

kogo who; whom
  kogo brakuje? [brakoo-yeh] who is missing?
koja [koya] bunk, berth (on ship)
koklusz [kokloosh] whooping cough
kolacja [kolats-ya] supper, evening meal
kolano knee
kolczyki [kolchikee] earrings
kolega m colleague; friend
kolej [kolay] railway
kolejka [kolayka] queue
kolejka linowa [leenova] cable car
koleżanka [koleɹanka] colleague; friend
kolor colour
kolorowy [kolorovi] colour (adj); colourful
kolosalny [kolosalni] tremendous
koleją [kolayON] by rail
kołdra [koᵂᵘʰdra] quilt
kołek do bielizny [kowek do b-yeleezni] clothes peg
kołnierz [koᵂᵘʰnyesh] collar
koło [kowo] circle; wheel; near; by; around
koło ratunkowe [ratoonkoveh] lifebelt
koło zapasowe [zapasoveh] spare tyre
kołyska [kowiska] cradle
komar mosquito
komisariat [komeesar-yat] police station
kompas compass
komplement compliment

komplet full
komputer [kompooter] computer
komu [komoo] whom; to whom
komunistyczny [komooneestichni] communist
komunizm [komooneezm] communism
koncert [kontsert] concert
konduktor [kondooktor] bus conductor; ticket inspector
konfekcja [konfekts-ya] ready-to-wear clothing
konfekcja damska [damska] ladies' fashions
konfekcja męska [menska] menswear
konferencja [konferents-ya] conference
koniec [kon-yets] end
  do końca [kontsa] to the end
  na końcu ulicy [kontsoo ooleetsi] at the end of the street
  w końcu [f] at last, eventually
koniec autostrady end of motorway/highway
koniec ograniczenia szybkości end of speed restrictions
koniecznie: jeśli koniecznie chcesz [yeshlee kon-yech-nyeh нtsesh] if you insist
konieczny [kon-yechni] necessary
konkurs [konkoors] competition
konsulat [konsoolat] consulate
koń [konʸᵘʰ] horse
kończyć/skończyć [konchich/skonchich] to finish
  już kończę [yoosh koncheh] I've

almost finished
kończyć się [sheh] to end
koperta envelope
koperta lotnicza [lotneecha]
airmail envelope
korek plug; cork; traffic jam
korkociąg [korkochonk]
corkscrew
koronka lace
koronkowy obrus [koronkovi
obroos] lace tablecloth
kort tenisowy [teneesovi] tennis
court
korytarz [koritash] corridor
korzystać [koJistach] to use, to
make use of
kosmetyk do demakijażu
[kosmetik do demakee-yaJoo]
make-up remover, cleanser
kosmetyki [kosmetikee]
cosmetics
kostium [kost-yoom] suit
(woman's)
kostium kąpielowy [komp-yelovi]
swimming costume
kostka ankle
koszmar [koshmar] nightmare
kosztować [koshtovach] to cost
ile to kosztuje? [eeleh to
koshtoo-yeh] how much does
it cost?
koszula [koshoola] shirt
koszula nocna [notsna]
nightdress
koszyk [koshik] basket
kościół [kosh-choo^{wuh}] church
kościół ewangelicki
[evangeleetskee] Protestant
church

kość [kosh-ch] bone
kot cat
kotwica [kotfeetsa] anchor
koza goat
kożuch [koJooH] sheepskin coat
kółko do kluczy [koo^{wuh}ko do
kloochi] keyring
krab crab
kradzież f [kradjesh] theft
kraj [krī] country (nation)
krajobraz [krī-obras] scenery
krajowy [krī-ovi] domestic
krajowy lot domestic flight
Kraków [krakoof] Cracow
w Krakowie [f krakov-yeh] in
Cracow
kran tap, faucet
kraść/ukraść [krash-ch/ookrash-
ch] to steal
krawat [kravat] tie, necktie
kredka do ust [oost] lipstick
krem do golenia [golen-ya]
shaving foam
krem do opalania [opalan-ya]
suntan lotion
krem kosmetyczny [kosmetichni]
cold cream
krem nawilżający [naveelJī-ontsi]
moisturizer
kremowy [kremovi] cream
krem przeciw owadom
[pshecheef ovadom] insect
repellent
kretyn [kretin] twit
krew [kref] blood
kręcić się [krencheech sheh] to
turn round; to revolve
kręci mi się w głowie [krenchee
mee sheh v gwov-yeh] I feel

dizzy

kręcone włosy [krentsoneh vwosi] curly hair

krewna [krevna], **krewny** m [krevni] relative

krewni [krevnee] relatives

kropla drop

krople [kropleh] drops

krople do oczu [ochoo] eyedrops

krowa [krova] cow

król [krool] king

królik [krooleek] rabbit

królowa [kroolova] queen

krótki [krootkee] short

krótkowzroczny [krootkovzrochni] shortsighted

krwawić [krfaveech] to bleed

kryty basen [kriti basen] indoor swimming pool

krzaki [kshakee] bushes

krzesło [ksheswo] chair

krzewy [kshevi] shrubs

krzyczeć/krzyknąć [kshichech/ kshiknonch] to scream

krzyż [kshish] cross

ksiądz [kshonts] priest

książeczka czekowa [kshonjechka chekova] cheque book, checkbook

książę [kshonjeh] prince

książka [kshonshka] book

książka telefoniczna [telefoneechna] telephone directory

księgarnia [kshengarn-ya] bookshop, bookstore

księżna [kshenjna] princess

księżniczka [kshenjneechka]

princess

księżyc [kshenjits] moon

kształt [kshta^{wuh}t] shape

kto? who?

kto mówi? [moovee] who's speaking?

kto tam? who is it?, who is there?

ktokolwiek [ktokol-vyek] anybody

która [ktoora] which; which one; who; that

która godzina? [godjeena] what's the time?

którą [ktooron] which; with which; which one; which ones; who; that

które [ktooreh] which; which one; which ones; who; that

którego [ktoorego] what; of what; which

której [ktooray] what; of what; which

o której godzinie …? [godjee n-yeh] at what time …?

który [ktoori] which; which one; who; that

których [ktooriH] which; of which; which ones; who; that

którykolwiek [ktoorikol-vyek] either of them

którymi [ktoorimee] which; with which; which ones; who; that

którzy [ktooJi] which; which ones; who; that

ktoś [ktosh] somebody, someone; anybody

kubek [koobek] mug

kubeł [koobeh^wuh] bucket

kubeł na śmieci [shm-yechee] bin

kucharka [kooнarka] cook

kucharz [kooнash] cook; chef

kuchenka [kooнenka] cooker

kuchenka mikrofalowa [meekrofalova] microwave oven

kuchnia [kooн-nya] kitchen

kucyk [kootsik] pony

kufel [koofel] beer mug

kule [kooleh] crutches

kupię [koop-yeh] I will buy

kupować/kupić [koopovach/koopeech] to buy

kupuję [koopoo-yeh] I buy, I am buying

kura [koora] hen

kuracja [koorats-ya] cure; medical treatment

kurcz [koorch] cramp

kurczę [koorcheh] chicken

kurs [koors] exchange rate; taxi fare

kurs nauki języka [na-ookee yenzika] language course

kurs walutowy [valootovi] exchange rate

kurtka [koortka] jacket

kurtka ortalionowa [ortal-yonova] anorak

kurtyna [koortina] curtain

kurwa [koorva] whore

kurwa! fuck!

kurz [koosh] dust

kuszetka [kooshetka] couchette

kuzyn [koozin], kuzynka [koozinka] cousin

kwaskowy [kfaskovi] tart (flavour)

kwaśny [kfashni] sour

kwatery prywatne private rooms

kwiaciarnia [k-fyacharn-ya] florist

kwiat [k-fyat] flower

kwiecień [k-fyechen^yuh] April

w kwietniu [f k-fyet-nyoo] in April

kwit [kfeet] receipt

L

lakier do paznokci [lak-yer do paznokchee] nail varnish

lakier do włosów [vwosoof] hair spray

lalka doll

lampa lamp

laryngolog [laringolog] ear, nose and throat specialist

las forest

lata years

latać/polecieć [latach/polechech] to fly

latarka torch

lato summer

latem in the summer

lawina [laveena] avalanche

lądować [londovach] to land

lądowanie landing

lądowanie awaryjne emergency landing

lecie: w lecie [v lecheh]

legginsy [legeensi] leggings

lejek [layek] funnel

lek medicine; drug

lekarstwo [lekarstfo] medicine

lekarstwo na kaszel [kashel]

cough medicine

lekarz [lekash], **lekarka** [lekarka] doctor

lekcja [lekts-ya] lesson

lekki [lekkee] light (not heavy)

lekkoatletyka [lek-koatletika] athletics

leniwy [leneevi] lazy

lepiej [lep-yay] better

  coraz lepiej [tsoras] better and better

lepszy [lepshi] better

leśniczówka [leshneechoofka] gamekeeper's cottage

letni [letnee] summery; summer (adj)

leworęczny [levorenchni] left-handed

lewy [levi] left

  na lewo [levo] on the left; to the left

  po lewej stronie [levay stron-yeh] on the left

lezbijka [lezbee-ka] lesbian

leżak [leJak] deck chair

-li [lee] past tense ending

liczba [leechba] number

licznik [leechneek] meter (in taxi)

lina [leena] rope

linia kolejowa [leen-ya kolayova] railway line

linia lotnicza [lotneecha] airline

linia podmiejska [podm-yayska] suburban line

linka do bielizny [leenka do b-yeleezni] clothes line

lipiec [leep-yets] July

  w lipcu [v leeptsoo] in July

list [leest] letter

lista [leesta] list

list ekspres express letter

list lotniczy [lotneechi] airmail letter

listonosz [leestonosh] postman, mailman

listopad [leestopat] November

  w listopadzie [v-leestopadjeh] in November

list polecony [poletsoni] registered letter

-liście [leesh-cheh] past tense ending

liść [leesh-ch] leaf

-liśmy [leeshmi] past tense ending

litewski [leetefskee] Lithuanian

Litwa [leetfa] Lithuania

lizak [leezak] lollipop

lodówka [lodoofka] fridge

lody pl [lodi] ice cream

lody sorbetowe [sorbetoveh] ice lollies

lody w waflu [v vafloo] ice-cream cone

lokomotywa [lokomotiva] engine (train)

Londyn [londin] London

los fate; lottery ticket

  zły los [zwi] bad luck

  taki mój los [takee moo^{yuh}] just my luck

lot flight

lot bezpośredni [besposhrednee] direct flight

lot czarterowy [charterovi] charter flight

lot krajowy [krī-ovi] domestic flight

lotnisko [lotneesko] airport

lot opóźniony [opooJn-yoni]
delayed flight

lot rejsowy [raysovi] scheduled
flight

lód [loot] ice

lubić [loobeech] to like

lubię ... [loob-yeh] I like ...

ludność [loodnosh-ch]
population

ludzie [loodjeh] people

luksus [looksoos] luxury

luksusowy [looksoosovi] luxury
(adj)

lunapark [loonapark] funfair

lusterko [loosterko] mirror
(small)

lusterko wsteczne [fstechneh]
rearview mirror

lustro [loostro] mirror (large)

luty [looti] February

w lutym [v lootim] in February

lżejszy [lJayshi] lighter

Ł

ładny [wadni] pretty; nice

ładna pogoda [wadna pogoda]
fine weather

łagodny [wagodni] mild

łamać/złamać [wamach/zwamach]
to break

łańcuch [wantsooH] chain

łapać [wapach] to catch

łapówka [wapoofka] bribe

łatwy [watfi] easy

łazienka [waJenka] bathroom

łokieć [wok-yech] elbow

łopatka [wopatka] spade

łotewski [wotefskee] Latvian

Łotwa [wotfa] Latvia

łowienie ryb wzbronione no
fishing

łódka gumowa [wootka goomova]
rubber dinghy

łódź f [wooch] boat

łóżeczko [wooJechko] cot (for
baby)

łóżko [wooshko] bed

łóżko piętrowe [p-yentroveh]
bunk beds

łóżko polowe [poloveh]
campbed

łóżko samoopalające [samoopalī-
ontseh] sunbed

łysy [wisi] bald

łyżeczka [wiJechka] teaspoon

łyżka [wishka] spoon

łyżwy [wiJvi] skates

M

ma he/she/it has; you have

nie ma ... [n-yeh] there is
no ...; there are no ...

nie ma go he is not here

macie [macheh] you have

macocha [matsoHa] stepmother

magistrala main road

magnetofon tape recorder

magnetofon kasetowy [kasetovi]
cassette player

magnetowid [magnetoveet] video
recorder

maj [mī] May

w maju [v mī-oo] in May

mają [mī-on] they have; you
have

majteczki [mītechkee] knickers, pants, panties

majtki [mītkee] knickers, pants, panties

makijaż [makee-yash] make-up

maleńki [malenikee] tiny

malować [malovach] to paint

mało [mawo] few; little

mało turystów [tooristoof] few tourists

mało czasu [chasoo] little time

mały [mawi] small, little

mam I have

mam ... lat I'm ... years old

mam nadzieję [nadjayen] I hope

mama mum

mamy [mami] we have

mapa map

mapa samochodowa [samoHodova] motorist's map, road map

mapa turystyczna [tooristichna] tourist map

marka make, brand name

martwić się [martfeech sheh] to worry about

marzec [maJets] March

w marcu [v martsoo] in March

marzenie [maJen-yeh] dream; wish

masa netto net weight

maska bonnet, (US) hood (of car)

maska do nurkowania [noorkovan-ya] snorkel

maska tlenowa [tlenova] oxygen mask

masz [mash] you have

maszyna do pisania [mashina do peesan-ya] typewriter

maszynka do golenia [mashinka do golen-ya] razor

maść [mash-ch] ointment

mata beach mat

materac [materats] mattress

materac dmuchany [dmooHani] lilo

materiał [mater-ya^wuh] material, cloth, fabric

matka mother

Mazowsze [mazofsheh] Mazovia

Mazury [mazoori] Mazurian Lake District

mądry [mondri] clever

mąż [monsh] husband

mdłości [mdwosh-chee] nausea

meble [mebleh] furniture

mechanik [meHaneek] mechanic

mecz [mech] match (sport)

meduza [medooza] jellyfish

metro underground, (US) subway

mewa [meva] seagull

męski [menskee] gents' toilet, men's room

mężatka [menJatka] married woman

mężczyzna [mensh-chizna] man

mgła [mgwa] fog

mi [mee] me; to me

miałam [m-yawam], miałem [m-yawem] I had

miasto [m-yasto] city; town

mieć [m-yech] to have

mieć mdłości [mdwosh-chee] to feel sick

mieć nadzieję [nadjayeh] to

hope

mieć rację [m-yech rats-yeh] to be right

ma pan/pani rację [pan/panee] you are right

nie ma pan/pani racji [n-yeh] you are wrong

miejsca (siedzące) [m-yaystsa (shedsontseh)] seats

miejsce [m-yaystseh] seat, place

miejscowość nadmorska f [m-yaystsovosh-ch] seaside resort

miejscówka [m-yaystsoofka] seat reservation

miejski [m-yayskee] municipal

miesiąc [m-yeshonts] month

miesiąc miodowy [m-yodovi] honeymoon

miesiączka [m-yeshonchka] period; menstruation

mieszać [m-yeshach] to mix

mieszkać [m-yeshkach] to live (in town etc); to stay

mieszkam w Warszawie [m-yeshkam v] I live in Warsaw

mieszkam u ... [oo] I am staying with ...

mieszkam w hotelu [f hoteloo] I am staying at a hotel

mieszkanie [m-yeshkan-yeh] apartment, flat

mieszkanie do wynajęcia apartment for rent

między [m-yendsi] among; between

między innymi [een-nimee] among other things

między nami mówiąc [namee moov-yonts] between you and

me

międzylądowanie intermediate stop

międzynarodowy [m-yendsi-narodovi] international

międzynarodowy lot international flight

miękki [m-yenk-kee] soft

mięsień [m-yenshen^yuh] muscle

migrena [meegrena] migraine

miło mi pana/panią poznać [meewo mee pana/pan-yON poznach] nice to meet you

miłość f [meewosh-ch] love

miły [meewi] nice, pleasant

minuta [meenoota] minute

miska [meeska] bowl

mleczko kosmetyczne [mlechko kosmetichneh] skin cleanser

mleczny bar [mlechni bar] restaurant serving vegetarian dishes

młody [mwodi] young

młodzież [mwodjesh] young people

młotek [mwotek] hammer

mną [mnON] me

mniam mniam! [mn-yam mn-yam] yum-yum!

mnie [mnyeh] me; of me; to me

mniej [m-nyay] less

mniej więcej [v-yentsay] more or less

mniej niż ... [neesh] less than ...

mniejszy [m-nyayshi] smaller

moda fashion

modlitwa [modleetfa] prayer

modny [modni] fashionable

mogę [mogeh] I can

mogłam [mogwam], mogłem [mogwem] I could, I was able to

moi [mo-ee] my

moich [mo-eeH] my; of my; mine; of mine

moim [mo-eem], moimi [mo-eemee] my; with my; by my; mine

moja [moya] my; mine

moją [moyoN] my; with my; by my; mine

moje [moyeh] my; mine
  moje własne ... [vwasneh] my own ...

mojego [moyego], mojej [moyay] my; of my; mine; of mine

mojemu [moyemoo] my; to my; mine; to mine

mokry [mokri] wet

moneta coin

morze [moJeh] sea

Morze Bałtyckie [bowtitsk-yeh] Baltic Sea

most bridge (over river)

mostek bridge (dental)

motocykl [mototsikl] motorbike

motorówka [motoroofka] motorboat

motyl [motil] butterfly

może [moJeh] perhaps
  może nie [n-yeh] perhaps not

możesz [moJesh] you can

możliwy [moJleevi] possible
  to możliwe [moJleeveh] it's possible
  możliwie jak najszybciej/ najwięcej [moJleev-yeh yak

nīshipchay/nīv-yentsay] as soon/ much as possible

móc [moots] can, to be able to

mój [moo^{yuh}] my; mine

mówi [moovee] he/she speaks; he/she is talking

mówicie [mooveets-yeh] you speak; you are talking

mówić/powiedzieć [mooveech/ pov-yedjech] to say; to tell; to speak; to talk

mówię [moov-yeh] I speak; I am talking

mówisz [mooveesh] you speak; you are talking

mogłaby: czy mogłaby pani ...? [chi mogwabi panee] could you ...?

mogłabym [mogwabim], mógłbym [moog^{wuh}bim] I could, I might

mógłby: czy mógłby pan ...? [moog^{wuh}bi pan] could you ...?

MPT [em-peh-teh] municipal taxi company

mroźny [mroJni] frosty

mrożonki fpl [mroJonkee] frozen food

mrożony [mroJoni] frozen

mrówka [mroofka] ant

mróz [mroos] frost

msza [msha] mass

mu [moo] him; to him; it; to it

mucha [mooHa] fly

mur [moor] wall (outside)

musieć [mooshech] must, to have to

muszę [moosheh] I must, I have to

muszę iść [moosheh eesh-ch] I

must go

muzeum [moozeh-oom] museum

muzyka [moozika] music

muzyka klasyczna [klasichna] classical music

muzyka ludowa [loodova] folk music

muzyka pop pop music

muzyka rokowa [rokova] rock music

my [mi] we

mycie i ułożenie włosów [micheh ee oowoJen-yeh vwosoof] shampoo and set

myć/umyć [mich/oomich] to wash

myć/umyć ręce [rentseh] to wash one's hands

myć się [sheh] to wash oneself, to have a wash

mydło [midwo] soap

myjnia samochodowa [mee-nya samoHodova] car wash

mysz [mish] mouse

myśleć [mishlech] to think

myślę że ... [mishleh Jeh] I think that ...

MZK [em zet kah] municipal transport company

N

na on; to; at; for

na pocztę to the post office

na poczcie at the post office

na niebie in the sky

na plaży on the beach

na plażę to the beach

nabożeństwo [naboJenstfo]

church service

na czczo on an empty stomach

naczynia [nachin-ya] crockery

nad over; above

nad rzeką [JekON] by the river

na dworcu [dvortsoo] at the station

nadać [nadach] to post, to mail

nadawca [nadaftsa] sender

nadbrzeże [nadbJeJeh] quay

nadgarstek [nadgarstek] wrist

nad morzem [moJem] at the seaside, by the sea

na dole [doleh] at the bottom; downstairs; down there

nadwaga bagażu [nadvaga bagaJoo] excess baggage

na dworze [dvoJeh] outdoors

nadzieja [nadjaya] hope

mam nadzieję, że ... [nadjayeh Jeh] I hope that ...

nagi [nagee] naked

nagle [nagleh] suddenly

na górze [gooJeh] at the top; upstairs

nagrobek [nagrobek] gravestone

najbardziej [nībardjay] the most

najbliżej [nībleeJay] nearest to

najbliższy [nībleesh-shi] the nearest

najem [nī-em] lease

najgorszy [nīgorshi] worst

najlepiej spożyć przed ... best before ...

najlepszy [nīlepshi] best

najpóźniej [nīpooJ-nyay] latest

najwyższe piętro [nīvish-sheh p-yentro] top floor

nakrętka [nakrentka] nut (for bolt)

należeć [naleJech] to belong
nam us; to us
nami [namee] us; with us
z nami with us
namiot [nam-yot] tent
nampopować [nampopovach] to pump (up)
napad [napat] assault
napełniać [napeh^wuh nyach] to fill
napiwek [napeevek] tip (to waiter)
napompować [napompovach] to pump; to pump up
napój [napoo^yuh] drink
naprawa [naprava] repair
naprawa obuwia [oboov-ya] shoe repairer
naprawdę [napravdeh] really
naprawdę? is that so?
naprawiać/naprawić [napravyach/napraveech] to mend, to repair
naprzeciwko [napshecheefko] opposite
na przykład [pshikwat] for example
narciarstwo [narcharstfo] skiing
narciarstwo wodne [vodneh] waterskiing
nareszcie! [naresh-cheh] at last!
narodowość [narodovosh-ch] nationality
na ropę [ropeh] diesel-powered
narty [narti] skis
narty wodne [vodneh] waterskis
narzeczona/narzeczony [naJechona/naJechoni] fiancée, fiancé
narzędzie [naJendjeh] tool
nas us

nasi [nashee] our; ours
na spacer [spatser] for a walk
na sprzedaż [spshedash] for sale
następny [nastempni] next
nastolatek [nastolatek], nastolatka [nastolatka] teenager
nastrój [nastroo^yuh] mood
nasz [nash] our; ours
nasza [nasha] our; ours
naszą [nashON] our; ours; with our; with ours
na szczęście [sh-chensh-cheh] fortunately
nasze [nasheh] our; ours
naszego [nashego] our; ours; of our; of ours
naszej [nashay] our; ours; of our; of ours; to our; to ours
naszemu [nashemoo] our; ours; to our; to ours
naszych [nashiH] our; ours
naszyjnik [nashee-neek] necklace
naszym [nashim], naszymi [nashimee] our; ours; with our; with ours
naturalny [natooralni] natural
natychmiast [natiHm-yast] immediately
nauczyciel [na-oochichel], nauczycielka teacher
nauczyć [na-oochich] to teach
nauczyć się [sheh] to learn
nauka [na-ooka] science
nawet [navet] even
nawet jeśli [yeshlee] even if
nawet wtedy [ftedi] even then
na wynos [vinos] take away, to

go

na zdrowie! [zdrov-yeh] cheers!; bless you!

na zewnątrz [zevnontsh] outside

nazwa [nazva] name

nazwisko [nazveesko] surname

nazwisko panieńskie [pan-yens-kyeh] maiden name

nazywać się [nazivach sheh] to be called

nazywam się ... [nazivam] I am called ..., my name is ...

na żądanie [Jondan-yeh] request stop

negatyw [negatif] negative (film)

nerki [nerkee] kidneys

nerwowy [nervovi] nervous

nią [n-yON] her; by her

z nią with her

nic [neets] nothing

nic nie słyszę [n-yeh swisheh] I can't hear anything

nic nie szkodzi [shkodjee] it doesn't matter

nic mu nie jest [moo — yest] there is nothing wrong with him

to na nic it's no good

nich [neeH] them

o nich about them

nici [neechee] cotton thread

nic więcej [v-yentsay] nothing else

niczego: niczego tu nie ma [neechego too n-yeh ma] there is nothing here

do niczego useless, worthless

nie [n-yeh] no; not; them

nie bardzo [bards-o] not very

much

nie chcę ... [Htseh] I don't want any ...

niebezpieczeństwo [n-yebes-pyechenstfo] danger

niebezpieczne skrzyżowanie dangerous junction

niebezpieczny [n-yebes-pyechni] dangerous

niebezpieczny zakręt dangerous bend

niebieski [n-yeb-yeskee] blue

niebo [n-yebo] sky

nieczynny [n-yechin-ni] out of order

niedaleko od [n-yedaleko ot] not far from

nie deptać trawników keep off the grass

niedziela [n-yedjela] Sunday

w niedzielę on Sunday

niedziele i święta Sundays and public holidays

w niedziele i dni świąteczne on Sundays and public holidays

niego [n-yego] his; him; its

niej [n-yay] her

nie ma ... [n-yeh ma] no ...; we haven't got any

nie ma już ... [yoosh] no more ...

nie ma tego we don't have that

nie ma mowy! [movi] no way!

nie ma przejazdu road closed

nie ma sprawy [spravi] no problem

Niemcy [n-yemtsi] Germany

niemiecki [n-yem-yetskee]
German

niemodny [n-yemodni]
unfashionable

niemowlę [n-yemovleh] baby

niemożliwy [n-yemoJleevi]
impossible

nienawidzieć [n-yenaveedjech] to
hate

nieograniczony przebieg [n-yeh-
ograneechoni psheb-yek]
unlimited mileage

nie otwierać drzwi w czasie
biegu pociągu do not open
the door while the train is
moving

nie palić no smoking

nieporozumienie [n-yeporozoom-
yen-yeh] misunderstanding

niepotrzebny [n-yepotshebni]
unnecessary

nieprawda [n-yepravda] not true

nieprzyjemny [n-yepshi-yemni]
unpleasant

nieprzytomny [n-yepshitomni]
unconscious

nierówna nawierzchnia uneven
road surface

niespodzianka [n-yespodjanka]
surprise

niestety [n-yesteti]
unfortunately

niestrawność [n-yestravnosh-ch]
indigestion

nieść [n-yesh-ch] to carry

nieśmiały [n-yeshm-yawi] shy

nieświeży [n-yesh-fyeJi] stale;
off; bad

nieuprzejmy [n-yeh-oopshaymi]

rude

nieuzasadnione użycie będzie
karane penalty for misuse

nieważne [n-yevaJneh] it doesn't
matter

nieważny [n-yevaJni] not valid

niewidomy [n-yeveedomi] blind

niewiele czasu [n-yev-yeleh
chasoo] not much time

niewinny [n-yeveenni] innocent

nie wolno [n-yeh volno] it is
forbidden

nie wychylać się do not lean
out of the window

niezależny [n-yezaleJni]
independent

niezamężna [n-yezamenJna]
single, unmarried (woman)

nie zatrzymuje się w ... does not
stop in ...

nie zawiera ... contains no ...

nie zawiera cukru sugar free

nie zawiera tłuszczów
zwierzęcych contains no
animal fat

niezbędny [n-yezbendni]
essential

niezbyt często [n-yezbit chensto]
not too often

nieznośny [n-yeznoshni] horrible

nie żartuj! [Jartoo^{yuh}] don't make
me laugh!

nieżonaty [n-yeJonati] single,
unmarried (man)

nigdy [neegdi] never

nigdzie [neegdjeh] nowhere

nikim nobody, no-one; with
nobody, with no-one

nikogo [neekogo] nobody

nikt [neekt] nobody, no-one

nim [neem] him; it; them; with him; with it

nimi [neemee] them

niski [neeskee] low

niskocukrowy low in sugar

niskooktanowa [neeskooktanova] low octane; super (94 octane)

nitka [neetka] thread

niż [neesh] than; low pressure

noc [nots] night

nocą [notsON] at night

nocleg [notslek] accommodation; overnight stay

noclegi private rooms

nocna zmiana [notsna z-myana] night shift

nocny klub/lokal [notsni kloop] nightclub

nocny portier [port-yer] night porter

noga leg

normalne [nomalneh] slow, normal (train service)

normalny [nomalni] normal

Norwegia [norveg-ya] Norway

norweski [norveskee] Norwegian

nos nose

nosić/nieść [nosheech/n-yesh-ch] to carry

nosze [nosheh] stretcher

notatnik [notatneek] diary; notebook

notatnik adresowy [adresovi] address book

notes notebook

Nowa Zelandia [nova zeland-ya] New Zealand

nowoczesny [novochesni] modern

nowy [novi] new

Nowy Rok New Year

nożyczki [noJichkee] scissors

nóż [noosh] knife

nudny [noodni] boring

nudzi mi się [noodjee mee sheh] I am bored

numer [noomer] number

numer kierunkowy [k-yeroonkovi] dialling code

numer rejestracyjny [rayestratsee-ni] registration number

numer telefonu [telefonoo] phone number

nurkować [noorkovach] dive

nurkowanie [noorkovan-yeh] skin-diving

O

o at; about; of

oba both of them

obejmować/objąć [obaymovach/ ob-yonch] to include; to embrace

obiad [ob-yat] lunch

obie [ob-yeh] both of them

obiecywać/obiecać [ob-yetsivach/ ob-yetsach] to promise

obiektyw [ob-yektif] lens

objazd [ob-yast] diversion, diverted traffic, detour

objąć [ob-yonch] to include; to embrace

obniżka [obneeshka] reduction (of prices)

obniżka cen reduced prices

oboje [oboyeh] both; both of them

obojga [oboyga] both; both of them

obok beside, next to

obóz koncentracyjny [oboos kontsentratsee-ni] concentration camp

obrabować [obrabovach] to rob

obraz painting

obraźliwy [obraJleevi] offensive

obrażać/obrazić [obraJach/ obraJeech] to offend

obrażać się/obrazić się [sheh] to be offended

obrączka ślubna [obronchka shloobna] wedding ring

obrus [obroos] tablecloth

obrus haftowany [haftovani] embroidered tablecloth

obrzydliwy [obJidleevi] disgusting

obsługa [opswooga] service

obudzić [oboodjeech] to wake (someone)

obudzić się [sheh] to wake up

obuwie [oboov-yeh] shoes

obyczaj [obichī] custom

ochota: mam ochotę na ... [oHoteh] I feel like ... czy masz ochotę na ... [chi mash] would you like ...?

ochrona środowiska [oHrona shrodoveeska] protection of the environment

oczy [ochi] eyes

oczyścić [ochish-cheech] to clean

oczywisty [ochiveesti] obvious

oczywiście [ochiveesh-cheh] of course

od from; off; of; than; for; since

odbiór bagażu [od-byoor bagaJoo] baggage claim

oddawać/oddać [od-davach/od-dach] to give back

oddychać [od-diHach] to breathe

oddział [od-dja\ensuremath{^{wuh}}] ward (in hospital)

odebrać [odebrach] to collect

odjazd [od-yast] departure

odjazd o godzinie ... departing at ...

odjazdy departures

odkurzacz [otkooJach] vacuum cleaner

odległość f [odlegwosh-ch] distance

odlot departure

odloty [odloti] departures

odpływ [odpwif] low tide

odpoczynek [otpochinek] rest (sleep)

odpoczywać/odpocząć [otpochivach/otpochonch] to take a rest

odpowiadać [otpov-yadach] to answer

odpowiedzialny [otpov-yedjalni] responsible

odpowiedź f [otpov-yech] answer

odprawa bagażowa [otprava bagaJova], odprawa bagażu [bagaJoo] check-in

odprawa biletowo-bagażowa [beeletovobagaJova] check-in

odprawa paszportowa passport control

odra measles
odważny [odvaɹni] brave
odwiedzać/odwiedzić [od-vyedsach/od-vyedjeech] to visit
odwołać [odvowach] to cancel
odzież damska [odjesh damska] ladies' clothing
odzież męska [menska] menswear
odżywka do włosów [odjifka do wwosoof] conditioner
ogień [og-yen^yuh] fire
ognie sztuczne [og-nyeh shtoochneh] fireworks
ogon tail
ogółem [ogoowem] altogether
ograniczenie szybkości speed limit
ogród [ogroot] garden
w ogrodzie [v ogrodjeh] in the garden
ogrzewanie [ogɹevan-yeh] heating
ojca [oytsa] father's
ojciec [oychets] father
ojczym [oychim] stepfather
okazja [okaz-ya] bargain
Okęcie [okencheh] Warsaw Airport
okiennice [ok-yen-neetseh] shutters
okno window
oko eye
około [okowo] about, approximately
okrągły [okrongwi] round, circular
okres period
okropny [okropni] horrible

to okropne! [okropneh] that's awful!
okulary [okoolari] glasses, eyeglasses
okulary słoneczne [swonechneh] sunglasses
okulista [okooleesta] optician
olej [olay] oil
olejek do opalania [olayek do opalan-ya] suntan oil
olej napędowy [napendovi] diesel (fuel)
ołówek [owoovek] pencil
omyłka [omi^wuhka] error, mistake
on he
ona she
one [oneh], oni [onee] they
ono it
opalać się/opalić się [opalach sheh/opaleech] to sunbathe; to get a tan
opalenizna [opaleneezna] suntan
opalony [opaloni] suntanned
oparzenie [opaɹen-yeh] burn
oparzyć się [opaɹich sheh] to burn oneself
operacja [operats-ya] operation
opiekować się [op-yekovach sheh] to look after
opiekun [op-yekoon], opiekunka [op-yekoonka] carer; childminder
opłata [opwata] charge
opłata krajowa [krī-ova] inland postage
opłata pocztowa [pochtova] postage
opłata za wstęp [fstemp]

admission charge
opona tyre
opóźnienie [opooJn-yen-yeh] delay
opóźniony [opooJn-yoni] delayed
oprawka okularów [oprafka okoolaroof] frame (glasses)
oprócz [oprooch] except
oprócz niedziel except Sundays
opryszczka [oprish-chka] cold sore
optyk [optik] optician
optymistyczny [optimeestichni] optimistic
opuszczać/opuścić [opoosh-chach/opoosh-cheech] to leave
organizować [organeezovach] to organize
orkiestra [ork-yestra] orchestra
osa wasp
osiem [oshem] eight
osiemdziesiąt [oshemdjeshont] eighty
osiemnaście [oshemnash-cheh] eighteen
osiemset [oshemset] eight hundred
osioł [osho^{wuh}] donkey
osoba person
osobno separately
osobny [osobni] separate
osobowe [osoboveh] slow, normal (train service)
osobowy pociąg slow train
ostateczny [ostatechni] final
ostatni [ostatnee] last
ostrożnie! [ostroJn-yeh] be careful!
ostry [ostri] sharp

ostry dyżur [diJoor] emergency department, casualty department
ostry zakręt sharp bend
ostrzeżenie warning
ostrzyc włosy [ostshits vwosi] to have a haircut
oś [osh] axle
ość [osh-ch] fishbone
ośla łączka [oshla wonchka] nursery slope
ośrodek [oshrodek] centre
ośrodek sportowy [sportovi] sports centre
ośrodek zdrowia [zdrov-ya] health centre
Oświęcim [osh-fyencheem] Auschwitz
oto here is/are
otrzymać [otshimach] to receive
otwarte całą dobę open all day
otwarte od 8-ej do 20-tej opening hours from 8 a.m. to 8 p.m.
otwarty [otfarti] open
otwieracz do puszek [ot-fyerach do pooshek] tin-opener
otwierać/otworzyć [ot-fyerach/otfoJich] to open; to unlock
otworzyć [otfoJich] to open; to unlock
otwór [otfoor] hole
owad [ovat] insect
owca [ovtsa] sheep
owoc [ovots] fruit (one)
owoce [ovotseh] fruit

Ó

ósmy [oosmi] eighth

P

pachnący [paнnontsi] scented, fragrant

paczka [pachka] packet; parcel

paczka papierosów [pap-yerosoof] packet of cigarettes

paczki [pachkee] parcels counter

padać: pada deszcz [desh-ch] it's raining
pada śnieg [sh-nyek] it's snowing

pająk [pī-onk] spider

pakować [pakovach] to pack

palacz [palach], **palaczka** [palachka] smoker

palce [paltseh] fingers; toes

palec [palets] finger

palec u nogi [oo nogee] toe

palenie wzbronione no smoking

palić [paleech] to smoke; to burn

palić się [sheh] to burn

pali się! [palee] fire!
... pali się ... is on fire

paliwomierz [paleevom-yesh] fuel gauge

palto coat

pałac [pawats] palace

pamiątka [pam-yontka] souvenir

pamiętać [pam-yentach] to remember

pamiętam [pam-yentam] I remember

pampersy [pampersi] disposable nappies/diapers

pan gentleman; you
pan jest [yest] you are
pan ma you have

Pan Mr

pana your

pani [panee] lady; you; your
pani jest [yest] you have
pani ma you have

Pani [panee] Mrs; Miss; Ms

panie [pan-yeh] ladies; you

panika [paneeka] panic

panowie [panov-yeh] gentlemen; you

panów [panoof] you; your; yours
dla panów for you

pantofle [pantofleh] slippers

pań [pan^yuh] you; your; yours
dla pań for you

państwo [panstfo] state; ladies and gentlemen; you

państwowy [panstfovi] state, state-run

papeteria [papeter-ya] stationery

papier [pap-yer] paper

papier do pakowania [pakovan-ya] wrapping paper

papier listowy [leestovi] writing paper

papieros [pap-yeros] cigarette

papierowy [pap-yerovi] paper (adj)

papier toaletowy [toaletovi] toilet paper

Papież [pap-yesh] Pope

para couple (two people); steam,

vapour

para ... a pair of ...

parafia [paraf-ya] parish

parasol umbrella; sunshade, beach parasol

parasolka umbrella

parking [parkeeng] car park, (US) parking lot

parkować [parkovach] to park

parkowanie wzbronione no parking

parowóz [parovoos] steam locomotive

parter ground floor, (US) first floor

pas lane

pasażer [pasaJer], **pasażerka** [pasaJerka] passenger

pasażerowie passengers

pasażerów prosi się o pozostanie na swoich miejscach passengers are requested to stay in their seats

pas bezpieczeństwa [besp-yechenstfa] seat belt

pasek belt; strap; stripe

w paski [f paskee] striped

pasek do zegarka watch strap

pasjonujący [pas-yonoo-yontsi] exciting

pasmanteria [pasmanter-ya] haberdashery

pas startowy [startovi] runway

pas szybkiego ruchu [ship-kyego rooHoo] fast lane

pasta do butów [bootoof] shoe polish

pasta do zębów [zemboof]

toothpaste

pastylki od bólu gardła [pastilkee od booloo gardwa] throat pastilles

pasuje: to pasuje [pasoo-yeh] it fits

paszport [pashport] passport

patelnia [patel-nya] frying pan

patrzeć [patshech] to look; to look at

paznokcie [paznokcheh] fingernails; toenails

październik [paJdjerneek] October

w październiku [f paJdjerneekoo] in October

pchać/pchnąć [pHach/pHnonch] to push

pchła [pHwa] flea

pchnąć [pHnonch] to push

pedał [peda^(wuh)] pedal

pedał gazu [gazoo] accelerator

pełne utrzymanie [peh^(wuh)neh ootshiman-yeh] full board

pełno ... [peh^(wuh)no] plenty of ...

pełny [peh^(wuh)ni] full

pełen ... [pewen] full of ...

penicylina [peneetsileena] penicillin

pensjonat [pens-yonat] guesthouse

perfumy [perfoomi] perfume

peron platform, (US) track

peryferie [perifer-yeh] suburbs

pewny [pevni] sure, certain

czy to pewne? [chi to pevneh] is it definite?

czy jest pan pewien? [yest pan pev-yen] are you sure?

czy jest pani pewna? [panee pevna] are you sure?

pęcherz [penнesh] bladder; blister

pędzel [pendsel] paint brush

pędzel do golenia [golen-ya] shaving brush

pękać/pęknąć [penkach/ penknonch] to burst

pianino [p-yaneeno] piano

piasek [p-yasek] sand

piątek [p-yontek] Friday

piąty [p-yonti] fifth

pić [peech] to drink

piecyk [p-yetsik] oven

piecyk elektryczny [elektrichni] electric fire

pieczywo [p-yechivo] baker's; bread

piekarnia [p-yekarn-ya] bakery

pielęgniarka [p-yeleng-nyarka], pielęgniarz [p-yeleng-nyash] nurse

pieluszka [p-yelooshka] nappy, diaper

pieluszki jednorazowe [p-yelooshkee yednorazoveh] disposable nappies

pieniądze [p-yen-yondseh] money

pieprzny [p-yepshni] hot, spicy

pierś f [p-yersh] breast

pierścionek [p-yersh-chonek] ring (on finger)

pierwsza klasa [p-yerfsha klasa] first class

pierwsza pomoc [pomots] first aid

pierwszeństwo przejazdu right of way

pierwsze piętro [p-yerfsheh p-yentro] first floor, (US) second floor

pierwszy [p-yerfshi] first

pierwszy raz [ras] the first time

pies [p-yes] dog

pieszo [p-yesho] on foot

pieszy [p-yeshi] pedestrian

pięć [p-yench] five

pięćdziesiąt [p-yench-djeshont] fifty

pięćset [p-yenchset] five hundred

piękny [p-yenkni] beautiful

piętnaście [p-yentnash-cheh] fifteen

piętro [p-yentro] floor, storey

pigułka [peegoo^{wuh}ka] pill

pigułka antykoncepcyjna [antikontseptsee-na] contraceptive pill

pijany [pee-yani] drunk

piję [pee-yeh] I drink, I am drinking

pikantny [peekantni] savoury

pilnik do paznokci [peelneek do paznokchee] nailfile

pilny [peelni] urgent

piłeczka golfowa [peewechka golfova] golf ball

piłka [pee^{wuh}ka] ball

piłka nożna [noJna] football

piosenka [p-yosenka] song

pióro [p-yooro] pen

pisać [peesach] to write

pisak [peesak] felt-tip pen

pistolet [peestolet] pistol

piszę [peesheh] I write, I am

writing
jak to się pisze? [yak to sheh]
how do you spell it?
piwiarnia [peev-yarn-ya] beer
cellar; pub
piwnica [peevneetsa] cellar
piżama [peeJama] pyjamas
PKP [peh ka peh] Polish
National Railways
PKS [peh ka ess] coach and
country bus service; bus
making limited stops
pl. square
plac [plats] square (in town)
plac zabaw [zabaf] playground
plakat poster
plama stain
plan map; plan
plan miasta [m-yasta] city map
plaster Elastoplast®,
Bandaid®
plastyk [plastik] plastic
platyna [platina] platinum
plaża [plaJa] beach
plecak [pletsak] rucksack
plecy pl [pletsi] back (of body)
plomba filling
plus [ploos] plus
płacić [pwacheech] to pay
płacić gotówką [gotoofkON] to
pay cash
ile płacę? [eeleh pwatseh] how
much is it?
płakać [pwakach] to cry
płaski [pwaskee] flat (adj)
płaszcz nieprzemakalny [pwash-
ch n-yepshemakalni] raincoat
płatne [pwatneh] charge (to use
beach)

płot [pwot] fence
płuca [pwootsa] lungs
płukać [pwookach] to rinse
płukać gardło [gardwo] to gargle
płukanka koloryzująca
[pwookanka kolorizoo-yontsa]
tint
płyn [pwin] liquid; fluid
płyn do zmywania naczyń
[zmivan-ya nachinʸᵘʰ] washing-
up liquid
płynnie [pwin-nyeh] fluently
płyn po goleniu [golen-yoo]
aftershave
płyn przeciw komarom/owadom
[pshecheef komarom/ovadom]
insect repellent
płyn przeciw zamarzaniu [zamar-
zan-yoo] antifreeze
płyta [pwita] record
płyta kompaktowa [kompaktova]
compact disc
pływać/popłynąć [pwivach/
popwinonch] to swim; to sail;
to float
pływalnia [pwival-nya]
swimming pool
pływanie [pwivan-yeh]
swimming
po after; on; over; past; up
po angielsku [ang-yelskoo] in
English
po dwa dla każdego [kaJdego]
two each
po co? [tso] what for?
po ile ...? [eeleh] how much
are the ...?
pobić [pobeech] to beat
pobierać opłatę [pob-yerach

opwateh] to charge

pobyt [pobit] stay

pocałować [potsawovach] to kiss

pocałunek [potsawoonek] kiss

pochmurny [poHmoorni] cloudy

pochwa [poHfa] vagina

pociąg [pochonk] train

pociąg ekspresowy [ekspresovi] express train

pociągi do ... trains to ...

pociąg osobowy [osobovi] slow train

pociąg podmiejski [pod-myayskee] local train

pociąg pośpieszny [posh-pyeshni] fast train

pocić się [pocheech sheh] to sweat, to perspire

początek [pochontek] beginning

początkujący [pochontkoo-yontsi] beginner

poczekalnia [pochekal-nya] waiting room

poczekam tutaj [pochekam tootī] I'll wait here

poczta [pochta] post office; post, mail

poczta lotnicza [lotneecha] airmail

pocztą lotniczą [pochtoN lotneechoN] by airmail

Poczta, Telegraf, Telefon post, telegram and telephone office, main post office

pocztówka [pochtoofka] postcard

pod under; below; by; at; near

pod numerem 10 at number 10

pod Warszawą near Warsaw

podawać/podać [podavach/podach] to pass; to serve

proszę mi podać ... [prosheh mee] pass me the ..., please

podać cenę [tseneh] to give a price

podarty [podarti] torn

podbródek [podbroodek] chin

podczas [potchas] during

podeszwa [podeshfa] sole (of shoe)

pod górę [gooreh] uphill

podłoga [podwoga] floor (of room)

podnośnik [podnoshneek] jack

pod ochroną [oHronoN] protected

podobać się [podobach sheh] please

podoba mi się [mee] I like it

on/ona mi się podoba I like him/her

podobny [podobni] similar

podpaska higieniczna [potpaska heeg-yeneechna] sanitary towel/napkin

podpis [potpees] signature

podpisać [potpeesach] to sign

pod prąd [pront] upstream

podręcznik [podrenchneek] textbook

podróż [podroosh] journey

podróżować [podrooJovach] to travel

podróżować autostopem [podrooJovach owtostopem] to hitch-hike

podróż służbowa [podroosh

swooJbova] business trip

pod spodem [pot] underneath

poduszka [podooshka] pillow; cushion

poduszkowiec [podooshkov-yets] hovercraft

pod warunkiem ... [varoonk-yem] on condition (that), provided (that)

podwozić/podwieźć [podvoJeech/ podv-yesh-ch] to give a lift to

podwójny [podvoo^{yuh}ni] double

pogoda weather

pogodny dzień [pogodni djen^{yuh}] fine day

pogotowie [pogotov-yeh] casualty; ambulance

pogotowie ratunkowe [ratoonkoveh] casualty; ambulance

pogotowie techniczne [teнneechneh] breakdown service

pogryść [pogrish-ch] to chew

pogrzeb [pogJep] funeral

pojazd [poyast] vehicle

po jedzeniu after food

pojemnik na śmieci [poyemneek na shm-yechee] dustbin, trashcan

pojutrze [poyootsheh] the day after tomorrow

pokazywać/pokazać [pokazivach/ pokazach] to show

pokład [pokwat] deck

pokoje do wynajęcia rooms to let

pokojówka [pokoyoofka] chambermaid

pokój [pokoo^{yuh}] room

pokój dwuosobowy [dvoo-osobovi] double room

pokój jednoosobowy [yedno-osobovi] single room

pokój nr ... room no. ...

pokrywka [pokrifka] lid

pokwitowanie [pokfeetovan-yeh] receipt

Polacy [polatsi] the Poles

Polak Pole

pole [poleh] field

polecać/polecić [poletsach/ polecheech] to recommend

polecieć [polechech] to fly

polecony [poletsoni] registered (letter)

pole golfowe [poleh golfoveh] golf course

policja [poleets-ya] police

policjant [poleets-yant] policeman

polityczny [poleetichni] political

polityka [poleetika] politics

Polka Pole

polowanie wzbronione no hunting

Polska Poland

polski [polskee] Polish

połączenie [powonchen-yeh] connection

połowa [powova] half

położyć [powoJich] to put

położyć się [sheh] to lie down

położyć się do łóżka [wooshka] to go to bed

południe [powood-nyeh] midday, noon; south

na południe od ... south of ...

Południowa Afryka [powood-nyova afrika] South Africa

południowy [powood-nyovi] southern

południowy wschód [fsHoot] southeast

południowy zachód [zaHoot] southwest

pomagać/pomóc [pomagach/pomoots] to help

pomarańczowy [pomaranchovi] orange (colour)

pomnik [pomneek] monument; statue

Pomorze [pomoJeh] Pomerania

pomóc [pomoots] to help

pompa pump

pompować/napompować [pompovach/napompovach] to pump (up)

pomyłka [pomi^wuh ka] mistake; wrong number

poniedziałek [pon-yedjawek] Monday

ponieważ [pon-yevash] because

pończochy [ponchoHi] stockings

po otwarciu przechowywać w lodówce refrigerate after opening

poparzenie słoneczne [popaJen-yeh swonechneh] sunburn

popić wodą take with water

popielniczka [pop-yelneechka] ashtray

po pierwsze [p-yerfsheh] first

popłynąć [popwinonch] to swim; to sail; to float

popołudnie [popowood-nyeh] afternoon

po południu [powood-nyoo] in the afternoon

poprawny [popravni] correct

poprosić [poprosheech] to ask (for something)

poproszę [poprosheh] yes please

poproszę ... may I speak to ...

poproszę o ... may I have a ...

porada advice

poradzić [poradjeech] to advise

pora roku [rokoo] season

porcelana [portselana] china, porcelain

porcja [ports-ya] portion

porcja dziecinna [djecheenna] children's portion

port harbour; port

portfel wallet

portier [port-yer] doorman

portmonetka purse

portret portrait

poruszyć [porooshich] to move

porządek [poJondek] order

w porządku [f poJontkoo] that's all right

wszystko w porządku [fshistko] everything's fine

posiłek [posheewek] meal

posłodzić [poswodjeech] to sweeten; to add sugar

poste restante [post restan] poste restante

postój taksówek [postoo^yuh taksoovek] taxi rank

poszedł [poshed^wuh] he went, he has gone

poszedłem [poshedwem] I went, I have gone

poszliśmy [poshleeshmi] we went, we have gone

poszła [poshwa] she went, she has gone

poszłam [poshwam] I went, I have gone

poszłyśmy [poshwishmi] we went, we have gone

poszukać [poshookach] to look for

pośladki pl [poshlatkee] bottom, buttocks

pośpieszne fast train making limited stops

pośpieszny autobus [poshp-yeshni owtoboos] bus making limited stops

potem then; afterwards

potężny [potenJni] powerful

potrawa [potrava] dish (food)

potrzeba [potsheba] need

potrzeba mi ... [mee] I need ...

nie potrzeba [n-yeh] there's no need

potwierdzić [pot-fyerdjeech] to confirm

poważny [povaJni] serious

powiedzieć [pov-yedjech] to say; to tell

nie powiem [n-yeh pov-yem] I won't tell

nie umiem powiedzieć [oom-yem] I can't say

powierzchnia [pov-yesh-Hnya] surface

powieść [pov-yesh-ch] novel

powietrze [pov-yetsheh] air

powiększenie [pov-yenkshen-yeh] enlargement

powinien pan ... [poveen-yen], **powinna pani ...** [poveen-na panee] you should ...

powodzenia! [povodsen-ya] good luck!

powoli [povolee] slowly

powolny [povolni] slow

powód [povoot] reason

powódź [povooch] flood

powrotna podróż [povrotna podroosh] return journey, round trip

powrót [povroot] return

powtarzać/powtórzyć [poftaJach/poftooJich] to repeat

poza beyond

poziom oleju [poJom olayoo] oil level

pozwalać/pozwolić [pozvalach/pozvoleech] to let, to allow

pożar [poJar] fire (blaze)

pożar! fire!

pożyczać/pożyczyć [poJichach/poJichich] to lend; to borrow

pójdę [poo^{yuh}deh] I'll go

pójdę piechotą [p-yeHotoN] I'll walk

pójdziesz [poo^{yuh}djesh] you will go

pójść [poo^{yuh}sh-ch] to go

pójść po to fetch

pół ceny [poo^{wuh} tseni] half price

pół godziny [godjeeni] half an hour

półka [poo^{wuh}ka] shelf

pół litra [leetra] half a litre

półmisek [poo^{wuh}meesek] platter, dish

północ [poo^{wuh}nots] midnight;

north
na północ od north of
Północna Irlandia [poo^wuh^notsna eerland-ya] Northern Ireland
północny [poo^wuh^notsni] northern
północny wschód [fsHoot] northeast
północny zachód [zaHoot] northwest
półwysep [poo^wuh^visep] peninsula
później [pooJn-yay] later; later on
późny [pooJni] late
praca [pratsa] work; job
pracować [pratsovach] to work
pracuję w [pratsoo-yeh v] ... I work in ...
pracuję jako ... [yako] I work as ...
prać/uprać [prach/ooprach] to wash (clothes)
prać w temp.40°C wash at 40°C
praktyczny [praktichni] practical
pralka washing machine
pralnia [pral-nya] laundry (place)
pralnia chemiczna [Hemeechna] dry-cleaner
pralnia samoobsługowa [samo-opswoogova] launderette, laundromat
pranie [pran-yeh] laundry, washing
prasa newspapers, press
w prasie [f prasheh] in the papers
prasować/uprasować [prasovach/ooprasovach] to iron
prawda [pravda] truth

prawda! that's right
prawda? isn't that so?
prawdopodobnie [pravdopodob-nyeh] probably
prawdziwy [pravdjeevi] true; real
prawidłowy [praveedwovi] right, correct
prawie [prav-yeh] almost
prawie nic [neets] hardly anything
prawie nigdy [neegdi] hardly ever
prawie zawsze [zafsheh] most of the time
prawniczka [pravneechka], **prawnik** [pravneek] lawyer
prawo [pravo] law; right
prawo do ... the right to ...
prawo jazdy [yazdi] driving licence
prawy [pravi] right (side)
na prawo [pravo] to the right; on the right
po prawej stronie [pravay stron-yeh] on the right
premier [prem-yer] Prime Minister
prezent present, gift
prezerwatywa [prezervativa] condom
prezydent [prezident] president
procent [protsent] per cent
prognoza pogody [pogodi] weather forecast
prom ferry
prosić/poprosić [prosheech/poprosheech] to ask, to request

prosimy o wygaszenie papierosów please extinguish your cigarettes

prosimy zapiąć pasy fasten your seat belts

prosto straight ahead

prosty [prosti] straight

proszek do prania [proshek do pran-ya] washing powder

mleko w proszku [f proshkoo] powdered milk

proszę [prosheh] please; here you are

proszę! come in!

proszę na ... to the ... please

proszę o ... can I have ...?

proszę bardzo [bards-o] you're welcome, not at all; help yourself; here you are

proszę bilety do kontroli tickets, please

proszę nie dotykać please do not touch

proszę nie odkładać słuchawki [n-yeh otkwadach swooHafkee] hold the line

proszę nie palić please do not smoke

proszę pana Sir

proszę pana! waiter!

proszę pani Madam

proszę pani! waitress!

proszę tego nie ruszać do not touch

proszę wejść [vaysh-ch] come straight in

proszę zająć miejsca please take your seats

proszę zamkać drzwi please close the door

proszę zapytać w informacji please ask at the information desk

proszki od bólu głowy [proshkee od booloo gwovi] headache pills

... proszki na raz take ... pills at a time

proszę poczekać [prosheh pocheKach] just a minute

proteza zębowa [proteza zembova] dentures

prowadzić samochód [provadjeech samoHoot] to drive

prowadzić do ... to lead to ...

próbować/spróbować [proobovach/sproobovach] to try; to taste

próchnica [prooHneetsa] caries, tooth decay

prysznic [prishneets] shower

prywatny [privatni] private

przebierać się [psheb-yerach sheh] to get changed

przebita dętka [pshebeeta dentka] puncture, (US) flat

przebita opona flat tyre

przebywać [pshebivach] to stay, to remain

przechodzić/przejść [psheHodjeech/pshaysh-ch] to go through

przechodzić przez [pshes] to cross

przechowalnia bagażu [psheHoval-nya bagaJoo] left luggage, baggage check przechowywać w chłodnym miejscu store in a cool place

przeciąg [pshechonk] draught

przeciek [pshechek] leak

przeciekać [pshechekach] to leak

przeciw [pshecheef] against

przeciwny [pshecheevni] opposite

w przeciwnym kierunku [f pshecheevnim k-yeroonkoo] in the opposite direction

przed [pshet] in front of; before

przed jedzeniem before food

przedłużacz [pshedwooJach] extension lead

przednia szyba [pshed-nya shiba] windscreen

przedsiębiorstwo państwowe state-run enterprise

przedsiębiorstwo prywatne [privatneh] private enterprise

przedstawiciel [pshetstaveechel] agent

przedstawić [pshetstaveech] to introduce

przedstawienie [pshetstav-yen-yeh] show (in theatre)

przedszkole [pshechkoleh] kindergarten, nursery school

przedtem [pshet-tem] before

przedwczoraj [pshetfchorï] the day before yesterday

przedział [pshedja^{wuh}] compartment

przedział dla niepalących [n-yepalontsiH] non-smoking compartment

przejazd kolejowy level

crossing, grade crossing

przejście dla pieszych pedestrian crossing

przejście do pociągów dalekobieżnych to long-distance trains

przejście na perony to the platforms

przejście podziemne underpass

przejście wbronione no trespassing

przejść [pshaysh-ch] to go through

przekaz [pshekas] money order

przekazy pieniężne [pshekazi p-yen-yenJneh] money orders

przekleństwo [psheklenstfo] swearword

przeklinać [pshekleenach] to swear

przelotny deszcz [pshelotni desh-ch] shower (rain)

przełącznik napięcia [pshewonchneek nap-yencha] adapter (for voltage)

przełęcz [pshewench] pass (mountain)

przemysł [pshemis^{wuh}] industry

przenocować [pshenotsovach] to put up for the night

przepis [pshepees] recipe

przepisy [pshepeesi] regulations

przepisy ruchu drogowego highway code

przepraszać/przeprosić [psheprashach/psheprosheech] to apologize

przepraszam [psheprasham] excuse me, sorry

przepraszam bardzo [bards-o] I am very sorry, I do apologize

przeprosić [psheproseech] to apologize

przeprosiny [psheprosheeni] apology

przerażający [psheraJĩ-ontsi] appalling

przerwa [psherva] break; interval (at theatre)

przerwa obiadowa closed for lunch

przerwa semestralna vacation (from university)

przesadzać/przesadzić [pshesadsach/pshesadjeech] to exaggerate

przesiadać się/przesiąć się [psheshadach sheh/psheshonch] to change (trains, buses)

przesiadka! [psheshatka] all change!

z przesiadką w ... [s psheshantkon v] change at ...

przesłona [psheswona] shutter (on camera)

przesyłka [pshesi^wuh^ka] parcel; mail

przeszkadzać/przeszkodzić [psheshkadsach/psheshkodjeech] to disturb

to mi nie przeszkadza [mee n-yeh psheshkadsa] I don't mind at all

przeszkoda [psheshkoda] obstacle

przeszłość [psheshwosh-ch] the past

w przeszłości [f psheshwosh-chee] in the past

prześcieradło [pshesh-cheradwo] sheet

przetłumaczyć [pshetwoomachich] to translate; to interpret

przewodniczka [pshevodneechka] guide

przewodnik [pshevodneek] guide; guidebook

przewracać/przewrócić [pshevratsach/pshevroocheech] to knock over

przewracać się/przewrócić się [pshevratsach sheh/pshevroocheech] to fall over

przez [pshes] through; across; via; for; by

przejść przez ulicę [pshaysh-ch – ooleetseh] to cross the street

przez chwilę [Hfeeleh] for a moment

przez długi czas [dwoogee chas] for a long time

przez przypadek [pshipadek] by accident

przez telefon by phone

przez radio on the radio

przeziębienie [psheJemb-yen-yeh] cold (illness)

przeziębiony: jestem przeziębiony [yestem psheJemb-yoni] I've got a cold

przezwisko [pshezveesko] nickname

przodek [pshodek] ancestor

przód [pshoot] front (part)

do przodu [pshodoo] forward

z przodu [s] in front
przy [pshi] by; at; beside; next to
  przy granicy on the border
przybywać/przybyć [pshibivach/pshibich] to arrive
przychodnia [pshiнod-nya] outpatients
przychodzić/przyjść [pshiнodjeech/pshee-sh-ch] to come
przyczepa [pshichepa] trailer (behind car)
przyczepa turystyczna [tooristichna] caravan, (US) trailer
przyczyna [pshichina] cause
przygnębiony [pshignemb-yoni] depressed
przygotować [pshigotovach] to prepare
przyjaciel [pshi-yachel], przyjaciółka [pshi-yachoo^{wuh}ka] friend
przyjazd [pshi-yast] arrival
  przyjazd o godzinie ... arriving at ...
przyjazdy [pshi-yazdi] arrivals
przyjąć [pshi-yonch] to accept
przyjechać [pshi-yeнach] to arrive (by car, train etc)
przyjemność [pshi-yemnosh-ch] pleasure
  z przyjemnością [s pshi-yemnosh-choN] with pleasure
przyjemny [pshi-yemni] pleasant
przyjęcie [pshi-yencheh] party; reception (for guests)
przyjmować/przyjąć [pshi-

ymovach/pshi-yonch] to accept
przyjść [pshee-sh-ch] to come
przykład [pshikwat] example
  na przykład for example
przylecieć [pshilechech] to arrive (by plane)
przylepiec [pshilep-yets] plaster, Bandaid®
przylot [pshilot] arrival
przyloty arrivals
przymierzać/przymierzyć [pshim-yeJach/pshim-yeJich] to try on
przymierzalnia [pshim-yeJal-nya] fitting room
przymierzyć [pshim-yeJich] to try on
przynajmniej [pshinīm-nyay] at least
przynosić/przynieść [pshinosheech/pshin-yesh-ch] to bring
przypadek [pshipadek] chance
przypadkiem [pshipat-kyem] by chance
przypalić [pshipaleech] to burn (food)
przypalone [pshipaloneh] burnt (food)
przypływ [pshipwif] high tide
przystanek [pshistanek] stop
przystanek autobusowy [owtoboosovi] bus stop
przystanek na żądanie [Jondan-yeh] request stop
przystanek tramwajowy [tramvī-ovi] tram stop
przystojny [pshistoyni] handsome
przyszłość [pshishwosh-ch]

future
w przyszłości [f pshishwosh-chee] in the future
przyszły [pshishwi] next
w przyszłym tygodniu/miesiącu/roku [f pshishwim tigod-nyoo/m-yeshontsoo/rokoo] next week/month/year
przyszywać/przyszyć [pshishivach/pshishich] to sew on
przy telefonie [pshi telefon-yeh] speaking
przytomny [pshitomni] conscious
przywitać [pshiveetach] to greet, to welcome
psuć się/zepsuć się [psooch sheh/zepsooch] to break down (car); to get damaged; to go off (food)
psy [psi] dogs
pszczoła [psh-chowa] bee
ptak [ptak] bird
PTT [peh teh teh] post, telegram and telephone office, main post office
PTTK [peh teh teh ka] Polish Tourist Association
publiczność f [poobleechnosh-ch] audience
publiczny [poobleechni] public
pudełko [poodeh^{wuh}ko] box
pudełko czekoladek [chekoladek] box of chocolates
pukać/zapukać [pookach/zapookach] to knock
punkt pierwszej pomocy [poonkt p-yerfshay pomotsi], punkt

sanitarny [saneetarni] First-Aid Post
punktualnie [poonktoo-al-nyeh] on time
pusty [poosti] empty
puszka [pooshka] can, tin
w puszce [f pooshtseh] canned, tinned
pytać/zapytać [pitach/zapitach] to ask (question)
pytanie [pitan-yeh] question
PZMot Polish motoring organization

R

rachunek [raHoonek] bill, (US) check
racja: ma pan/pani rację [panee rats-yeh] you are right
nie ma pan/pani racji [n-yeh – rats-yee] you are wrong
raczej [rachay] rather
radzić/poradzić [radjeech/poradjeech] to advise
rajstopy [rīstopi] tights, pantyhose
rak [rak] cancer; crayfish
rakieta [rak-yeta] racket (tennis, squash); rocket
rakietka [rak-yetka] bat (table tennis etc)
ramię [ram-yeh] arm; shoulder
ramiona [ram-yona] arms; shoulders
rana wound
ranny [ran-ni] injured
rano morning; in the morning
ratować/uratować [ratovach/

ooratovach] to save
ratownik [ratovneek] lifeguard
ratunku! [ratoonkoo] help!
ratusz [ratoosh] town hall
raz [ras] once
raz dziennie [djen-nyeh] once a
day
dwa razy w tygodniu [razi
f tigod-nyoo] twice weekly
razem together
rączka [ronchka] handle (on
suitcase, pan)
recepcja [retsepts-ya] reception
(in hotel)
recepcjonista m [retsepts-
yoneesta], **recepcjonistka** f
[retsepts-yoneestka]
receptionist
recepta [retsepta] prescription
reflektory [reflektori] headlights
regulamin [regoolameen] rules
and regulations
rejon [rayon] region
rejs [rays] cruise (on ship)
religia [releeg-ya] religion
remanent stock-taking
remont renovation; closed for
renovation
rencista m [rencheesta], **rencistka**
f [rencheestka] old-age
pensioner
rentgen X-ray
resor spring (in car)
restauracja [restowrats-ya]
restaurant
reszta [reshta] rest (remaining);
change
reumatyzm [reh-oomatizm]
rheumatism

rezerwacja [rezervats-ya]
reservation
rezerwować/zarezerwować
[rezervovach] to book, to
reserve
ręce [rentseh] hands; arms
ręcznik [renchneek] towel
ręcznik kąpielowy [komp-yelovi]
bath towel
ręka [renka] hand; arm
rękaw [renkaf] sleeve
rękawiczki [renkaveechkee]
gloves
rękodzieło [renkodjewo]
handicrafts
robić/zrobić [robeech] to do; to
make
robić na drutach [drootaн] to
knit
robić pranie [pran-yeh] to do the
washing
robić zakupy [zakoopi] to go
shopping
robię [rob-yeh] I make; I am
making; I am doing
robisz: co robisz? [tso robeesh]
what are you doing?
roboty drogowe roadworks
rocznica [rochneetsa]
anniversary
rocznica ślubu [shlooboo]
wedding anniversary
rodzaj [rodsī] type, kind
rodzice [rodjeetseh] parents
rodzić/urodzić [rodjeech/
oorodjeech] to give birth
rodzina [rodjeena] family
róg [rook] corner
rogiem: za rogiem [rog-yem]

round the corner

rogu: na rogu [rogoo] on the corner

rok year

rolety [roleti] blinds

rolki roller skates

rolnik [rolneek] farmer

rondo roundabout (for traffic)

Rosja [ros-ya] Russia

rosyjski [rosee-skee] Russian

roślina [roshleena] plant

rower [rover] bicycle

rowerem [roverem] by bike

rowery [roveri] bicycles

rowerzysta m [roveJista] cyclist

rozbijać/rozbić [rozbee-yach/ rozbeech] to crush; to break

rozbić namiot [nam-yot] to put up a tent

rozciągać/rozciągnąć [roschongach/roschognonch] to stretch

rozdzielacz [rozdjelach] distributor

rozgałęziacz [rozgawenJach] adapter

rozkład jazdy [rozkwad yazdi] timetable, (US) schedule

rozliczyć się [rozleechich sheh] to settle (bill)

rozmawiać [rozmav-yach] to talk

rozmiar [roz-myar] size

rozmowa [rozmova] talk

rozmowa lokalna local call

rozmowa międzymiastowa [m-yendsim-yastova] long-distance call

rozmowa R [er] reverse charge call, collect call

rozmowa zagraniczna [zagraneechna] international call

rozmowa zamiejscowa [zam-yaystsova] long-distance call

rozmowa z przywołaniem [s pshivowan-yem] person-to-person call

rozmówki [rozmoofkee] phrasebook

rozpakować [rospakovach] to unpack

rozpoznać [rospoznach] to recognize

rozsądny [ros-sondni] reasonable; sensible

rozstrój żołądka [rostroo^{yuh} Jowontka] upset stomach

rozumieć/zrozumieć [rozoom-yech/zrozoom-yech] to understand

rozumiem [rozoom-yem] I see, I understand

nie rozumiem [n-yeh] I don't understand

rozwidlenie [rozveedlen-yeh] fork (in road)

rozwiedziony [rozv-yedjoni] divorced

rozwodnik [rozvodneek] divorced man

rozwolnienie [rozvol-nyen-yeh] diarrhoea

rozwód [rozvoot] divorce

rozwódka [rozvootka] divorced woman

róg [rook] corner

za rogiem [rog-yem] round the corner

na rogu [rogoo] on the corner

róż [roosh] blusher

róża [rooJa] rose

różowy [rooJovi] pink

różyczka [rooJichka] German measles

Ruch [rooH] newsagent's kiosk also selling stamps and bus tickets

ruch motion, movement

ruch drogowy [drogovi] traffic

ruch jednokierunkowy one-way traffic

ruch jednostronny one-way traffic

ruch kołowy vehicular traffic

ruch pieszy pedestrian traffic

rudowłosy [roodovwosi] red-haired

rudy [roodi] red-haired; russet

ruiny [roo-eeni] ruins

Rumunia [roomoon-ya] Romania

rura wydechowa [roora videHova] exhaust pipe

ruszać/poruszyć [rooshach/poroozshich] to move

ryba [riba] fish

rynek [rinek] market; market place

rząd [Jont] government

rzecz f [Jech] thing

rzeka [Jeka] river

rzemiosło [Jem-yoswo] craft; crafts

rzeźba [JeJba] statue; sculpture

rzucać/rzucić [Jootsach/Joocheech] to throw

rzucam palenie [Jootsam palen-yeh] I'm giving up smoking

S

sala gimnastyczna [geemnastichna] gym

sala klubowa [kloobova] lounge (in hotel)

sala odlotowa [odlotova] departure lounge

salon lounge, sitting room

salon fryzjerski [friz-yerskee] hairdressing salon

Sam supermarket, self-service store

sam myself; himself; alone

sama myself; herself; alone

samo itself; alone

samochód [samoHoot] car

samochodem [samoHodem] by car

samochód z prawostronną kierownicą [s pravostron-noN k-yerovneetsoN] right-hand drive car

samolot aeroplane, airplane

samolotem by air

samoobsługa [samo-opswooga] self-service

sandały [sandawi] sandals

są [soN] they are; there are ...

sąsiad [sonshad], sąsiadka [sonshatka] neighbour

schodek [sHodek] step

schodki przeciwpożarowe [sHotke pshecheefpoJaroveh] fire escape

schody [sHodi] stairs

schować [sHovach] to hide

schowek [sHovek] locker

schronisko młodzieżowe

[sHroneesko mwodjeJoveh]
youth hostel

scyzoryk [stsizorik] penknife

Sejm [saym] Lower House of
Polish Parliament

sekretarka secretary

sekunda [sekoonda] second (in
time)

semestr term (at university)

sen dream

Senat Upper House of Polish
Parliament

sens: nie ma sensu [n-yeh ma
sensoo] there is no point
bez sensu [bes] nonsense
w pewnym sensie [f pevnim
sensheh] in a way

**separacja: jestem w separacji z
żoną/mężem** [yestem f separats-
yee z Jonon/menJem] I am
separated

septyczny [septichni] septic

serce [sertseh] heart

serwetka [servetka] napkin,
serviette

siadać/usiąść [shadach/
ooshonsh-ch] to sit down

siatka [shatka] net (in tennis)

siebie [sheb-yeh] oneself; one

siedem [shedem] seven

siedemdziesiąt [shedemdjeshont]
seventy

siedemnaście [shedemnash-cheh]
seventeen

siedemset [shedemset] seven
hundred

**siedząc w fotelu miej pas
zapięty** fasten your seat belt
while seated

siedzenie [shedsen-yeh] seat

siedzieć [shedjech] to be seated

siekiera [shek-yera] axe

sierpień [sherp-yen^yuh] August
w sierpniu [f sherpn-yoo] in
August

się [sheh] oneself

silnik [sheelneek] engine

silny [sheelni] strong

siniak [sheen-yak] bruise

siodełko [shodeh^wuh^ko] saddle (for
bike)

siodło [shodwo] saddle (for horse)

siostra [shostra] sister

siostrzenica [shostsheneetsa]
niece (sister's daughter)

siostrzeniec [shostshen-yets]
nephew (sister's son)

siódmy [shoodmi] seventh

siwy [sheevi] white; grey

skakać/skoczyć [skakach/
skochich] to jump

skakanie do wody wzbronione
no diving

skala scale
w skali Celsjusza/Fahrenheita
[f skalee tsels-yoosha/farenhïta]
degrees Celsius/Fahrenheit

skała [skawa] rock

skarpetki [skarpetkee] socks

skądże [skondjeh] certainly not

sklep shop

sklep mięsny [m-yensni]
butcher's

sklep monopolowy [monopolovi]
off-licence, liquor store

sklep obuwniczy [oboovneechi]
shoe shop

sklep papierniczy [pap-yerneechi]

stationer

sklep rybny [ribni] fishmonger's

sklep spożywczy [spoJifchi] grocer's

sklep warzywny [vaJivni] greengrocer

sklepy nocne [sklepi notsneh] all-purpose store, open 24 hours

sklep z futrami [s footramee] fur shop

składniki [skwadneekee] ingredients

skład surowcowy [skwat sooroftsovi] ingredients

skoczyć [skochich] to jump

skomplikowany [skompleekovani] complicated

skończone [skonchoneh] over, finished

skończyć [skonchich] to finish

skóra [skoora] skin; leather

skórzany pasek [skooJani pasek] leather belt

skręcać/skręcić [skrentsach/skrencheech] to turn

skręt [skrent] turning (in road)

skrót [skroot] shortcut

skrzydło [skshidwo] wing

skrzynia biegów [skshin-ya b-yegoof], skrzynka biegów [skshinka] gearbox

skrzynka pocztowa [pochtova] letterbox, mailbox

Skrytka Pocztowa [skritka] P.O. Box

skrzypce [skshiptseh] violin

skrzyżowanie [skshiJovan-yeh] junction; crossroads,

intersection

skrzyżowanie jednopoziomowe [yednopoJomoveh] level crossing, grade crossing

skurcz [skoorch] cramp

skuter [skooter] scooter

slajd [slīd] slide

slipy [sleepi] underpants

slipy kąpielowe [komp-yeloveh] swimming trunks

słaby [swabi] weak

jest mi słabo [yest mee swabo] I feel faint

sławny [swavni] famous

słodki [swotkee] sweet (taste)

słodzić/posłodzić [swodjeech/poswodjeech] to sweeten; to add sugar

słoik [swo-eek] jar

słoneczny [swonechni] sunny

słony [swoni] salty

słońce [swontseh] sun; sunshine

Słowacja [swovats-ya] Slovakia

słowacki [swovatskee] Slovak

słownik [swovneek] dictionary

słowo [swovo] word

słuchać [swooHach] to hear; to listen (to)

słucham? [swooHam] pardon (me)?; can I help you?; hello

słuchawka [swooHafka] handset

słuchawki [swooHafkee] headphones

słychać: co słychać? [swiHach] what's happening?

smacznego! [smachnego] enjoy your meal!

smaczny [smachni] tasty

smak taste; flavour

smar engine oil

smar do nart ski wax

smoczek [smochek] dummy (baby's)

smukły [smookwi] slim

smutny [smootni] sad

sobą [soboN] oneself; with oneself; one

sobie [sob-yeh] onself; to oneself; one

sobota [sobota] Saturday
w sobotę [f soboteh] on Saturday

solanka salt spring

Solidarność [soleedarnosh-ch] Solidarity

sól do kąpieli [sool do komp-yelee] bath salts

spacer [spatser] walk

spacerować [spatserovach] to walk

spać [spach] to sleep

specjalna oferta special offer

spinki do włosów [speenkee do vwosoof] hairgrips

spiżarnia [speeJarn-ya] larder

spodek saucer

spodnie [spod-nyeh] trousers, (US) pants

spodnie narciarskie [narcharsk-yeh] ski-pants

spodzie: na spodzie [spodjeh] at the bottom of

spodziewać się [spodjevach sheh] to expect

spokojny [spokoyni] peaceful

spokój i cisza [spokoo-yuh ee cheesha] peace and quiet

społeczeństwo [spowechenstfo] society

społeczny [spowechni] social; communal; welfare

spontaniczny [spontaneechni] spontaneous

sporo quite a lot

sportowy [sportovi] sport, sports (adj)

sporty wodne [sporti vodneh] water sports

sposób [sposoop] manner, method
w ten sposób [f] this way, like this

sposób przyrządzania preparation

spotykać/spotkać [spotikach/spotkach] to meet

spożyć w przeciągu 3 dni use within 3 days

spożywczy [spoJifchi] grocer's

spód: na spodzie [spodjeh] at the bottom of

spódnica [spoodneetsa] skirt

spóźniać się/spóźnić się [spooJ-nyach sheh/spooJneech] to be late

spóźniłam się/spóźniłem się [spooJneewam – spooJneewem] I missed; I was late

spółka [spoo-wuhka] company (business)

spóźnić się [spooJneech sheh] to be late; to miss (train, bus etc)

sprawdzać/sprawdzić [spravdsach/spravdjeech] to check

sprawiedliwy [sprav-yedleevi] fair

sprawy służbowe [spravi swooJboveh] business matters

sprężyna [sprenJina] spring (in seat)

spróbować [sproobovach] to try

sprzątaczka [spshontachka] cleaner, cleaning lady

sprzedawać/sprzedać [spshedavach/spshedach] to sell

sprzedaż [spshedash] sale

sprzęgło [spshengwo] clutch

sprzęt [spshent] equipment

sprzęt sportowy [sportovi] sports equipment

sp. z o.o. Ltd Liability Company

spuchnięty [spooH-nyenti] swollen

spust [spoost] drain

srebrny [srebrni] silver (adj)

srebro [srebro] silver

ssanie [s-san-yeh] choke

stacja [stats-ya] railway station; stop

stacja benzynowa [benzinova] petrol station, (US) gas station

stacja końcowa [kontsova] terminus (rail)

stacja obsługi [opswoogee] service station

stać [stach] to stand

stać się [sheh] to become

stać w kolejce [f kolaytseh] to queue, to stand in line

stadion [stad-yon] stadium

stal steel

stało: co się stało? [tso sheh stawo] what's happened?

czy nic się panu/pani nie stało? [chi neets sheh panoo/panee n-yeh] are you all right?

stanik [staneek] bra

Stany Zjednoczone [stani z-yednochoneh] United States

Stare Miasto [stareh m-yasto] Old Town

staroświecki [starosh-fyetskee] old-fashioned

starożytny [staroJitni] ancient

Starówka [staroofka] Old Town

starszy [starshi] elderly; older; elder

start take-off

startować [startovach] to take off

stary [stari] old

statek ship; passenger boat

statkiem [stat-kyem] by ship, by sea

staw [staf] pond

stawać się/stać się [stavach sheh/stach] to become

stewardessa [st-yoo-ardesa] air hostess

sto hundred

stoję [stoyeh] I am standing

stok zjazdowy [z-yazdovi] ski slope

stolik [stoleek] table (in restaurant)

stopa foot (of person)

stopień [stop-yen^yuh] degree; step

stopień naukowy [na-ookovi] degree (qualification)

stopnie [stop-nyeh] degrees; steps

stopniowo [stop-nyovo]
gradually

sto tysięcy [tishentsi] one
hundred thousand

stół [stoo^{wuн}] table

strach [straн] fear

stracić [stracheech] to lose
stracić przytomność
[pshitomnosh-ch] to lose
consciousness

straszny [strashni] terrible

straż pożarna [strash poJarna]
fire brigade

strefa wolnocłowa duty-free
zone

stromy [stromi] steep

strona side; page

strój wieczorowy [stroo^{yuн}
v-yechorovi] evening dress

strumień [stroom-yen^{yuн}] stream

strzeżone with attendant (beach
where fee is charged)

strzyc/ostrzyc włosy [stshits/
ostshits vwosi] to have a
haircut

strzyżenie [stshiJen-yeh] hair-
cuts

student [stoodent], studentka
[stoodentka] student

styczeń [stichen^{yuн}] January
w styczniu [f stich-nyoo] in
January

styki [stikee] points (in car)

suchy [sooнi] dry

suchy prowiant [prov-yant]
packed lunch

sufit [soofeet] ceiling

sukces [sooktses] success

sukienka [sook-yenka] dress

suknia wieczorowa [sook-nya
v-yechorova] evening dress
(woman's)

suma [sooma] total

suszarka do bielizny [soosharka
do b-yeleezni] tumble dryer

suszarka do włosów [vwosoof]
hairdryer

suszyć/wysuszyć [sooshich/
visooshich] to dry

sweter [sfeter] jumper;
cardigan

swędzić [sfendjeech] to itch

sygnał [signa^{wuн}] signal

Sylwester [silvester] New Year's
Eve

syn [sin] son

synagoga [sinagoga] synagogue

synowa [sinova] daughter-in-
law

synowie [sinov-yeh] sons

syntetycznie aromatyzowane
artificial flavour

syntetycznie barwione artificial
colour

sypialnia [sip-yal-nya] bedroom

sypialny [sip-yalni] sleeper,
sleeping car

syrop [sirop] syrup

szafa [shafa] cupboard;
wardrobe

szafka [shafka] cupboard;
locker

szalik [shaleek] scarf (neck)

szalony [shaloni] mad

szampon [shampon] shampoo

szary [shari] grey

szatnia [shat-nya] cloakroom

szatnia obowiązkowa coats

must be left in the
cloakroom

szczególnie [sh-chegool-nyeh]
especially

szczeniak [sh-chen-yak] puppy

szczepienie [sh-chep-yen-yeh]
vaccination

szczepionka [sh-chep-yonka]
vaccine

szczery [sh-cheri] sincere

szczęka [sh-chenka] jaw

szczęście [sh-chensh-cheh] good
luck

Szczęśliwego Nowego Roku! [sh-chenshleevego novego rookoo]
Happy New Year!

szczęśliwej podróży!
[sh-chenshleevay podrooJi] have
a good journey!

szczęśliwy [sh-chenshleevi]
happy

szczoteczka do zębów
[sh-chotechka do zemboof]
toothbrush

szczotka [sh-chotka] brush

szczotka do włosów [vwosoof]
hairbrush

szczotka do zamiatania [zam-yatan-ya] broom

szczur [sh-choor] rat

szczypce [sh-chiptseh] pliers

szczypczyki [sh-chipchikee]
tweezers

szef [shef] boss

szeroki [sherokee] wide

szerszeń [shershen^yuh] hornet

szesnaście [shesnash-cheh]
sixteen

sześć [shesh-ch] six

sześćdziesiąt [shesh-chdjeshont]
sixty

sześćset [shesh-chset] six
hundred

szklanka [shklanka] tea-glass,
glass tumbler

szklany [shklani] glass (adj)

szkła kontaktowe [shkwa
kontaktoveh] contact
lenses

szkło [shkwo] glass (material)

Szkocja [shkots-ya] Scotland

szkocki [shkotskee] Scottish

szkoda [shkoda] damage
jaka szkoda! [yaka] what a
pity!
nic nie szkodzi [neets n-yeh
shkodjee] it doesn't matter,
never mind

szkolny [shkolni] school (adj)

szkoła [shkowa] school

szkoła pomaturalna
[pomatooralna] college

Szkot [shkot], **Szkotka** [shkotka]
Scot

szlafrok [shlafrok] dressing
gown

szlak turystyczny [shlak
tooristichni] tourist footpath

sznurek [shnoorek] string

sznurowadła [shnoorovadwa]
shoelaces

szok [shok] shock

szokujący [shokoo-yontsi]
shocking

szorty [shorti] shorts

szosa [shosa] road

szósty [shoosti] sixth

szósty zmysł [zmis^wuh] sixth

sense

szpilka [shpeelka] pin

szpilki [shpeelkee] stiletto shoes

szpital [shpeetal] hospital

szprycha [shpriHa] spoke

sztruks [shtrooks] corduroy

sztuczne futro [shtoochneh footro] artificial fur

sztuczny [shtoochni] artificial

sztućce pl [shtoochtseh] cutlery

sztuka [shtooka] art; piece; head; play; trick

od sztuki [ot shtookee] each, apiece

sztuka ludowa [loodova] folk art

sztuka teatralna [teatralna] play (theatre)

szuflada [shooflada] drawer

szukać/poszukać [shookach/ poshookach] to look for

szukam ... [shookam] I am looking for ...

szwagier [shfag-yer] brother-in-law

szwagierka [shfag-yerka] sister-in-law

Szwajcaria [shfitsar-ya] Switzerland

Szwecja [shfets-ya] Sweden

szwedzki [shfetskee] Swedish

szybki [shipkee] fast, quick

szybko [shipko] quickly

szybko! hurry up!

szybkościomierz [shipkosh-chom-yesh] speedometer

szybkość [shipkosh-ch] speed

szybszy [shipshi] faster

szyć [shich] to sew

szyja [shi-ya] neck

Ś

ściana [sh-chana] wall (inside)

ściereczka [sh-cherechka] cloth

ścierka do naczyń [sh-cherka do nachin^[yuh]] tea towel

ścieżka [sh-cheshka] path

ścieżka rowerowa cycle path

Śląsk [shlonsk] Silesia

śledź [shlech] tentpeg

śliczny [shleechni] lovely

ślimak [shleemak] snail

śliski [shleeskee] slippery

ślub [shloop] wedding

śmiać się [sh-myach sheh] to laugh

śmieci [sh-myechee] litter

śmierć [sh-myerch] death

śmieszny [sh-myeshni] funny

śniadanie [sh-nyadan-yeh] breakfast

śnić [shneech] to dream

śnieg [sh-nyek] snow

śpi [shpee] he/she is asleep

śpiący: jestem śpiący [yestem sh-pyontsi] I'm sleepy

śpieszyć się [sh-pyeshich sheh] to be in a hurry; to rush

nie śpiesz się [n-yeh sh-pyesh] don't rush

śpieszy mi się [sh-pyeshi mee] I am in a hurry

śpiewać [sh-pyevach] to sing

śpiwór [shpeevoor] sleeping bag

średniej wielkości [shred-nyay v-yelkosh-chee] medium-sized

środa [shroda] Wednesday

w środę [f shrodeh] on Wednesday

środek [shrodek] middle,
centre; means
w środku [f shrotkoo] in the
middle; inside
środek bielący [b-yelontsi]
bleach
środek dezynfekujący
[dezinfekoo-yontsi] disinfectant
środek nasenny [nasen-ni]
sleeping pill
środek przeciwbólowy
[pshecheevboolovi] painkiller
środek przeczyszczający
[pshechish-chī-ontsi] laxative
środowisko [shrodoveesko]
environment
śruba [shrooba] screw
śrubokręt [shroobokrent]
screwdriver
świadek [sh-fyadek] witness
świat [sh-fyat] world
światła pozycyjne [sh-fyatwa
pozitsee-neh] sidelights
światła ruchu drogowego
[rooHoo drogovego] traffic
lights
światło [sh-fyatwo] light
światłomierz [sh-fyatwom-yesh]
light meter
świąteczny: w niedziele i dni
świąteczne on Sundays and
public holidays
świątek [sh-fyontek] carved
figure of a saint
świeca zapłonowa [sh-fyetsa
zapwonova] spark plug
świeczka [sh-fyechka] candle
świecznik [sh-fyechneek]
candlestick

świetnie! [sh-fyet-nyeh] good!
świeżo malowane [sh-fyeJo
malovaneh] wet paint
świeży [sh-fyeJi] fresh
święto [sh-fyento] public
holiday
święto kościelne [kosh-chelneh]
church holiday
święto ludowe [loodoveh]
folklore festival
Święto Wniebowzięcia NMP
Feast of the Assumption
świnia [shfeen-ya] pig; bastard
świnka [shfeenka] mumps
świt [shfeet] dawn

T

ta this; this one; that one
tabletka tablet
tabletki: ... tabletki na raz take
... tablets at a time
tablica rejestracyjna [tableetsa
rayestratsee-na] number plate
tablica rozdzielcza [rozdjelcha]
dashboard
tabliczka czekolady [tableechka
chekoladi] bar of chocolate
taca [tatsa] tray
tacy [tatsi] such
tak yes; I do; I will; it is; so
taka such
taką [takON] such; with such
taki [takee] such; so
taki duży so large
takich [takeeH] such; of such;
about such; for such
takie [tak-yeh] such
takiego [tak-yego] such; for

such

takiej [tak-yay] such; of such; about such; for such

taki ... jak ... as ... as ...

takim [takeem] such; with such

takimi [takeemee] such; with such

taki sam the same

tak jak [yak] like

tak jest [yest] that's right

tak sobie [sob-yeh] so-so

taksówka [taksoofka] taxi

taksówkarz [taksoofkash] taxi-driver

talerz [talesh] plate

talia [tal-ya] waist

talk [tahlk] talcum powder

tam [tam] there; over there

tamci [tamchee] those

tamta that; that one over there

tamtą [tamtON] that; with that

tamte [tamteh] those; those ones

tamtego that; for that

tamtej [tamtay] that; of that; about that; for that

tamten that; that one

tamto that; that one

tamtych [tamtiH] those; of those; about those; for those

tamtym [tamtim] that; with that

tamtymi [tamtimee] those; with those

tandeta cheap rubbish

tani [tanee] cheap, inexpensive

taniec [tan-yets] dance

tanio [tan-yo] cheaply,

inexpensively

tańce ludowe [tantseh loodoveh] folk dancing

tańczyć/zatańczyć [tanchich/zatanchich] to dance

tańszy [tanchi] cheaper, less expensive

tapczan [tapchan] couch

targ market

targi [targee] trade fair

targować się [targovach sheh] to bargain, to haggle

taryfa [tarifa] tariff; taxi fare

ta sama the same

taśma klejąca [tashma klayontsa] Sellotape®, Scotch tape®

taśma magnetofonowa [magnetofonova] tape, cassette

taternictwo [taterneetstfo] mountaineering

Tatry [tatri] Tatra Mountains

tatuś [tatoosh] dad

tą [tON] this; by this

te [teh] these

teatr [teh-atr] theatre

teczka [techka] briefcase

tego this; of this

tej [tay] this; of this; to this

tektura [tektoora] cardboard

telefon telephone

telefon komórkowy [komoorkovi] mobile phone

telefonować [telefonovach] to phone

telegramy [telegrami] telegrams

telewizja [televeez-ya] television

temu [temoo] this; to this

dwa lata temu two years ago

temperówka [temperoofka]

pencil sharpener

ten this; this one; that one

tenis [tenees] tennis

tenis stołowy [stowovi] table tennis

ten sam the same

teraz now

teren dla pieszych [p-yeshiн] pedestrian precinct

termofor hotwater bottle

termometr thermometer

termos Thermos® flask

testament will

teściowa [tesh-chova] mother-in-law

teściowie [tesh-chov-yeh] parents-in-law

teść [tesh-ch] father-in-law

też [tesh] also, too

tęcza [tencha] rainbow

tędy [tendi] this way

tępak [tempak] thickhead

tężec [tenлets] tetanus

tłumacz [twoomach], **tłumaczka** [twoomachka] translator; interpreter

tłumaczyć/przetłumaczyć [twoomachich/pshetwoomachich] to translate; to interpret

tłusty [twoosti] rich (food); greasy (skin, hair)

tłuszcz cukierniczy vegetable fat

tłuszcz roślinny vegetable fat

to [to] it; this; this one; that one

to jest [yest] it is

to było [biwo] it was

to będzie [bendjeh] it will be

toaleta lavatory, toilet, rest room

toaleta damska ladies' toilets, ladies' room

toaleta męska [menska] gents' toilets, men's room

toaleta płatna 2000 zł. charge for toilet/rest room 2,000 zlotys

toalety [to-aleti] toilets, rest rooms

tobą [tobоN] you; with you

tobie [tob-yeh] you; of you; to you

tonąć/utonąć [tononch/ootononch] to sink

torba bag; suitcase

torba na zakupy [zakoopi] shopping bag

torebka [torepką] handbag, (US) purse

tor wyścigowy [vish-cheegovi] race course

to samo the same

towarzyski [tovaлiskee] sociable

towarzystwo [tovaлistfo] company (social)

towarzyszyć [tovaлishich] to accompany

tradycja [tradits-ya] tradition

tradycyjny [traditsee-ni] traditional

trampolina diving board

tramwaj [tramvі] tramway

transmisja [transmees-ya] broadcast

trasa route

trawa [trava] grass

trawnik [travneek] lawn

trochę [troнeh] a little; a little

bit (of); some
trochę więcej [v-yentsay] a little more
trochę za drogie a bit too expensive
trolejbus [trolayboos] trolleybus
troszeczkę [troshechkeh] a tiny bit
trójkąt [troo^{yuh}kont] triangle
trucizna [troocheezna] poison
trudny [troodni] difficult
trujący [troo-yontsi] poisonous
trwała [trvava] perm
trwały [trvavi] durable
trwała ondulacja [trvava ondoolats-ya] perm
trzeba ... [tsheba] it is necessary to ...
trzeci [tshechee] third
trzeźwy [tsheJvi] sober
trzy [tshi] three
trzydzieści [tshidjesh-chee] thirty
trzymać [tshimach] to hold; to keep
trzynaście [tshinash-cheh] thirteen
trzy razy dziennie three times a day
trzy razy dziennie przed jedzeniem three times daily before meals
trzysta [tshista] three hundred
tu [too] here
turysta m [toorista], turystka f [tooristka] tourist
tusz do rzęs [toosh do Jens] mascara
tutaj [tootī] here
tutejszy [tootayshi] local

twardy [tfardi] hard
twarz [tfash] face
twoi [tfo-ee] your; yours
twoich [tfo-eeH] your; of your; yours
twoim [tfo-eem] your; by your; with your; to your; yours
twoimi [tfo-eemee] your; by your; with your; yours
twoja [tfo-ya] your; yours
twoją [tfo-yON] your; by your; with your; yours
twoje [tfo-yeh] your; yours
twojej [tfo-yay] your; to your; yours
twojemu [tfo-yemoo] your; to your; yours
twój [tfoo^{yuh}] your; yours
ty [ti] you
tych [tiH] these; of these
tydzień [tidjen^{yuh}] week
tygodnie [tigod-nyeh] weeks
tylko [tilko] only, just
tylko trochę [troHeh] not too much, just a little
tylko dla pieszych pedestrians only
tylko przed spaniem before bedtime
tylne światła [tilneh sh-fyatwa] rear lights
tylny [tilni] rear
tył [ti^{wuh}] back
tym [tim] this; by this; these; by these
tymi [timee] these; by these
tysiąc [tishonts] thousand
tytoń [titon^{yuh}] tobacco

U

u [oo] at
  u góry/dołu [goori/dowoo] at
  the top/bottom
  u mnie [mnyeh] at my place
ubezpieczenie [oobes-pyechen-
  yeh] insurance
ubezpieczony [oobes-pyechoni]
  insured
ubierać/ubrać [oob-yerach/
  oobrach] to dress (someone)
ubierać się/ubrać się [sheh] to
  get dressed
ubikacja [oobeekats-ya] lavatory,
  toilet, rest room
ubrać [oobrach] to dress
  (someone)
ubrać się [sheh] to get dressed
ubranie [oobran-yeh] clothes
ucho [ooHo] ear
uchwyt [ooHvit] handle
uczciwy [ooch-cheevi] honest
uczucie [oochoocheh] feeling
uczulenie [oochoolen-yeh] allergy
uczulony na ... [oochooloni]
  allergic to ...
uczyć/nauczyć [oochich/na-
  oochich] to teach
uczyć się/nauczyć się [sheh] to
  learn
udar [oodar] stroke (illness)
udar słoneczny [swonechni]
  sunstroke
uderzyć [oodeJich] to hit
udo [oodo] thigh
udzielać porady [oodjelach
  poradi] to advise
ugotować [oogotovach] to cook

układanie na szczotkę
  [ookwadan-yeh na sh-chotkeh]
  blow-dry
ukradziono: ukradziono mi ...
  [ookradjono mee] my ... has
  been stolen
Ukraina [ookra-eena] Ukraine
ukraiński [ookra-eenskee]
  Ukrainian
ukraść [ookrash-ch] to steal
ul. St
ulepszać/ulepszyć [oolepshach/
  oolepshich] to improve
ulewa [ooleva] heavy shower
ulica [ooleetsa] road; street
ulubiony [ooloob-yoni] favourite
umiarkowanie [oom-yarkovan-yeh]
  moderately
umierać/umrzeć [oom-yerach/
  oomJech] to die
umierający [oom-yerī-ontsi] dying
umrzeć [oomJech] to die
umyć [oomich] to wash
  umyć ręce [rentseh] to wash
  one's hands
umyć i ułożyć włosy [ee oowoJich
  vwosi] to have a shampoo and
  set
umyślnie [oomishl-nyeh]
  deliberately
umywalka [oomivalka]
  washbasin
Unia Europejska [oon-ya eh-
  ooropayska] European Union
unieważnić [oon-yevaJneech] to
  cancel
uniwersytet [ooneeversitet]
  university
upadać/upaść [oopadach/oopash-

ch] to fall

upał [oopa^{wuh}] heat

upaść [oopash-ch] to fall

upijać się/upić się [oopee-yach sheh/opeech] to get drunk

upił się [oopee^{wuh}] he is drunk

upominek [oopomeenek] gift

uprać [ooprach] to wash (clothes)

uprasować [ooprasovach] to iron

uprzejmy [oopshaymi] polite; kind

upuszczać/upuścić [oopooshchach/oopoosh-cheech] to drop

uratować [ooratovach] to save

urlop [oorlop] holiday, vacation

na urlopie [oorlop-yeh] on holiday, on vacation; on leave

urodzić [oorodjeech] to give birth

urodzić się [sheh] to be born

urodziłem/urodziłam się w ... [oorodjeeyewm/oorodjeeyewam sheh f] I was born in ...

urodziny [oorodjeeni] birthday

urwisko [oorveesko] cliff

urząd celny [ooJont tselni] Customs office

Urząd Pocztowy [pochtovi] post office

Urząd Stanu Cywilnego [stanoo tsiveelnego] Registrar's Office, Registry Office

urządzenie [ooJondsen-yeh] device, appliance

usiąść [ooshonsh-ch] to sit down

uspokoić się [oospoko-eech sheh] to calm down

usta [oosta] mouth; lips

usterka [oosterka] defect, fault

ustęp [oostemp] primitive outdoor toilet with no plumbing

ustrój polityczny [oostroo^{yuh} poleetichni] political system

uszczelka głowicy silnika [ooshchelka gwoveetsi sheelneeka] cylinder head gasket

uszkodzić [ooshkodjeech] to damage

uszy [ooshi] ears

uśmiech [ooshm-yeH] smile

uśmiechać się/uśmiechnąć się [ooshm-yeHach sheh/ooshm-yeHnonch] to smile

uśmiechnięty [ooshm-yeH-nyenti] smiling

utonąć [ootononch] to sink; to drown

uwaga [oovaga] attention, beware, caution

uwaga! look out!

uwaga bydło cattle crossing

uwaga nawierzchnia bad road surface

uwaga, niebezpieczeństwo danger

uwaga pociąg beware of trains

uwaga, wysokie napięcie warning: high voltage

uwaga zły pies [zwi p-yes] beware of the dog

uważny [oovaJni] careful

uwierzyć [oov-yeJich] to believe

uzdrowisko [oozdroveesko] health resort

użądlić [ooJondleech] to bite

użyć [ooJich] to use

użyteczny [ooJitechni] useful

użytkownik [ooJitkovneek] user

używać/użyć [ooJivach/ooJich] to use

używany [ooJivani] second-hand

W

w [v] in; at; on

w domu [domoo] at home

wadliwy [vadleevi] faulty

waga [vaga] weight

wagon [vagon] carriage

wagon restauracyjny [restowratsee-ni] restaurant car, buffet car

wagon sypialny [sip-yalni] sleeping car, sleeper

wakacje pl [vakats-yeh] holiday, vacation

wakacje letnie [let-nyeh] summer holidays

Walia [val-ya] Wales

walijski [valee-skee] Welsh

walizka [valeeska] suitcase

waluta [valoota] currency

wał korbowy [va^wuh korbovi] crankshaft

wam [vam] you; to you

wami [vami] you; with you

wanna [van-na] bathtub

warga [varga] lip

wariat [var-yat] barmy

Warszawa [varshava] Warsaw

warsztat samochodowy [varshtat samoHodovi] garage (for repairs)

warte: to nic nie warte [neets n-yeh varteh] it's rubbish

warzywa [vaJiva] vegetables

was [vas] you; about you; of you; to you

wasi [vashee] your; yours

wasz [vash] your; yours

wasza [vasha] your; yours

waszą [vashoN] your; yours; with your; with yours

wasze [vasheh] your; yours

waszego [vashego] your; yours; of your; of yours

waszej [vashay] your; yours; of your; of yours; to your; to yours

waszemu [vashemu] your; yours; to your; to yours

waszych [vashiH] your; yours; of your; of yours

waszym [vashim] your; yours; with your; with yours; to your; to yours

waszymi [vashimee] your; yours; with your; with yours

wata [vata] cotton wool, absorbent cotton

wazon [vazon] vase

ważny [vaJni] important; valid

wąchać [vonHach] to smell

wąski [vonskee] narrow

wąsy [vonsi] moustache

wątroba [vontroba] liver (in body)

wąż [vonsh] snake

wcale nie [ftsaleh n-yeh] not at all

wchodzić/wejść [fHodjeech/vaysh-ch] to enter; to go up

wciąż [fchonsh] still

wczasy [fchasi] package holiday

wczesny [fchesni] early (adj)

wczesnym rankiem [fchesnim rank-yem] early in the morning

wcześnie [fchesh-nyeh] early

wczoraj [fchorī] yesterday

wdowa [vdova] widow

wdowiec [vdov-yets] widower

wdzięczny [vdjenchni] grateful

we [veh] in; at; on
  we Wrocławiu [vrotsvav-yoo] in Wroclaw

wejście [vaysh-cheh] entrance, way in

wejście tylko z koszykiem please take a basket

wejście wzbronione no entry

wejście z przodu entry at front

wejście z tyłu entry at back

wejść [vaysh-ch] to enter; to go up

wełna [veh^wuh na] wool

wełniany [veh^wuh nyani] woollen

wentylator [ventilator] fan

wesele [veseleh] wedding reception

Wesołe Miasteczko [vesoweh m-yastechko] funfair

wesoły [vesowi] cheerful

Wesołych Świąt! [vesowiн sh-fyont] Happy Christmas/ Easter!

weterynarz [veterinash] vet

wewnątrz [vevnontsh] inside
  proszę wewnętrzny ... [prosheh vevnentshni] extension ... please

wezmę [vezmeh] I will take

węgierski [veng-yerskee]
Hungarian

Węgry [vengri] Hungary

w godzinach szczytu at peak times

wiaderko [v-yaderko] bucket

wiadomości pl [v-yadomosh-chee] news

wiadomość f [v-yadomosh-ch] message

wiatr [v-yatr] wind

wiązanie [v-yonzan-yeh] binding (ski)

widelec [veedelets] fork

wideo [veedeh-o] video; video recorder

widok [veedok] view

widzialny [veedjalni] visible

widzieć/zobaczyć [veedjech/zobachich] to see
  nie widzę [n-yeh veedseh] I can't see

wieczór [v-yechoor] evening
  dobry wieczór [dobri] good evening
  wieczorem [v-yechorem] in the evening

wiedzieć [v-yedjech] to know

wiek [v-yek] age; century

Wielka Brytania [v-yelka britan-ya] Britain

Wielkanoc [v-yelkanots] Easter

Wielki Piątek [v-yelkee p-yontek] Good Friday

Wielki Tydzień [tidjen^yuh] Holy Week

wiem [v-yem] I know
  nie wiem [n-yeh] I don't know

wierzę [v-yeЈeh] I believe

wierzyć/uwierzyć [v-yeЈich/oov-

yeɹich] to believe
wieszak [v-yeshak] coathanger
wieś f [v-yesh] village;
countryside
na wsi [fshee] in the country
wieża [v-yeɹa] tower
więcej [v-yentsay] more
większość [v-yenkshosh-ch] most
(of)
większy [v-yenkshi] larger
więzienie [v-yenɹen-yeh] prison
Wigilia Bożego Narodzenia
[veegeel-ya boɹego narodsen-ya]
Christmas Eve
wilgotny [veelgotni] wet; damp
willa [veel-la] villa
wina [veena] fault; guilt
to moja/jego wina [moya/yego]
it's my/his fault
winda [veenda] lift, elevator
winiarnia [veen-yarn-ya] wine bar
winny [veen-ni] guilty
wiosna [v-yosna] spring (season)
wiosną [v-yosnoN] in spring
na wiosnę [v-yosneh] in spring
wirus [veeroos] virus
wirusowy [veeroosovi] viral
wisiorek [veeshorek] pendant
Wisła [veeswa] Vistula
witać/przywitać [veetach/
pshiveetach] to greet, to
welcome
witaminy [veetameeni] vitamins
witamy! [veetami] welcome!
**witamy w … welcome to …
wiza [veeza] visa
wizjer [veez-yer] viewfinder
wizyta [veezita] visit;
appointment

wizytowy [veezitovi] formal
(dress)
wizytówka [veezitoofka] business
card
w każdym razie [f kaɹdim raɹeh]
anyway
w kierunku [f k-yeroonkoo]
towards
wkładka śródmaciczna [fkwatka
shroodmacheechna] IUD
w końcu [f kontsoo] at last,
eventually
wkrótce [fkroot-tseh] soon
wliczony [vleechoni] included
włamanie [vwaman-yeh]
burglary, break-in
właściciel [vwash-cheechel],
właścicielka [vwash-cheechelka]
owner
włączać/włączyć [vwonchach/
vwonchich] to switch on
Włochy [vwoHi] Italy
włoski [vwoskee] Italian
włosy [vwosi] hair
WNP [voo-en-peh] CIS
wnuczka [vnoochka]
granddaughter
wnuk [vnook] grandson
woda [voda] water
woda destylowana [destilovana]
distilled water
woda kolońska [kolonska] eau
de toilette
woda niezdatna do picia water
not suitable for drinking
woda zdatna do picia [peecha]
drinking water
wodolot [vodolot] hydrofoil
wodorosty [vodorosti] seaweed

wodospad [vodospat] waterfall

wojna [voyna] war

wolałbym [vola^{wuh}bim], **wolałabym** [volawabim] I would prefer

woleć [volech] to prefer

wolę ... [voleh] I prefer ...

wolne pokoje vacancies

wolnocłowy [volnotswovi] duty-free

wolny [volni] free; vacant

wolny od cła [ot tswa] duty-free

wolny pokój [pokoo^{yuh}] vacancy

wolny rynek [rinek] free market

wołać/zawołać [vowach/ zavowach] to call; to shout

woń f [von^{yuh}] smell

worek [vorek] bag

wózek [voozek] pram

wózek inwalidzki [eenvaleetskee] wheelchair

wózek spacerowy [spatserovi] push-chair

WP Mr; Mrs

WPan Mr

WPani Mrs

wpaść w poślizg [fpash-ch f poshleesk] to skid

w pobliżu [f pobleeJoo] nearby

w porządku [f poJontkoo] all right

w przeciwnym razie [f pshecheevnim raJeh] otherwise

w przyszłym roku [f pshishwim rokoo] next year

wracać/wrócić [vratsach/ vroocheech] to come back; to return

wrażliwy [vraJleevi] sensitive

w rolach głównych starring

wrotki [vrotkee] roller skates

wrząca woda [vJontsa voda] boiling water

wrzątek [vJontek] boiling water

wrzesień [vJeshen^{yuh}] September **we wrześniu** [veh vJesh-nyoo] in September

wrzód [vJoot] ulcer

wrzuć monetę insert money

wschód [fsHoot] east **na wschód od** east of **na wschodzie** [fsHodjeh] in the east

wschodni [fsHodnee] eastern; oriental

wschód słońca [fsHoot swontsa] sunrise

wsi: na wsi [fshee] in the country

wsiadać/wsiąść do [fshadach/ fshonsh-ch] to get in (car)

wskaźnik [fskaJneek] gauge

wspaniały [fspan-yawi] fine

wspinaczka górska [fspeenachka goorska] rock climbing

Wspólnota Niepodległych Państw [vspoolnota n-yepodlegwiH panstf] Commonwealth of Independent States

współczesny [fspoo^{wuh}chesni] contemporary

wstawać/wstać [fstavach/fstach] to get up

wsteczny [fstechni] reverse

wsteczny bieg [b-yek] reverse gear

wstęp wolny [fstemp volni]

admission free

wstęp wzbroniony no entry, keep out

wstrętny [fstrentni] obnoxious; revolting

wstrząs [fstshons] shock

wstrząs mózgu [moozgoo] concussion

wszędzie [fshendjeh] everywhere

wszyscy [fshistsi] all

wszystkie [fshist-kyeh] all

wszystko [fshistko] everything

wszystkiego najlepszego! [fshist-kyego nilepshego] all the best!, best wishes!

mam wszystkiego dość [dosh-ch] I'm fed up

wścieklizna [fsh-chekleezna] rabies

wściekły [fsh-chekwi] furious

wtedy [ftedi] then (at that time)

wtorek [ftorek] Tuesday

we wtorek [veh] on Tuesday

wtyczka [ftichka] plug

wuj [voo^{yuh}] uncle

wy [vi] you

wybierać/wybrać [vib-yerach/vibrach] to choose

wybory [vibori] election

wybrać [vibrach] to choose

wybrzeże [vibjeJeh] coast

na wybrzeżu [na vibjeJoo] on the coast

wychodzić/wyjść [viHodjeech/veesh-ch] to go out

wyciąg [vichonk] ski-lift

wyciąg krzesełkowy [vichonk ksheseh^{wuh}kovi] chairlift

wyciąg narciarski [narcharskee] ski-lift

wycieczka [vichechka] trip

wycieczka krajoznawcza [kři-oznafcha] sightseeing tour

wycieczka morska [morska] cruise

wycieczka turystyczna [tooristichna] package tour

wycieraczka szyby [vicherachka shibi] windscreen wiper

wyczerpany [vicherpani] exhausted (tired)

wydawać/wydać pieniądze [vidavach/vidach p-yen-yondseh] to spend money

wydawać woń [von^{yuh}] to smell

wydmy [vidmi] sand dunes

wyglądać: jak to wygląda? [yak to viglonda] what does it look like?

wygoda [vigoda] comfort

wygodny [vigodni] comfortable

wygrywać/wygrać [vigrivach/vigrach] to win

wyjaśniać/wyjaśnić [vi-yashnyach/vi-yashneech] to explain

wyjechać [vi-yeHach] to leave, to go away

wyjście [vi-yshtcheh] exit, way out

wyjście awaryjne [avaree-neh] emergency exit

wyjście bezpieczeństwa [besp-yechenstfa] emergency exit

wyjście zapasowe [zapasoveh] emergency exit

wykończony [vikonchoni] knackered, wrecked

wylądował samolot Polskich Linii Lotniczych z Londynu, rejs numer ... a LOT plane from London, flight number ..., has just landed

wyleczony [vilechoni] cured

wyleczyć [vilechich] to cure

wyłączać/wyłączyć [viwonchach/viwonchich] to switch off

wymawiać/wymówić [vimavyach/vimooveech] to pronounce

wymiana [vim-yana] exchange

wymiana dewiz [devees] currency exchange

wymiana pieniędzy [p-yen-yendsi] bureau de change

wymiana walut [valoot] currency exchange

wymiotować [vim-yotovach] to vomit

wymioty [vim-yoti] vomiting

wymówić [vimooveech] to pronounce

wynajęty samochód [vinī-enti samoHoot] rented car

wynajęty sprzęt [spshent] hired equipment

wynajmować/wynająć [vinīmovach/vinī-onch] to hire, to rent

do wynajęcia [do vinī-encha] for hire, to rent

wynos: na wynos [vinos] to take away (food)

wypadek [vipadek] accident

wypełniać/wypełnić [vipeh^wuh nyach/vipeh^wuh neech] to fill in

wypożyczać/wypożyczyć [vipoJichach/vipoJichich] to hire, to rent

wyprysk [viprisk] spot (on skin)

wyprzedaż [vipshedash] sale (reduced price)

wyprzedzać/wyprzedzić [vipshedsach/vipshedjeech] to overtake

wyrób nie testowany na zwierzętach product not tested on animals

wyrywać/wyrwać ząb [virivach/virvach zomp] to extract a tooth

wyrzucać/wyrzucić [viJootsach/viJoocheech] to throw away

wysiadać/wysiąść [vishadach/vishonsh-ch] to get off

wysoki [visokee] tall; high

wysokie ciśnienie [visok-yeh cheesh-nyen-yeh] high blood pressure

wysokooktanowa [visoko-oktanova] normal (86 octane); high octane

wyspa [vispa] island

wystarczająco [vistarchī-ontso] enough

wystarczy [vistarchi] that's enough

nie wystarczy [n-yeh] it won't be enough

wystawa [vistava] exhibition

wystawa sklepowa [sklepova] shop window

na wystawie [vistav-yeh] in the shop window

wysuszyć [visooshich] to dry

wysyłać/wysłać [visiwach/viswach] to send

wysypka [visipka] rash (on skin)

wyśmienity [vish-myeneeti] delicious

wywoływać/wywołać film [vivowivach/vivowach feelm] to develop a film

wyż [vish] high pressure

wzbroniony [vzbron-yoni] forbidden

wzgórze [vzgooJeh] hill

wziąć [vJonch] to take

wziąłem [vJowem], **wzięłam** [vJewam] I took, I have taken

Z

z with; out of; from

za behind

za ... too ...

za dużo [dooJo] too much

zabawki [zabafkee] toys

zablokowany [zablokovani] blocked; stuck

zabierać/zabrać [zab-yerach/zabrach] to take away, to remove

zabijać/zabić [zabee-yach/zabeech] to kill

zabraniać/zabronić [zabran-yach/zabroneech] to forbid

zabrania się ... do not ..., ... forbidden

zabrania się kierowcy rozmawiać z pasażerami do not speak to the driver

zabrudzony [zabroodsoni] soiled

zachmurzenie [zaHmooJen-yeh] overcast

zachodni [zaHodnee] western

zachód [zaHoot] west

na zachód od west of

na zachodzie [zaHodjeh] in the west

zachód słońca [swonitsa] sunset

zaczekajcie na mnie! [zachekīcheh na mn-yeh] wait for me!

zaczynać/zacząć [zachinach/zachonch] to begin

zadowolony [zadovoloni] pleased, glad

zadziwiający [zadjeev-yayontsi] surprising

zadzwonić [zadsvoneech] to ring, to phone, to call

zagraniczny [zagraneechni] foreign

zajęty [zī-enti] engaged (toilet, phone), (US) busy

zakaz parkowania no parking

zakaz parkowania w godz. 8 - 20 no parking from 8 a.m. to 8 p.m.

zakaz skrętu w lewo no left turn

zakaz skrętu w prawo no right turn

zakaz wjazdu no entry

zakaz wyprzedzania no overtaking

zakaz zatrzymywania no stopping

zakaz zawracania no U-turn

zakaźny [zakaJni] infectious

zakażenie [zakaJen-yeh] infection

zakręt [zakrent] bend
  na zakręcie [zakrencheh] on
  the bend
zakupy pl [zakoopi] shopping
  iść po zakupy [eesh-ch] to go
  shopping
zalany [zalani] pissed
zależeć: to zależy [zaleji] it
  depends
załamanie nerwowe [zawaman-
  yeh nervoveh] nervous
  breakdown
załatwiać/załatwić [zawat-fyach/
  zawatfeech] to arrange
załoga [zawoga] crew
zamawiać/zamówić [zamav-yach/
  zamooveech] to order
zamek castle; lock
zamek błyskawiczny
  [bwiskaveechni] zip
zamknąć [zamknonch] to close
zamknąć na klucz [klooch] to
  lock
zamknięte dla ruchu kołowego
  no entry for vehicular traffic
zamknięte na ferie closed for
  the holidays
zamknięty [zamk-nyenti] closed
zamówić wizytę [zamooveech
  veeziteh] to make an
  appointment
zamówienie [zamoov-yen-yeh]
  order
zamrażalka [zamrajalka] freezer
zamsz [zamsh] suede
zamykać/zamknąć [zamikach/
  zamknonch] to close
zamykać/zamknąć na klucz
  [klooch] to lock

zanieczyszczony [zan-yechish-
  choni] polluted
zapalać/zapalić [zapalach/
  zapaleech] to light; to switch
  on; to start
  zapalać/zapalić ognisko
  [ogneesko] to light a fire/
  bonfire
zapalenie oskrzeli [zapalen-yeh
  oskshelee] bronchitis
zapalenie płuc [pwoots]
  pneumonia
zapalenie wątroby [vontrobi]
  hepatitis
**zapalenie wyrostka
  robaczkowego** [virostka
  robachkovego] appendicitis
zapalić [zapaleech] to light; to
  switch on; to start
zapalniczka [zapalneechka]
  lighter
zapalony [zapaloni] on (light etc)
zapałka [zapa^wuh^ka] match (light)
zaparcie [zaparcheh]
  constipation
zapiąć pasy fasten seat belts
zapłacić cło [zapwacheech tswo]
  pay customs duty
zapłon [zapwon] ignition
zapominać/zapomnieć
  [zapomeenach/zapom-nyech] to
  forget
zapomniałam [zapomn-yawam],
  zapomniałem [zapomn-yawem]
  I've forgotten
zapraszać/zaprosić [zaprashach/
  zaprosheech] to invite
  serdecznie zapraszam!
  [serdech-nyeh zaprasham] do

come!

zaproszenie [zaproshen-yeh] invitation

zapukać [zapookach] to knock

zapytać [zapitach] to ask (question)

zarabiać/zarobić [zarab-yach/zarobeech] to earn

zaraz [zaras] right away

zaraz wracam [zaras vratsam] back in a moment

zaraz, zaraz! wait a minute!

zarezerwować [zarezervovach] to book, to reserve

zaręczony [zarenchoni] engaged (to be married)

zaryglować [zariglovach] to bolt

zasłona [zaswona] curtain

zastrzyk [zastshik] injection

zasuwa [zasoova] bolt

zaświadczenie [zash-fyatchen-yeh] certificate

zatańczyć [zatanchich] to dance

zatłoczony [zatwochoni] crowded

zatoka bay

zatrucie pokarmowe [zatroocheh pokarmoveh] food poisoning

zatrzymywać się/zatrzymać się [zatshimivach sheh/zatshimach sheh] to stop; to stay

zatwardzenie [zatfardsen-yeh] constipation

zaułek [za-oowek] close; cul-de-sac

zawiedziony [zav-yedjoni] disappointed

zawołać [zavovach] to call; to shout

zawór [zavoor] valve

zawrót głowy [zavroot gwovi] dizziness

zawsze [zafsheh] always

zazdrosny [zazdrosni] jealous

zazwyczaj [zazvichī] usually

zażalenie [zaJalen-yeh] complaint

ząb [zomp] tooth

zbiornik [z-byorneek] tank

zbiór [z-byoor] collection

zdarzać się/zdarzyć się [zdaJach sheh/zdaJich sheh] to happen

zdarza się [zdaJa] it happens

zdarzenie [zdaJen-yeh] occurrence

zdarzyć się [zdaJich sheh] to happen

zdechły [zdeHwi] dead (animals)

zdejmować/zdjąć [zdaymovach/z-dyonch] to take off, to remove

zderzak [zdeJak] bumper, (US) fender

zdrowie [zdrov-yeh] health

zdrowy [zdrovi] healthy

zdumiewający [zdoom-yevī-ontsi] astonishing

zdzierstwo [zdjerstfo] **to zdzierstwo** it's a rip-off

zdjąć [z-dyonch] to take off, to remove

ze [zeh] out of; from; with

zebranie [zebran-yeh] meeting

zegar clock

zegarek watch, wristwatch

zegar słoneczny [swonechni] sundial

zejść [zaysh-ch] to go down

zemdleć [zemdlech] to faint

zepsuć się [zepsooch sheh] to break down; to get damaged; to go off

zepsuty [zepsooti] broken; off

zeszły: zeszłym razem [zeshwim razem] last time

w zeszłym tygodniu/miesiącu/ roku [v – tigod-nyoo/m- yeshontsoo/rokoo] last week/ month/year

zewnętrzny [zevnentshni] external

na zewnątrz [zevnontsh] outside

zezwolenie [zezvolen-yeh] licence

zęby [zembi] teeth

zgadzać się/zgodzić się [zgadsach sheh/zgodjeech sheh] to agree

nie zgadzam się z panem/ panią [n-yeh zgads-am – s panem/pan-yON] I don't agree with you

nie zgadzam się na to I won't agree to that

zgasić [zgasheech] to switch off

zgasić światła headlights off

zgaszony [zgashoni] off (lights)

zgniły [zgneewi] rotten

zgoda OK, all right; will do

zgodzić się [zgodjeech sheh] to agree

zgubić [zgoobeech] to lose

Zielone Święta [Jeloneh sh-fyenta] Whitsun

zielony [Jeloni] green

ziemia [Jem-ya] earth; ground

na ziemi [Jemee] on the ground

zięć [Jench] son-in-law

zima [Jeema] winter

zimą [JeemON] in winter

w zimie [v Jeem-yeh] in winter

zimna woda [Jeemna voda] cold water

zimny [Jeemni] cold

zimny okład [okwat] cold compress

zjeżdżaj! [z-yeJdjï] get lost!

zjeżdżalnia [z-yeJdjal-nya] slide (for children)

zlewozmywak [zlevozmivak] sink

zł zlotys

złamać [zwamach] to break

złamanie [zwaman-yeh] fracture

złamany [zwamani] broken

złapać gumę [zwapach goomeh] to have a flat tyre

złodziej [zwodjay] thief

złodziej kieszonkowy [k-yeshonkovi] pickpocket

złoto [zwoto] gold

złotówka [zwotoofka] złoty coin

złoty [zwoti] gold, made of gold; Polish unit of currency

złożyć zażalenie [zwoJich zaJalen- yeh] to make a complaint

zły [zwi] bad; angry

zmarły [zmarwi] dead

zmarszczki [zmarsh-chkee] wrinkles, lines

zmartwienie [zmart-fyen-yeh] worry

zmartwiony [zmart-fyoni] worried

zmęczony [zmenchoni] tired
zmieniać/zmienić [z-myen-yach/z-myeneech] to change
zmienny [z-myen-ni] changeable
zmyć naczynia [zmich nachin-ya] to do the washing-up
zmywacz lakieru do paznokci [zmivach lak-yeroo do paznokchee] nail varnish remover
zmywać/zmyć naczynia [zmivach/zmich nachin-ya] to do the washing-up
zmywanie [zmivan-yeh] washing-up
zmywarka [zmivarka] dishwasher
znaczek [znachek] stamp
znaczki stamps
znaczyć [znachich] to mean
co to znaczy? [tso to znachi] what does it mean?
znać [znach] to know (person)
znak drogowy [znak drogovi] roadsign
znalazłam [znalazwam], **znalazłem** [znalazwem] I have found
znajdować/znaleźć [znidovach/znalesh-ch] to find
znam I know
nie znam go [n-yeh] I don't know him
znieczulenie miejscowe [z-nyechoolen-yeh m-yaytsoveh] local anaesthetic
znieść [zn-yesh-ch] to tolerate, to stand
znikać/zniknąć [zneekach/

zneeknonch] to disappear
zniżka [zneeshka] discount; reduced fare
znosić/znieść [znosheech/zn-yesh-ch] to tolerate, to stand
znowu [znovoo] again
zobaczyć [zobachich] to see
zorganizować [zorganeezovach] to organize
zostawiać/zostawić [zostav-yach/zostaveech] to leave behind
zostawić wiadomość dla ... [v-yadomosh-ch] to leave a message for ...
z przesiadką w ... [s psheshatkon v] change at ...
zrobić [zrobeech] to do; to make
zrobię to [zrob-yeh to] I'll do it
nie zrobię tego [n-yeh] I won't do it
zrozumieć [zrozoom-yech] to understand
zupełnie nowy [zoopeh^wuh^nyeh novi] brand-new
zupełnie zimny [Jeemni] stone cold
zwichnąć [zveeHnonch] to sprain
zwichnięcie [zveeH-nyencheh] sprain
zwiedzać/zwiedzić [zv-yedsach/zv-yedjeech] to visit (place)
zwiedzanie [zv-yedsan-yeh] sightseeing
zwierzę [zv-yeJeh] animal
zwierzęta [zv-yeJenta] animals
zwracać/zwrócić pieniądze [zvratsach/zvroocheech p-yen-yondseh] to refund
zwyczaj [zvichī] habit

zwykły [zvikwi] usual; simple

Ź

źle [Jleh] badly

Ż

żaden [Jaden] none; no-one; any

żadna [Jadna], żadne [Jadneh] none; no-one

żadną [JadnON] none; with none; no-one

żadnego [Jadnego] none; for none; no-one

żadnej [Jadnay] none; of none; about none; for none

żadnych [JadniH] none; of none; about none; for none

żadnym [Jadnim] none; with none; no-one

żadnymi [Jadnimee] none; with none

żagiel [Jag-yel] sail

żaglówka [Jagloofka] sailing boat

żarówka [Jaroofka] light bulb

żart [Jart] joke

żartować [Jartovach] to joke

żartujesz! [Jartoo-yesh] you've got to be joking!

żądać [Jondach] to demand

żądlić [Jondleech] to sting

żebro [Jebro] rib

żeglarstwo [Jeglarstfo] sailing

żel [Jel] gel

żelazko [Jelasko] iron (for clothes)

żelazny [Jelazni] iron (adj)

żelazo [Jelazo] iron (metal)

żenujący [Jenoo-yontsi] embarrassing

żeton [Jeton] telephone token

żłobek [Jwobek] creche

żmija [Jmee-ya] adder

żołądek [Jowondek] stomach

żona [Jona] wife

żonaty [Jonati] married (man)

żółty [Joo^{wuh}ti] yellow

życie [Jicheh] life

życzenie: najlepsze życzenia [nīlepsheh Jichen-ya] best wishes

żyć [Jich] to live

Żyd [Jit] Jew

Żydówka [Jidoofka] Jewess

żydowski [Jidofskee] Jewish

Żydzi [Jidjee] Jewish people

żyletka [Jiletka] razor blade

żywy [Jivi] alive

Menu Reader:

Food

ESSENTIAL TERMS

bread chleb [Hlep]
butter masło [maswo]
cup filiżanka [feeleeJanka]
dessert deser
fish ryba [riba]
fork widelec [veedelets]
glass kieliszek [k-yeleeshek]
knife nóż [noosh]
main course drugie danie [droog-yeh dan-yeh]
meat mięso [m-yenso]
menu jadłospis [yadwospees]
pepper pieprz [p-yepsh]
plate talerz [talesh]
salad sałatka [sawatka]
salt sól [sool]
set menu obiad firmowy [feermovi]
soup zupa [zoopa]
spoon łyżka [wishka]
starter zakąska [zakonska]
table stolik [stoleek]

another ..., please proszę jeszcze jedno ... [prosheh yesh-cheh yedno]
excuse me! (to call waiter/waitress) proszę Pana/Pani
could I have the bill, please? proszę o rachunek [prosheh]

agrest gooseberries

ananas pineapple

antrykot [antrikot] entrecote
steak

arbuz [arboos] watermelon

babka plain cake (made with eggs
and butter)

babka piaskowa [p-yaskova]
madeira cake

bakalie [bakal-yeh] fruit and
nuts

baleron ham, boned, boiled,
smoked and made into a
thick ham-sausage

banan banana

baranina [baraneena] mutton;
lamb

barszcz czerwony [barsh-ch
chervoni] beetroot soup

barszcz czerwony z pasztecikem
[s pashtecheekem] beetroot
soup with pastry

barszcz czysty [chisti] clear
beetroot soup

barszcz ukraiński [ookra-eenskee]
beetroot soup with
vegetables

barszcz zabielany [zab-yelani]
beetroot soup with soured
cream

barszcz z uszkami [ooshkami]
beetroot soup with small
ravioli-type pasta parcels

bazylia [bazil-ya] basil

bażant [baɹant] pheasant

befsztyk [befshtik] steak

befsztyk tatarski [tatarskee]
steak tartare

befsztyk z polędwicy

[s polendveetsi] sirloin steak

bekon bacon

beza meringue

bezmięsne [bez-myensneh]
without meat

bezy [bezi] meringues

biała kiełbasa [b-yawa k-
ye^wuh^basa] white sausage (pork
sausage with garlic)

białko [b-ya^wuh^ko] egg white;
protein

biały ser [b-yawi] white,
medium-soft cheese, curd
cheese

bigos [beegos] hunters' stew —
Polish national dish with
sweet and sour cabbage
with a variety of meats and
seasonings

biszkopty [beeshkopti] biscuits,
cookies

bita śmietana [beeta sh-myetana]
whipped cream

bitki wołowe [beetkee vowoveh]
beef cutlets

bliny [bleeni] small thick, rich
pancakes

bochenek [boḥenek] loaf

boczek [bochek] bacon

boćwinka [bochveenka], botwinka
[botfeenka] soup made from
young beet leaves

bób [boop] broad beans

brizol [breezol] grilled steak

brizol z polędwicy
[s polendveetsi] grilled sirloin
steak

brukiew [brook-yef] turnips

brukselka [brookselka] Brussels

sprouts

bryndza [brindsa] soft ewe's milk cheese

bryzol [brizol] grilled beef steak

brzoskwinia [bJoskfeen-ya] peach

budyń [boodin^{yuh}] custard-like pudding, similar to blancmange

budyń czekoladowy [chekoladovi] chocolate blancmange

budyń orzechowy [oJeHovi] walnut blancmange

budyń truskawkowy [trooskafkovi] strawberry blancmange

budyń waniliowy [vaneel-yovi] vanilla blancmange

bukiet z jarzyn [book-yet z yaJin] mixed raw and pickled vegetables

bulion [bool-yON] broth

bulion z żółtkiem [Joo^{wuh}t-kyem] broth with egg yolk

bułeczka [boowechka] bread roll

bułka [boo^{wuh}ka] white bread

buraczki [boorachkee] boiled and grated beetroot

buraczki ze śmietaną [zeh sh-myetanON] beetroot in soured cream

buraki [boorakee] beetroot

cebula [tseboola] onion

chałka [Ha^{wuh}ka] plaited loaf of semi-sweet white bread

chałwa [Ha^{wuh}va] halva (dessert made from sesame seeds)

chipsy [cheepsi] crisps, (US) potato chips

chleb [Hlep] bread

chleb graham granary-like bread

chleb razowy [razovi] wholemeal rye bread

chleb żytni [Jitnee] rye bread

chłodnik [Hwodneek] cold beet leaf soup with soured milk or cream

chrupki [Hroopkee] savoury crisp biscuits/cookies, similar to crisps

chrust [Hroost] twig-shaped sweet pastries

chrzan [H-shan] horseradish

ciastko [chastko] pastry; small cake; slice of cake

ciastko tortowe [tortoveh] slice of cream cake

ciastko W-Z [voo-zet] individual chocolate cake filled with cream

ciastko z kremem cream cake

ciasto [chasto] pastry; cake

ciasto drożdżowe [droJdjoveh] yeast cake

ciasto drożdżowe z rodzynkami [z rodsinkamee] yeast cake with dried fruit

ciasto francuskie [frantsoosk-yeh] puff pastry

cielęcina [chelencheena] veal

comber barani w śmietanie [tsomber baranee f sh-myetan-yeh] saddle of mutton in soured cream

comber sarni [sarnee] loin of venison

comber zajęczy [zī-enchi] saddle of hare

MENU READER: FOOD

cukier [tsook-yer] sugar

cukierek [tsook-yerek] sweet;
confectionery

cukier puder [pooder] icing
sugar

cykoria [tsikor-ya] endives

cynaderki [tsinaderkee] kidneys

cynamon [tsinamON] cinnamon

cytryna [tsitrina] lemon

czarne jagody [charneh yagodi]
bilberries

czarne porzeczki [poJechkee]
blackcurrants

czekolada [chekolada] chocolate

czekolada mleczna [mlechna]
milk chocolate

czekolada pitna na gorąco
[peetna na gorontso] hot
chocolate

czereśnia [cheresh-nya] cherry

czosnek [chosnek] garlic

ćwikła [chfeekwa] beetroot with
horseradish

daktyle [daktileh] dates

dania [dan-ya] dishes

dania barowe [baroveh] buffet
dishes

dania gotowe [gotoveh] à la
carte dishes

dania jarskie [yarsk-yeh]
vegetarian dishes

dania mięsne [m-yensneh] meat
dishes

dania rybne [ribneh] fish dishes

dania z drobiu [drob-yoo]
poultry dishes

dania z jaj [yī] egg dishes

danie [dan-yeh] dish; course

deser dessert

desery [deseri] desserts

dorsz [dorsh] cod

dropsy [dropsi] fruit drops

drożdżówka [droJdjoofka]
brioche

drób [droop] poultry

drugie danie [droog-yeh dan-yeh]
main course

drugie śniadanie [sh-nyadan-yeh]
'second breakfast' — more
substantial elevenses or an
early, light lunch

duszony [dooshoni] braised

dynia [din-ya] pumpkin

dziczyzna [djeechizna] game

dzik [djeek] wild boar

dżem [djem] jam

farsz [farsh] stuffing

fasola beans, kidney beans

fasola szparagowa [shparagova]
French beans, string-beans

fasolka po bretońsku
[bretoniskoo] beans, bacon
and sausage in tomato sauce

faszerowany [fasherovani]
stuffed

faworki [favorkee] twig-shaped
sweet pastries

figi [feegee] figs

filet cielęcy [feelet chelentsi] veal
escalope

flaczki [flachkee] tripe cooked
in spicy bouillon with
vegetables

flaczki cielęce [chelentseh] veal
tripe with seasoning

flaki [flakee] tripe

flądra [flondra] flounder

frytki [fritkee] chips, French fries

galaretka jelly

galaretka owocowa [ovotsova] fruit jelly

gałka muszkatołowa [ga^{wuh}ka mooshkatowova] nutmeg

gęś [gensh] goose

gęś pieczona [p-yechona] roast goose

główne danie [gwovneh dan-yeh] main course

gofry [gofri] waffles

gofry z bitą śmietaną [beetON sh-myetanON] hot waffles with whipped cream

gofry z sosem czekoladowym [s — chekoladovim] hot waffles with chocolate sauce

golonka boiled leg of pork

gołąbki [gowompkee] cabbage leaves stuffed with meat and rice

gotowany [gotovani] boiled

goździki [goJdjeekee] cloves

grahamka brown roll

grejpfrut [graypfroot] grapefruit

grill [greel] barbecue

groch [groH] peas

grochówka [groHoofka] pea soup

groch włoski [vwoskee] chickpeas

groszek [groshek] peas

groszek z marchewką [z marHefkON] peas and carrots

gruszka [grooshka] pear

gruszka w czekoladzie [f chekoladjeh] pear in hot chocolate sauce

grzanka [gJanka] toast

grzanki [gJankee] toast; croûtons

grzybki marynowane [gJipkee marinovaneh] marinated mushrooms

grzybki w śmietanie [f sh-myetan-yeh] mushrooms in soured cream

grzybki z patelni [s patelnee] fried mushrooms

grzyby [gJibi] mushrooms

gulasz [goolash] goulash

halibut [haleeboot] halibut

herbatniki [herbatneekee] biscuits, cookies

homar lobster

imbir [eembeer] ginger

indyk [eendik] turkey

jabłka w cieście [yapka f chesh-cheh] apple fritters

jabłko [yapko] apple

jabłko pieczone [p-yechoneh] baked apple

jadłospis [yadwospees] menu

jagnię [yag-nyeh] lamb

jagody [yagodi] bilberries

jaja faszerowane [yI-a fasherovaneh] stuffed eggs

jajecznica [yI-echneetsa] scrambled eggs

jajka faszerowane [yIka fasherovaneh] stuffed eggs

jajka na boczku [bochkoo] bacon and eggs

jajka na szynce [shintseh] ham and eggs

jajka po wiedeńsku [v-yedenskoo]

soft-boiled eggs with butter
served in a glass

jajka przepiórcze [pshep-
yoorcheh] quails' eggs

jajka sadzone [sadsoneh] fried
eggs

jajka sadzone na pomidorach
[pomeedoraH] fried eggs and
tomatoes

jajko [yīko] egg

jajko na miękko [m-yenk-ko]
soft-boiled egg

jajko na twardo [tfardo] hard-
boiled egg

jajko sadzone [sadsoneh] fried
egg

jarski [yarskee] vegetarian

jarzyny [yaɹini] vegetables

jedzenie [yedsen-yeh] food

jeżyny [yeɹini] blackberries

jogurt [yogoort] yoghurt

kabanos dry, smoked pork
sausage

kaczka [kachka] duck

kaczka pieczona [p-yechona]
roast duck

kaczka z jabłkami [yapkamee]
roast duck stuffed with
apples

kaczka z pomarańczą
[pomaranichON] duck with
orange sauce

kajzerka [kīzerka] small white
roll

kalafior [kalaf-yor] cauliflower

kalarepa kohlrabi

kalmary [kalmari] squid

kanapka sandwich

kandyzowany [kandizovani]

candied

kanie [kan-yeh] parasol
mushrooms

kapusta [kapoosta] cabbage

kapusta czerwona [chervona]
red cabbage

kapusta kiszona [keeshona]
sauerkraut

kapusta kwaszona [kfashona]
sauerkraut

kapuśniak [kapoosh-nyak]
cabbage soup

karczochy [karchoHi] artichokes

karmazyn [karmazin] haddock

karp carp

karp na słodko z migdałami
[swotko z meegdawamee] carp
in sweet almond sauce

karp po grecku [gretskoo] cold
carp in onion and tomato
sauce

karp w galarecie [v galarecheh]
carp in aspic

karp z wody [vodi] boiled carp

karta dań [dani] menu

kartofel potato

kartofelki sauté [kartofelkee
soteh] sautée potatoes

kartoflanka potato soup

kartofle [kartofleh] potatoes

kartofle w mundurkach [v
moondoorkaH] baked potatoes

kasza [kasha] any type of
boiled grain or cereal

kasza gryczana [grichana]
buckwheat

kasza jęczmienna [yench-myen-
na] pearl barley

kasza manna [man-na] semolina

kaszanka [kashanka] black
pudding

kasza perłowa [kasha perwova]
pearl barley

kasztany [kashtani] chestnuts

kawior [kav-yor] caviar

keczup [kechoop] ketchup

keks fruit-cake

kiełbasa [k-yeh^{wuh}basa] sausage

kiełbasa myśliwska [mishleefska]
hunters' smoked pork
sausage

kiełbasa na gorąco [gorontso]
hot sausage

kiełbasa szynkowa [shinkova]
ham sausage

kisiel [keeshel] kind of
cranberry jelly dessert

kiszony [keeshoni] pickled

klopsiki [klopsheekee] meat balls

klopsiki w sosie pomidorowym
[f sosheh pomeedorovim] meat
balls in tomato sauce

klops meat loaf

klopsy [klopsi] meat balls

kluski [klooskee] dumplings,
noodles

kluski kartoflane [kartoflaneh]
potato dumplings

kluski kładzione [kwadjoneh]
flour dumplings

kluski z makiem [mak-yem]
noodles with poppy seeds

kminek [kmeenek] caraway seed

knedle [knedleh] plum
dumplings

kolacja [kolatsya] supper,
evening meal

kołacz [kowach] rich cake (made
with eggs and butter)

kołduny [ko^{wuh}dooni] dumplings
with savoury meat stuffing

kompot stewed fruit, compote

kompot z jabłek [yabwek] apple
compote

kompot z rabarbaru [rabarbaroo]
rhubarb compote

konfitury [konfeetoori] jam,
preserves

koper dill

kopytka [kopitka] potato
dumplings

korniszony [korneeshoni]
gherkins

kotlet chop, cutlet

kotlet barani [baranee] mutton
chop

kotlet cielęcy [chelentsi] veal
cutlet

kotlet de volaille [deh volī]
breaded fried chicken fillet

kotlet jarski [yarskee]
vegeburger, usually made
from eggs and vegetables

kotlet mielony [m-yeloni] burger

kotlet schabowy [sHabovi] pork
chop

kotlet schabowy z kapustą
[s kapoostON] pork chop with
cabbage

kotlet siekany [shekani]
hamburger steak

kotlet wieprzowy [v-yepshovi]
pork chop

kotlet wołowy [vowovi] beef
cutlet

kremówka [kremoofka] a type of
millefeuille, custard slice

krem z czekoladą [s chekoladON]
cream sprinkled with
chocolate

krewetki [krevetkee] shrimps

krokiety [krok-yeti] croquettes

krokiety z sera i ziemniaków
[s sera ee Jemn^vuh koof] cheese
and potato croquettes

kromka chleba [kromka Hleba]
slice of bread

królik [krooleek] rabbit

krupnik [kroopneek] barley
soup; spiced hot mead

kukurydza [kookooridsa] corn on
the cob, maize

kulebiak [kooleb-yak] pie with
meat, fish or cabbage

kura [koora] chicken

kura w potrawce [f potravtseh]
chicken fricassee

kura w rosole [v rosoleh] boiled
chicken served in broth

kurczak [koorchak] chicken

kurczak pieczony [p-yechoni]
roast chicken

kurczę [koorcheh] chicken

kurczę pieczone [p-yechoneh]
roast chicken

kurczę po polsku [polskoo] roast
chicken stuffed with liver
and bread

kurczę z rożna [roJna]
barbecued chicken

kurki [koorkee] chanterelle
mushrooms

kuropatwa [kooropatfa]
partridge

kwasek cytrynowy [kfasek
tsitrinovi] citric acid; lemon
flavouring

kwaszony [kfashoni] pickled

kwaśny [kfashni] sour

leniwe pierogi [leneeveh p-
yerogee] cheese dumplings

leszcz [lesh-ch] bream

listek bobkowy [leestek bobkovi]
bayleaf

lody [lodi] ice cream

lody bakaliowe [bakal-yoveh]
tutti-frutti ice cream

lody czekoladowe [chekoladoveh]
chocolate ice cream

lody kawowe [kavoveh] coffee
ice cream

lody mieszane [m-yeshaneh]
assorted ice cream

lody sorbetowe [sorbetoveh] ice
lollies

lody truskawkowe [trooskafkoveh]
strawberry ice cream

lody waniliowe [vaneel-yoveh]
vanilla ice cream

lody w waflu [v vafloo] ice-
cream cone

lody z bitą śmietaną [beetON sh-
myetanON] ice cream with
whipped cream

lubczyk [loopchik] lovage

łazanki [wazankee] noodles

łosoś [wososh] salmon

łosoś wędzony [vendsoni]
smoked salmon

majeranek [mī-eranek]
marjoram

majonez [mī-onez] mayonnaise

mak poppy seed

makaron macaroni; pasta

makaron z jajkami [yīkamee] macaroni with fried eggs

makaron z serem macaroni cheese

makowiec [makov-yets] poppy-seed cake

makrela mackerel

maliny [maleeni] raspberries

mandarynki [mandarinkee] tangerines

marchew [marHef] carrot

marchewka [marHefka] carrots

marchewka z groszkiem [marHefka z grosh-kyem] carrots and green peas

margaryna [margarina] margarine

marmolada marmalade

marmurek [marmoorek] marble cake

marynata [marinata] marinade

marynowany [marinovani] marinated

masło [maswo] butter

masło orzechowe [oJeHoveh] peanut butter

masło roślinne [roshleen-neh] hard margarine made from vegetable oil

maślaki [mashlakee] buttercup mushrooms, slippery jacks

maślanka [mashlanka] buttermilk

mazurek [mazoorek] a kind of thin cake

mazurek cygański [tsiganskee] thin cake with nuts, chocolate and dried fruit

mąka [monka] flour

mąka kartoflana [kartoflana] potato flour

mąka pszenna [pshen-na] wheat flour

mąka razowa [razova] wholemeal flour

mąka żytnia [Jit-nya] rye flour

melba ice cream with fruit and whipped cream

melon melon

mielonka [m-yelonka] a type of luncheon meat

mielony [m-yeloni] minced

mięso [m-yenso] meat

migdały [meegdawi] almonds

migdały prażone [praJoneh] roasted almonds

migdały w soli [f solee] salted almonds

miód [m-yoot] honey

mizeria [meezer-ya] sliced cucumber in soured cream

mleko w proszku [f proshkoo] powdered milk

morele [moreleh] apricots

mostek cielęcy [chelentsi] veal brisket

móźdżek [mooJdjek] brains

mrożonka [mroJonka] frozen food

mrożony [mroJoni] iced, frozen

murzynek [mooJinek] chocolate cake

mus jabłeczny [moos yabwechni] apple mousse

mus owocowy [ovotsovi] fruit mousse

musztarda [mooshtarda] mustard

nadzienie [nadjen-yeh] stuffing

nadziewany [nadjevani] stuffed

na grillu [greel-loo] barbecued

naleśniki [naleshneekee] pancakes

naleśniki z bakaliami w sosie czekoladowym [bakal-yamee f sosheh chekoladovim] pancakes with fruit and nuts in chocolate sauce

naleśniki z dżemem [djemem] jam pancakes

naleśniki z jabłkiem [yapk-yem] pancakes with apple purée

naleśniki z kapustą i grzybami [kapoostoN ee gJibamee] pancakes with cabbage and mushrooms

naleśniki z marmoladą [marmoladoN] pancakes with jam

naleśniki z serem pancakes filled with white cheese, with soured cream on top

na parze [paJeh] steamed

napoleonka a type of millefeuille cake, custard slice

na słodko [swotko] served sweet; served as a sweet

na słono [swono] served as a savoury

nerki [nerkee] kidneys

nóżki w galarecie [nooshkee v galarecheh] calves' trotters in aspic

obiad [ob-yat] lunch; dinner

obiad firmowy [feermovi] set menu

obiady domowe [ob-yadi domoveh] set menu of home-cooked meals

obwarzanki [obvaJankee] pretzels

ocet [otset] vinegar

ogórek [ogoorek] cucumber

ogórek kiszony [keeshoni] pickled cucumber in brine

ogórek konserwowy [konservovi] pickled gherkins (in vinegar)

ogórek małosolny [mawosolni] cucumber (pickled for a short time in brine)

ogórki [ogoorkee] cucumbers; gherkins

ogórki kwaszone [kfashoneh] cucumbers in brine

okoń [okoni] perch

olej [olay] oil

olej rzepakowy [Jepakovi] rapeseed oil

olej słonecznikowy [swonechneekovi] sunflower oil

oliwa (z oliwek) [oleeva (z oleevek)] olive oil

oliwki [oleefkee] olives

omlet omelette

omlet 'grzybek' z konfiturami [gJibek s konfeetooramee] fluffy omelette made with beaten eggs and served with fruit preserves

omlet z dżemem [djemem] jam omelette

omlet ze szpinakiem [zeh shpeenak-yem] spinach omelette

omlet z groszkiem [groshk-yem] omelette with peas

omlet z grzybami [gɹibamee] mushroom omelette

omlet z pieczarkami [p-yecharkamee] mushroom omelette

omlet z serem cheese omelette

omlet z szynką [shinkON] ham omelette

orzechy [oɹeHi] nuts

orzechy laskowe [laskoveh] hazelnuts

orzechy włoskie [vwosk-yeh] walnuts

orzeszki laskowe [oɹeshkee laskoveh] hazelnuts

orzeszki ziemne [ɹemneh] peanuts

oscypek [ostsipek] smoked ewes' milk cheese

ostrygi [ostrigee] oysters

oszczypek [osh-chipek] smoked ewes' milk cheese

owoce [ovotseh] fruit

ozorki cielęce [ozorkee chelentseh] veal tongue

ozór [ozoor] tongue

paluszki słone [palooshkee swoneh] pretzels

panierowany [pan-yerovani] in breadcrumbs

papryka [paprika] paprika

papryka zielona [ɹelona] green peppers

parówka [paroofka] frankfurter

parówki z musztardą [mooshtardON] frankfurters with mustard

pascha [pasHa] cold zabaglione-like dessert, made with beaten egg yolks and sugar

paszteciki [pashtecheekee] savoury pastries, small pasties

paszteciki z grzybami [gɹibamee] small mushroom pasties

paszteciki z kapustą [kapoostON] small cabbage pasties

paszteciki z mięsem [m-yensem] small meat pasties

pasztet [pashtet] terrine, pâté

pasztet jarski [yarskee] vegetable terrine

pasztetówka [pashtetoofka] liver sausage

pasztet z drobiu [pashtet z drob-yoo] chicken pâté

pasztet z gęsich wątróbek [gensheeH vontroobek] pâté de foie gras

pasztet z zająca [zī-ontsa] hare pâté

pączki [ponchkee] doughnuts

pieczarki [p-yecharkee] cultivated button mushrooms

pieczarki ze śmietaną [zeh sh-myetanON] button mushrooms in soured cream

pieczarki z patelni [s patelnee] button mushrooms sautéed in butter

pieczeń [p-yecheni] roast meat

pieczeń barania [p-yechen^{yuh} baran-ya] roast mutton

pieczeń cielęca [chelentsa]

roast veal

pieczeń rzymska [Jimska] meat loaf

pieczeń rzymska w sosie śmietanowym [f sosheh sh-myetanovim] sliced meat loaf in soured cream sauce

pieczeń wieprzowa [v-yepshova] roast pork

pieczeń wołowa [vowova] roast beef

pieczeń z dzika [djeeka] roast wild boar

pieczony [p-yechoni] baked; roasted

pieczyste [p-yechisteh] roast

pieczywo [p-yechivo] bread products

pieczywo słodkie [swotk-yeh] plain cakes, sweet rolls etc

pieprz [p-yepsh] pepper

piernik [p-yerneek] spiced honeycake

pierogi [p-yerogee] ravioli-like dumplings

pierogi leniwe [leneeveh] dumplings filled with curd cheese

pierogi ruskie [roosk-yeh] dumplings filled with cheese and potatoes

pierogi z jagodami [yagodamee] bilberry dumplings

pierogi z kapustą i grzybami [kapoostoN ee gJibamee] sauerkraut and mushroom dumplings

pierogi z mięsem [m-yensem] meat dumplings

pierogi z mięsem i kapustą [ee kapoostoN] dumplings filled with meat and cabbage

pierogi z serem cheese dumplings

pierogi z wiśniami [veesh-nyamee] dumplings filled with cherries

pietruszka [p-yetrooshka] parsley

pikantny [peekantni] spicy

placek [platsek] tart

placek drożdżowy [droJdjovi] yeast cake

placek ze śliwkami [zeh shleefkamee] plum tart

placki kartoflane [platskee kartoflaneh] fried potato cakes; potato pancakes

placki ziemniaczane [Jem-nyachaneh] fried potato cakes; potato pancakes

płatki owsiane [pwatkee ofshaneh] porridge oats

polędwica [polendveetsa] sirloin

polędwica po angielsku [ang-yelskoo] roast fillet of beef

polędwica sopocka [sopotska] smoked pork sirloin

pomarańcza [pomarancha] orange

pomidor [pomeedor] tomato

pory [pori] leeks

porzeczka czarna [poJechka charna] blackcurrants

porzeczka czerwona [chervona] redcurrants

posiłek [posheewek] meal

posiłek z trzechdań three-course meal

potrawa [potrava] dish, course

potrawy jarskie [potravi yarsk-yeh] vegetarian dishes

powidła [poveedwa] plum jam purée

poziomki [poJomkee] wild strawberries

prawdziwki [pravdjeefkee] ceps (type of mushroom)

precelki [pretselkee] pretzels

proszek do pieczenia [proshek do p-yechen-ya] baking powder

przecier [pshecher] purée

przecier owocowy [ovotsovi] fruit purée

przecier pomidorowy [pomeedorovi] tomato purée

przekąska [pshekonska] snack

przekąski [pshekonskee] hors-d'oeuvres

przekładaniec [pshekwadan-yets] layer cake

przepiórka [pshep-yoorka] quail

przyprawy [pshipravi] seasonings

przystawki [pshistafkee] side dishes

pstrąg [pstronk] trout

pstrąg z wody [vodi] poached trout

ptyś [ptish] cream puff

pulpety [poolpeti] meatballs

pulpety w sosie grzybowym [f sosheh gJibovim] meatballs in mushroom sauce

pulpety w sosie pomidorowym [pomeedorovim] meatballs in tomato sauce

pumpernikiel [poompperneek-yel] dark brown rye bread, with a characteristic bitter-sweet taste, usually sold sliced

pyzy [pizi] potato dumplings

rabarbar rhubarb

racuszki [ratsooshkee] small, round sweet pancakes

rak crayfish

razowy [razovi] solid brown bread sometimes flavoured with honey

renklody [renklodi] greengages

rizotto z drobiu [reezot-to z drob-yoo] chicken risotto

rodzynki [rodsinkee] raisins; currants

rogal crescent of white bread with a crispy crust

rolmops marinated herring

rosół [rosoowuh] broth

rosół z makaronem [makaronem] clear soup with noodles

rosół z wkładką [s fkwadKON] broth with pieces of meat

rozbef roast beef

rozmaryn [rozmarin] rosemary

rumsztyk [roomshtik] rump steak

ryba [riba] fish

ryba w galarecie [v galarecheh] fish in aspic

ryby [ribi] fish

rydze [ridseh] saffron milk cap mushrooms

ryż [rish] rice

rzodkiewki [Jotk-yefkee] radishes

salceson [saltseson] brawn

sałata [sawata] lettuce

sałata zielona [Jelona] lettuce

sałatka [sawatka] salad

sałatka jarzynowa [yaJinova] Russian salad

sałatka owocowa [ovotsova] fruit salad

sałatka śledziowa [shledjova] herring salad

sałatka z pomidorów [s pomeedoroof] tomato and onion salad

sandacz [sandach] pikeperch

sardynki [sardinkee] sardines

sarnina [sarneena] venison

sauté [soteh] sautéed, shallow-fried

schab [sHap] joint of pork

schabowy [sHabovi] pork cut from the joint

schab pieczony [sHap p-yechoni] roast loin of pork

seler celery

ser cheese

ser biały [b-yawi] white, medium-soft cheese, curd cheese

ser chudy [Hoodi] low fat cheese, skimmed milk cheese

serdelki [serdelkee] sausages similar to frankfurters

serek masłowy [maswovi] fromage frais

ser myśliwski [mishleefskee] smoked cheese

sernik [serneek] cheesecake

ser topiony [top-yoni] cheese spread

ser tylżycki [tilJitskee] cheese similar to Cheddar

ser żółty [Joo^{wuh}ti] hard cheese

sezamki [sezamkee] sesame snaps

sękacz [senkach] fancy layer cake

siekany [shekani] chopped

skórka pomarańczowa [skoorka pomaranchova] orange peel

skwarki [skfarkee] crackling

słodki [swotkee] sweet

słodzik [swodjeek] artificial sweetener

smażony [smaJoni] fried

sola sole

solony [soloni] salted

sos sauce, gravy

sos beszamel [beshamel] white sauce

sos chrzanowy [H-shanovi] horseradish sauce

sos czekoladowy [chekoladovi] chocolate sauce

sos grzybowy [gJibovi] mushroom sauce

sos koperkowy [koperkovi] dill sauce

sos mięsny [m-yensni] gravy

sos pieczarkowy [p-yecharkovi] button mushroom sauce

sos pomidorowy [pomeedorovi] tomato sauce

sos waniliowy [vaneel-yovi] vanilla sauce

sos własny [vwasni] meat juices

sól [sool] salt

specjalność zakładu [spets-yalnosh-ch zakwadoo] house speciality spis potraw [spees potraf] menu

stefanka chocolate and vanilla cream layer cake

stek steak

stek tatarski [tatarskee] steak tartare

strucla [strootsla] twist of bread or cake

strucla z makiem [mak-yem] poppy-seed roll

sucharki [sooHarkee] rusks; dry crisp bread

sułtanki [soo^{wuh}tankee] sultanas

surowy [soorovi] raw

surówka [sooroofka] side salad, made with raw and pickled vegetables

surówka z czerwonej kapusty [s chervonay kapoosti] shredded red cabbage

surówka z marchwi [marHvee] grated raw carrot

suszone śliwki [sooshoneh shleefkee] prunes

suszony [sooshoni] dried

szafran [shafran] saffron

szarlotka [sharlotka] apple cake, apple charlotte

szaszłyk [shashwik] mutton kebab

szaszłyk z polędwicy [s polendveetsi] beef barbecued on a skewer with onions

szczaw [sh-chaf] sorrel

szczupak [sh-choopak] pike

szczypiorek [sh-chip-yorek] chives

sznycel [shnitsel] escalope

sznycel cielęcy [chelentsi] veal escalope

sznycel po wiedeńsku [v-yedenskoo] Wiener schnitzel with egg

szparagi [shparagee] asparagus

szpinak [shpeenak] spinach

szpinak z jajkiem [yɪk-yem] spinach and eggs

szprotki [shprotkee] sprats

sztuka mięsa [shtooka m-yensa] boiled beef

sztuka mięsa w sosie chrzanowym [f sosheh H-shanovim] boiled beef in horseradish sauce

szynka [shinka] ham

szynka gotowana [gotovana] cooked ham

szynka wędzona [vendsona] smoked ham

szynka w galarecie [v galarecheh] jellied ham

śledź [shlech] herring

śledź marynowany [marinovani] marinated herring

śledź po japońsku [yaponiskoo] herring with hard-boiled egg and mayonnaise

śledź w oleju [v olayoo] salted herring in oil

śledź w oliwie [oleev-yeh] herring in oil

śledź w śmietanie [sh-myetan-yeh] herring in soured cream

śliwka [shleefka] plum

śliwki węgierki [veng-yerkee] damsons

śmietana [sh-myetana] soured cream

śmietanka [sh-myetanka] cream

śniadanie [sh-nyadan-yeh] breakfast

świeży [sh-fyeɹi] fresh

tarty [tarti] grated

tarty ser grated cheese

tatar steak tartare

tłuszcz cukierniczy [twoosh-ch tsook-yerneechi] vegetable fat

tłuszcz roślinny [roshleen-ni] vegetable fat

torcik waflowy [torcheek vaflovi] praline wafer cake

torcik wiedeński [v-yedenskee] Austrian-style gâteau with coffee and chocolate filling

tort cake, gâteau

tort bezowy [bezovi] meringue tart

tort kakaowy [kaka-ovi] chocolate cake

tort kawowy [kavovi] coffee cake

tort orzechowy [oɹeнovi] walnut gâteau

truskawki [trooskafkee] strawberries

tuńczyk [toonchik] tuna fish

twarożek [tfaroɹek] soft white cream cheese

twarożek ze szczypiorkiem [zeh sh-chip-york-yem] cottage cheese with chives

twaróg [tfarook] cottage cheese

tymianek [tim-yanek] thyme

uszka [ooshka] small parcels of pasta filled with cabbage and mushrooms

wafelki czekoladowe [ˈvafelkee chekoladoveh] chocolate wafers

wafle [vafleh] wafers

wanilia [vaneel-ya] vanilla

waniliowy [vaneel-yovi] vanilla, vanilla flavour

warzywa [vaɹiva] vegetables

wątróbka [vontroopka] liver

wątróbka cielęca [chelentsa] veal liver

wątróbka smażona z cebulą [smaɹona s tseboolON] fried liver with onion

wątróbka z drobiu [drob-yoo] chicken liver

wątróbki po żydowsku [vontroopkee po ɹidofskoo] cold cooked liver with onion and egg

wędzony [vendsoni] smoked

węgorz [vengosh] eel

węgorz smażony [smaɹoni] fried eel

węgorz wędzony [vendsoni] smoked eel

w galarecie [v galarecheh] jellied, in aspic

wieprzowina [v-yepshoveena] pork

winogrona [veenogrona] grapes

wiśnie [veesh-nyeh] sour cherries

w occie [v ots-cheh] pickled in vinegar

wołowe [vowoveh] beef

wołowina [vowoveena] beef

wołowy [vowovi] beef

wuzetka [voozetka] individual

chocolate cake filled with
cream

w zalewie słonej [v zalev-yeh
swonay] in brine

zając [zī-onts] hare

zając w śmietanie [f shm-yetan-
yeh] roast hare in soured
cream sauce

zakąska [zakonska] starter,
appetizer

zalewajka [zalevīka] potato and
rye soup

zapiekanka [zap-yekanka] baked
cheese dish, gratin

ziarno sezamowe [Jarno
sezamoveh] sesame seed

ziele angielskie [Jeleh ang-yels-
kyeh] pimento

ziemniaki [Jem-nyakee] potatoes

ziemniaki puree [p-yooree]
mashed potatoes

ziemniaki w mundurkach [v
moondoorkaн] jacket potatoes

zioła [Jowa] herbs

zrazy naturalne [zrazi
natooralneh] fillets of beef

zrazy zawijane [zaveeyaneh]
fillets of beef wrapped
round bacon, pickled
cucumber and prunes

z rusztu [rooshtoo] grilled

z serem stuffed with cottage
cheese

zupa [zoopa] soup

zupa cebulowa [tseboolova]
onion soup

zupa fasolowa [fasolova] bean
soup

zupa grochowa [groнova]

pea soup

zupa grochówka [groнoofka] pea
soup

zupa grzybowa [gЈibova]
mushroom soup

zupa jarzynowa [yaЈinova]
vegetable soup

zupa kapuśniak [kapoosh-nyak]
cabbage soup

zupa kartoflanka potato soup

zupa mleczna [mlechna] milk-
based soup

zupa ogórkowa [ogoorkova]
cucumber soup

zupa owocowa [ovotsova] fruit
soup

zupa pomidorowa [pomeedorova]
tomato soup

**zupa pomidorowa z
kluseczkami** [s kloosechkamee]
tomato soup with noodles

zupa pomidorowa z ryżem
[riЈem] tomato soup with rice

zupa rybna [ribna] fish soup

zupa szczawiowa [sh-chav-yova]
sorrel soup

z wody [vodi] poached

żeberka [Jeberka] spare ribs

żółtko [Joo^wuнtko] egg yolk

żółty ser [Joo^wuнti] hard cheese

żurawina [Jooraveena]
cranberries

żurek [Joorek] sour rye and
cream soup

żur z kiełbasą [Joor s k-
ye^wuнbasON] sour rye and
cream soup with smoked
sausage

Menu Reader:

Drink

ESSENTIAL TERMS

beer piwo [peevo]
bottle butelka [bootelka]
brandy koniak [kon-yak]
coffee kawa [kava]
cup filiżanka … [feeleeɹanka]
a cup of … filiżankę [feeleeɹankeh]
fruit juice sok owocowy [ovotsovi]
gin gin [djeen]
gin and tonic gin z tonikiem [djeen stoneek-yem]
glass kieliszek [k-yeleeshek]
a glass of … kieliszek … [k-yeleeshek]
milk mleko
mineral water woda mineralna [voda meeneralna]
red wine czerwone wino [chervoneh veeno]
rosé wino rosé
soda (water) woda sodowa [sodova]
soft drink napój bezalkoholowy [napoo^yuh bezalkoholovi]
sugar cukier [tsook-yer]
tea herbata
tonic (water) tonik [toneek]
vodka wódka [vootka]
water woda [voda]
whisky 'whisky'
white wine wino białe [b-yaweh]
wine wino [veeno]
wine list karta win [veen]

another …, please proszę jeszcze jedno … [prosheh yesh-cheh yedno]

alkohole wysokoprocentowe
[alkoholeh visokoprotsentoveh]
spirits

bawarka [bavarka] milky tea
bez cukru [bes tsookroo] without
sugar
bez lodu [bez lodoo] without ice
biała kawa [b-yava kava] coffee
with milk or cream
bimber [beember] moonshine
butelka [bootelka] bottle
butelka wina [veena] bottle of
wine

ciemne [chemneh] draught beer
cocktail jagodowy [koktīl
yagodovi] bilberry milk shake
cocktail malinowy [maleenovi]
raspberry milk shake
cocktail mleczny [mlechni] milk
shake
cocktail truskawkowy
[trooskafkovi] strawberry milk
shake
cocktail z czarnej porzeczki [s
charnay poJechkee]
blackcurrant milk shake
cocktail z czerwonej porzeczki
[chervonay poJechkee]
redcurrant milk shake
cukier [tsook-yer] sugar
Cytrynówka® [tsitrinoofka]
lemon-flavoured vodka
czerwone wino [chervoneh
veeno] red wine
czysta [chista] unflavoured
vodka

gazowany [gazovani] fizzy
Gdańskie® [gdans-kyeh]

regional lager
gorąca czekolada [gorontsa
chekolada] drinking chocolate
grzaniec z piwa [gJan-yets s
peeva] mulled beer
grzaniec z wina [veena] mulled
wine
grzany miód [gJani m-yoot]
mulled mead

herbata tea
herbata naturalna [natooralna]
tea without milk
herbata owocowa [ovotsova]
fruit tea
herbata po angielsku [ang-
yelskoo] tea with a drop of
milk
herbata w torebkach [f torebkaH]
teabags
herbata z cytryną [s tsitrinoN]
lemon tea
herbata ziołowa [Jowova] herb
tea

jabłecznik [yabwechneek] cider
Jarzębiak® [yaJemb-yak]
rowanberry-flavoured vodka

kakao cocoa
karafka carafe
karafka wina [veena] carafe of
wine
karta win [veen] wine list
kawa [kava] coffee
kawa bezkafeinowa
[beskafeeenova] decaffeinated
coffee
kawa czarna [charna] black
coffee
kawa duża [dooJa] large coffee

kawa mała [mawa] small coffee

kawa mielona [m-yelona] ground coffee

kawa mrożona [mroJona] iced coffee

kawa naturalna [natooralna] strong black coffee

kawa neska instant coffee

kawa po staropolsku [staropolskoo] old Polish-style coffee containing spices

kawa po turecku [tooretskoo] Turkish coffee

kawa z bitą śmietaną [z beetON sh-myetanON] coffee with whipped cream

kawa zbożowa [zboJova] ersatz coffee, barley drink

kawa ze śmietanką [zeh shm-yetankON] coffee with cream

kefir [kefeer] kefir, drinking yoghurt

kieliszek [k-yeleeshek] glass

kieliszek czystej [chistay] glass of pure vodka

kieliszek wina [veena] glass of wine

kieliszek wódki [vootkee] glass of vodka

koniak [kon-yak] brandy

koniak francuski [frantsooskee] cognac

koniak gruziński [grooJeenskee] Georgian brandy

kostka lodu [lodoo] ice cube

Krakus® [krakoos] clear vodka

Krupnik® [kroopneek] honey liqueur

Kryniczanka® [krineechanka]
mineral water

kwaśne mleko [kfashneh] sour milk

lemoniada [lemon-yada] lemonade

Leżajsk® [leJīsk] strongish lager

likier [leek-yer] liqueur

lód [loot] ice

maślanka [mashlanka] buttermilk

Mazowszanka® [mazofshanka] mineral water

Miodówka® [m-yodoofka] honey vodka

miód pitny [m-yoot peetni] mead

mleko milk

Myśliwska wódka® [mishleefska vootka] Hunter's vodka flavoured with juniper berries

nalewka [nalefka] strong infusion of herbs, berries, fruit or nuts steeped in alcohol

napoje bezalkoholowe [napoyeh bezalkoholoveh] soft drinks

napój [napoo^{yuh}] bottled fruit drink

napój jabłkowy [yapkovi] apple fruit juice with mineral water

napój truskawkowy [trooskafkovi] strawberry juice with mineral water

napój żurawinowy [Jooraveenovi] cranberry cordial

naturalna without milk

Okocim® [okochim] strongish
lager

oranżada [oranJada] orangeade

Pejsachówka® [paysaHoofka] 75
percent, strongest vodka on
the market

Pieprzówka® [p-yepshoofka]
pepper-flavoured vodka

piwo [peevo] beer

piwo beczkowe [bechkoveh]
draught beer

piwo butelkowe [bootelkoveh]
bottled beer

piwo karmelowe [karmeloveh]
alcohol-free dark beer

piwo słodowe [swodoveh]
alcohol-free malt beer

piwo w puszce [f pooshtseh]
canned beer

Piwo Żywieckie® [Jiv-yetsk-yeh]
lager

podpiwek [potpeevek] alcohol-
free dark beer

Polonez® popular brand of
vodka

poncz [ponch] punch

poncz owocowy [ovotsovi] fruit
punch

porter stout

pół butelki [poo^{wuh} bootelkee] half
bottle

pół litra [leetra] half a litre

puszka piwa [pooshka peeva] can
of beer

ratafia [rataf-ya] fruit liqueur

rum [room] rum

serwatka [servatka] whey

setka vodka measure of 100
grammes

sok juice

sok ananasowy [ananasovi]
pineapple juice

sok grejpfrutowy [graypfrootovi]
grapefruit juice

sok jabłkowy [yapkovi] apple
juice

sok malinowy [maleenovi]
raspberry juice

sok owocowy [ovotsovi] fruit
juice

sok pomarańczowy
[pomaranchovi] orange juice

sok pomidorowy [pomeedorovi]
tomato juice

sok truskawkowy [trooskafkovi]
strawberry juice

sok wiśniowy [veesh-nyovi] sour
cherry juice

sok z czarnej porzeczki
[s charnay poJechkee]
blackcurrant juice

Soplica® [sopleetsa] flavoured,
dry vodka

spirytus [speeritoos] very high
percentage alcohol

syfon [sifon] siphon for
carbonated water

szampan [shampan] champagne

śliwowica [shleevoveetsa] plum
brandy

Tatra Pils® [peels] strong lager

tonik [toneek] tonic water

trunek [troonek] alcoholic drink

Winiak® [veen-yak] Polish
brandy

wino [veeno] wine

wino białe [b-yaweh] white wine

wino czerwone [chervoneh] red wine

wino deserowe [deseroveh] dessert wine

wino domowej roboty [domovay roboti] home-made wine

wino grzane [gɹaneh] mulled wine

wino musujące [moosoo-yontseh] sparkling wine

wino porzeczkowe [poɹechkoveh] home-made currant wine

wino półwytrawne [poo^{wuh}vitravneh] medium-dry wine

wino słodkie [swot-kyeh] sweet wine

wino wytrawne [vitravneh] dry wine

Wiśniak® [veesh-nyak] medium-sweet cherry-flavoured vodka

Wiśniówka® [veesh-nyoofka] sweet cherry-flavoured vodka

woda [voda] water

woda mineralna [meeneralna] mineral water

woda sodowa [sodova] soda water

wódka [vootka] vodka

Wrocławskie® [vrotswafsk-yeh] regional lager

Wyborowa® [viborova] dry clear vodka

wytrawne wino [vitravneh veeno] dry wine

z cukrem [s tsookrem] with sugar

z cytryną [s tsitrinON] with lemon

ze śmietanką [zeh sh-myetankON] with cream

z lodem with ice

z mlekiem [mlek-yem] with milk

zsiadłe mleko [s-shadweh mleko] sour milk

Żubrówka® [Joobroofka] vodka with a blade of bison grass in the bottle

Żytnia® [Jit-nya] clear dry vodka